現代

Presidential Leadership

アメリカ

in the United States

大統領

選挙・内政外交・リーダーシップ

浅川公紀
KOKI ASAKAWA

武蔵野大学出版会

はじめに

　現在、大統領制（presidential system）を取り入れている国家は世界に数多くあるが、アメリカ合衆国がその嚆矢である。フランス革命が起きた1789年、誰もが知るジョージ・ワシントンが初代大統領に就任した。それから200年余りを経た21世紀に入ると、大統領職は、第43代ジョージ・W・ブッシュ、第44代バラク・オバマ、第45代ドナルド・トランプ、第46代ジョー・バイデンへと受け継がれてきた。

　2024年は4年に1度の大統領選挙の年であり、その帰趨に全世界が熱い視線を注いでいる。アメリカ合衆国という超強大国の政府は、世界に最も強い影響力を持つ政治的アクターであり、米大統領は権力の中枢にあって、一人の人間に過ぎないにしろ、非常に大きなプレゼンスを示しているからだ。

　例えば大統領が交代して、ある地域や国々に対する評価や位置づけに変化があると、世界情勢もそれにつれて変化する。実際、21世紀の初年に第42代ビル・クリントンの民主党政権から共和党のブッシュに政権が移ると、中国に対する位置づけが「戦略的パートナー」から「戦略的競争相手」に変わった。ソ連崩壊後をポスト冷戦とすれば、これにより米中新冷戦が始まったとまでいわれた。

　ところが、2009年に発足したオバマ政権は、外交安全保障政策に関して積極的関与を回避する傾向があり、中国との関係がまた変化した。中国の習近平国家主席が「一帯一路政策」を掲げたのは、オバマ大統領の2期目が始まった2013年のことである。

　2017年、トランプ政権が発足する。この年、習近平は北朝鮮に核・弾道ミサイル開発の停止を働きかけたが、これはアメリカ政府の意向を受けてのものだった。孤立主義的と見られていたトランプだが、予想に反する外交安全保障政策を打ち出し、オバマ政権下で失われた国際舞台における威信と影響力をある程度回復させたのである。

　2021年からのバイデン政権下では、台湾問題を巡って米中間の緊張が高ま

り、再び米中新冷戦に突入した。

　他地域に目を向けても、ロシアのウクライナ侵攻やイスラエルによるガザ攻撃など国際的な難題は山積みであり、次期アメリカ大統領の外交安全保障政策が、世界情勢を動かす一大要素となることは明らかである。

　それほど強大なリーダーシップを発揮する存在であるアメリカ大統領だが、大統領に関する正確な知識はどれほど一般に広まっているだろうか。

　大統領は、国家元首、行政府の最高責任者、軍最高司令官、与党党首であり、また連邦最高裁判所の判決により「国際関係分野における連邦政府の唯一の機関」とされている。では、宣戦布告の権限は大統領にあるのだろうか。実は、この権限は立法府である連邦議会が持っており、大統領と議会の権力関係も単純ではない。

　本書は、各種ジャーナルに論文として発表した 11 編を元に構成した。また、大統領選挙の歴史や仕組みから、未来に向けての課題まで、現代の米大統領に関する広汎な事項を扱っているため、内容の一部に重複が生じていることを予めお断りしておく。

　取り上げたのは主に 2010 年代の事象だが、単なる現状分析を行ったわけではない。大統領の動きを追うことで、過去を振り返り未来を見据える手掛かりとし、読者諸氏に世界史が作られていく躍動の現場に立ち会ってもらうことが本書の目的である。

　本書を出版するにあたり、企画から刊行に至るまで直接ご苦労をお願いした武蔵野大学出版会の斎藤晃氏には、献身的なご理解とご助言をいただいた。ここに記して御礼申し上げたい。

2024 年 4 月

浅川公紀

目 次

第1章 米大統領選挙の仕組みと実際

1—— 今日の大統領選システム

　合衆国憲法の起草が行われた1787年のフィラデルフィアでの憲法制定会議では、最初から最大の難題は大統領の選定方法だった。それでも時の経過の産物として、今日の大統領制度ができあがっていく。

（1）大統領候補の資格

　戦後だけでもさまざまな大統領が現れたが、多くの書に述べられているように、共通しているのはその強大な権力である。強大な権力を持つ大統領は、いったいどのような要件を持たなければならないのか。それは、合衆国憲法第2条第1節第5項によると次のようである。

　出生による合衆国国民またはこの憲法が採択された時点（1788年）で合衆国国民でない者は、大統領となることはできない。35歳未満の者、また、14年以上合衆国の住民でない者は、大統領となることはできない。

　アメリカ生まれでアメリカ国籍を有し、35歳以上で、しかもアメリカ国内に少なくとも14年間、住居を構えていることが条件となる。アメリカでもよくいわれたことであるが、なぜヘンリー・キッシンジャー元国務長官が大統領になれないかというと、キッシンジャーはドイツから移住してきたユダヤ人のためにいわゆる「出生による合衆国国民」に相当しないからである。

　ちなみに、連邦上院議員になるためには30歳に達していること、9年間アメリカ国籍を有していること、その州の住民であることが必要である（合衆

国憲法第1条第3節第3項）。連邦下院議員は25歳に達していること、7年間アメリカ国籍を有していること、その州の住民であることが必要である（同第1条第2節第2項）。大統領立候補要件である「アメリカ生まれ」が上下両院議員には規定されていない。したがって、キッシンジャーは上院、下院議員にはなれる。「アメリカ生まれ」という主旨は「他の国籍からの帰化人を避ける」という意味だと説明されている。いずれにしても、大統領になるための要件がいかに厳しいかがわかる。

　アメリカ大統領の任期は4年である（合衆国憲法第2条第1節第1項）。再選は認められているが、憲法修正第22条（1951年確定）により大統領の3選は禁止されている。初代ワシントン大統領が2期で引退し、それ以降どの大統領も3選を求めないという政治的慣行ができ、それを憲法に明文化したものである。しかしフランクリン・ルーズベルト（1933年大統領就任）だけが、第二次世界大戦時という特殊事情もあり4選を果たしたことがこの修正条項成立の契機となった。

　また、「大統領が免職もしくは死亡、辞任、または、その職務上の権限および義務の遂行が不能の場合は、その職務権限および義務は副大統領に属する」（第2条第1節第6項）の規定により、大統領に不測の事態が生じた場合、副大統領が昇格する。すなわち大統領に昇格できるのは副大統領だけである。このことは憲法修正第25条第1節（1967年確定）に明確に規定されており、「大統領の免職、死亡、または辞職の場合には、副大統領が大統領となる」ことになっている。ルーズベルト大統領病死後のトルーマン大統領、ケネディ大統領暗殺後を引き継いだジョンソン大統領、ニクソン大統領辞任後のフォード大統領がこれらのケースにあてはまる。

　大統領、副大統領のポストが免職、死亡または辞職といった不測の事態が生じて空白になった場合はどうするのか。その場合には、1947年の大統領継承法によって次のような継承順位が定められている。1位副大統領、2位下院議長、3位上院議長代行、4位国務長官、5位財務長官、6位国防長官、7位法務長官、8位内務長官、9位農務長官、10位商務長官、11位労働長官、

12位保健厚生長官、13位住宅都市開発長官、14位運輸長官、15位エネルギー長官、16位教育長官。

　このように法律によって大統領の継承権は、副大統領、下院議長、上院議長代行、国務長官にある。大統領が重病などで職務の遂行ができなくなったが、辞任に至らない場合には、副大統領が大統領代理を務める。この順番を間違えて恥をかいたのが、レーガン政権で最初の国務長官であったアレクサンダー・ヘイグである。レーガン大統領が就任してわずか70日後の1981年3月30日、レーガン大統領とジム・ブレディ首席報道官がジョン・ヒンクリーという男に撃たれて重傷を負った。ブッシュ副大統領はテキサス州を遊説中であった。このときヘイグは「憲法の規定によれば、大統領、副大統領、国務長官、国防長官の順に指揮権が委譲されます。副大統領がホワイトハウスにいない現時点では、私がここの最高責任者です」と大失言した。ヘイグは下院議長と上院議長代行の存在を忘れていたのである。またレーガン大統領は1985年7月13日、ガンの摘出手術のため一時的に副大統領ジョージ・ブッシュへ権限を譲渡したことがある。

（2）大統領選挙の仕組み

　では、そのような強大な権力を許される大統領は、どのように選ばれるのか。大統領選挙の日程を示すと、大接戦・大混乱となった2000年は（**図1**）になる。

　アメリカ大統領は投票者が直接大統領を選ぶのではなく、各州の投票者は一般選挙（11月の第1月曜日の次の火曜日）で「エレクトラル・カレッジ」と呼ばれる大統領選挙人を投票し、その選挙人が大統領を選ぶことになっている。すなわち実質的には直接投票なのであるが、形式的には間接投票を行っている。ただ、一般投票（popular voting）が事実上の大統領選挙になることに変わりはなく、大統領選挙人による投票は、一般投票の結果を追認する形式に過ぎない。この選挙人による投票は12月の第2水曜日の次の月曜日（2000年の大統領選挙は12月18日）に行われ、翌年の1月6日に連邦上下両院の合同会議で開票され、過半数の270票をとった候補者が晴れて大統領

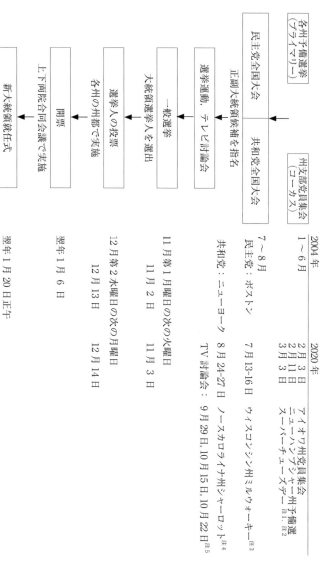

図1 大統領予備選挙と本選挙のプロセス

プロセス	州支部党員集会（コーカス）／各州予備選挙（プライマリー）	2004年	2020年
	各州予備選挙（プライマリー）／州支部党員集会（コーカス）	1～6月	アイオワ州党員集会 2月3日／ニューハンプシャー州予備選 2月11日／スーパーチューズデー 3月3日 注1、注2
民主党全国大会／共和党全国大会　正副大統領候補を指名		民主党：ボストン 7月13-16日／共和党：ニューヨーク 8月24-27日	民主党：ウィスコンシン州ミルウォーキー 7月13-16日 注3／共和党：ノースカロライナ州シャーロット 8月24-27日 注4
選挙運動、テレビ討論会		7～8月	TV討論会：9月29日、10月15日、10月22日 注5
一般選挙　大統領選挙人を選出　各州の州都で実施		11月第1月曜日の次の火曜日　11月2日	11月3日
選挙人の投票		12月第2水曜日の次の月曜日　12月13日	12月14日
開票　上下両院合同会議で実施		翌年1月6日	翌年1月6日
新大統領就任式		翌年1月20日正午	

注1　14州（アイオワ、アーカンソー、カリフォルニア、コロラド、メーン、マサチューセッツ、ミネソタ、ノースカロライナ、オクラホマ、テネシー、テキサス、ユタ、バーモント、バージニア）で予備選中止

注2　共和党は6州（アイオワ、ユタ、デラウェア、カンザス、ネバダ、サウスカロライナ、バージニア）で予備選中止

注3　代議員 4,500人

注4　代議員 2,551人

注5　副大統領候補間の討論会は10月7日のみ

に決定し、1 月 20 日に宣誓を行い、大統領に就任する。

　その意味で重要な役割を果たす選挙人の数は、各州の連邦上院議員と連邦下院議員の合計と同数である。1964 年からワシントン DC にも 3 人の選挙人が与えられたので、したがって、上院 100 人、下院 435 人であるから、その総計 538 人が大統領選挙人ということになる。この過半数すなわち 270 人の選挙人を獲得すれば、アメリカ合衆国大統領になる。

　選挙人の数は 10 年ごとに実施される人口動態調査（国勢調査）の結果に基づき、各州の人口に比例して配分される。1990 年の同調査の結果、92 年、96 年、2000 年の大統領選挙では第 1 番目の選挙区はカリフォルニア州で 54 人、そして第 2 位はニューヨーク州で 33 人、第 3 位はテキサス州で 32 人、第 4 位はフロリダ州で 25 人の選挙人が配分されている。1988 年はカリフォルニア州 45 人、ニューヨーク州 41 人、テキサス州 36 人の順だった。

　大統領選挙日程は大まかにいえば、全国党大会を境に前半戦と後半戦に分かれる。その前半戦は予備選挙といわれるものが中心である。予備選挙には狭義の予備選（primary）と党員集会（caucus）がある。各州でどれを採用するかはまちまちである。いずれにしてもこういう制度ができたのは、かつて地方ボスが政治を握って民主政治上好ましくないことがいろいろ出てきたので、選挙民が自ら直接候補者を選びだせるように作られた。

　この予備選挙がスタートするのは通常、まずアイオワ州が 2 月に全米に先駆けて州党員集会を実施し、引き続きニューハンプシャー州が全米最初の予備選を実施するのが伝統化している。これを皮切りに予備選挙は全米各地で実施され、6 月末には終了する。近年では、スーパーチューズデーと呼ばれる 3 月上旬に南部諸州が一斉に予備選挙を実施する日が、大きな山場となっている。この間、名乗りを上げていた候補者が次々と消えてゆき、次第に有力候補が残ることになる。

　2000 年の大統領選挙ではアイオワの党員集会は 1 月 24 日（1996 年は 2 月 12 日）、ニューハンプシャーの予備選は 2 月 1 日（96 年は 2 月 20 日）に行われた。3 月 7 日には通常、6 月に予備選を実施してきたカリフォルニア、

ニューヨーク両州をはじめ、コネチカット、ジョージア、メイン、メリーランド、マサチューセッツ、ミズーリ、オハイオの各州で、その1週間後の14日にはフロリダ、ミシシッピー、オクラホマ、テネシー、テキサスの各州で予備選が行われた。予備選はまだ半ばながら、このころには民主党はアル・ゴア副大統領、共和党ではテキサス州知事のジョージ・W・ブッシュが最有力候補者になった。この予備選挙が6月6日まで続いた。

（3）全国党大会で正・副大統領候補を選出

このようにして6月に予備選挙が終わり、7月から8月にかけて全国党大会が開かれるのが普通である。2000年選挙の場合には、共和党大会が7月29日から8月4日、ペンシルベニア州のフィラデルフィア（1996年はカリフォルニア州サンディエゴ）で、民主党は8月14日から17日、カリフォルニア州のロサンゼルス（96年はイリノイ州シカゴ）で開催された。共和党は大統領候補にジョージ・W・ブッシュと、副大統領候補にリチャード・チェイニー（1996年はボブ・ドールとジャック・ケンプ）、民主党はアル・ゴアとジョゼフ・リーバーマン（96年は現職のビル・クリントンとアル・ゴア）を選出した。

全国党大会で党の候補者を決めるのは、地方から選出された代議員である。彼らは党員集会か予備選で選出される。こうしてそれぞれの党で大統領候補と副大統領候補が選ばれて、いよいよ11月の一般投票に向けた選挙戦が始まる。夏期休暇明けの9月第1月曜日のレイバーデイ（労働節）の翌日が、一般的には本選挙戦のスタートとなる。こうして大統領選挙は後半戦に入るのである。

その意味で党大会は大統領選挙の1つの天王山をなすわけである。党大会が始まるとホテルのスイートルームなどを中心に、盛んに各派の間で裏取引が行われる。そして、いよいよ大統領候補の指名に入る。そのやり方はアルファベット順で、アラバマ州から始まってワイオミング州で終わるようになっている。それぞれの州が誰を支持するか、州の代議員の代表が答えるとその州の代議員が皆立って一斉に拍手をしたり、あるいは「アイ・ウォント・

ブッシュ」、「アイ・ウォント・ゴア」などと大声を上げたりする。場内はブラスバンドの演奏や風船が舞い、さながらお祭りである。このように明るく政治をやってのけるのがアメリカの国民性である。

　そして、全ての州の点呼が終わって得票が集計され、そして大統領候補が決まる。

　レイバーデイ（2000 年は 9 月 4 日）を境に大統領選は終盤戦に入る。このころになると、最後の追い込みにはまだ早いものの、メディアの当選予測が活発になる。過去のギャラップ社の世論調査によれば、レイバーデイあたりでリードしている候補が当選する確立が高いとされている。2000 年選挙では、9 月 1 日発表の各種世論調査の多くは、どちらか一方がリードしても僅少差で、どちらが優勢とはいえない状況であった。

　一般投票日までの約 2 カ月の選挙期間中、大票田の州をいかに獲得するかが最も重要な課題になるが、全米 50 州の広大な地域を全て遊説するのはおのずから限界がある。そこで、テレビコマーシャルを駆使した広報合戦が重要となり、時として自分の政策を積極的に宣伝するのではなく、相手候補を誹謗・中傷するようないわゆる「ネガティブ・キャンペーン」が繰り広げられる。2000 年選挙も選挙資金の大半は、この広報戦に投入された。また大統領候補者のテレビ討論会も、選挙結果を左右する重要なイベントである。テレビ討論を通して、政策問題もさることながら、大統領としての資質問題も茶の間の話題としてクローズアップされる。最初にテレビ討論が実現したのは 1960 年のケネディ（民主党）対ニクソン（共和党）であった。2000 年選挙では 10 月 3 日、11 日、17 日の 3 回行われた。2 度目の討論会では，90 分のうち 1 時間近くが外交問題に時間が割かれた。ゴアが人道主義を基調とした介入主義を述べれば、ブッシュは国益を優先する国際主義を展開した。

　一般投票日は、4 年に 1 度やってくる大統領選挙の年、オリンピックと同じ年の 11 月第 1 月曜日の次の火曜日ということになっている。1996 年選挙ではこれが 11 月 5 日、2000 年は 11 月 7 日であった。この日に全国一斉に投票が行われ、それに基づいて選挙人が選ばれる。この場合「winner-take-all

（勝者独占方式）」といって、たとえ1票でも余計に投票を獲得した場合、その州の大統領選挙人は全てその候補が獲得するシステムになっている。このために、獲得投票総数と大統領選挙人の数で大きな食い違いができる。場合によっては、多数票を獲得しながらも落選の憂き目にあう場合もある。つまり得票数では負けても大統領選挙人の数で勝って大統領に当選することもあり得るのである。一般投票勝者と選挙人獲得数勝者とが別になってしまう。

　2000年大統領選ではブッシュが勝利を確定したが、まさにこのケースだった。一般投票の結果は、投じられた1億500万票のうち、約54万票近くの差（ゴアが50,996,064票、ブッシュが50,456,167票）でゴアがブッシュを上回り、選挙人票ではブッシュが271票獲得（ゴア266票、棄権1票）した。

　アメリカの歴史でこのようなケースがそれまでに3回あった。第6代大統領ジョン・クインシー・アダムズ（リパブリカン党）、第19代大統領ラザフォード・B・ヘイズ（共和党）、第23代大統領ベンジャミン・ハリソン（共和党）である。したがって、有権者による投票で多数を得た候補が必ずしも当選するとは限らないというきわめて矛盾した面が、アメリカの大統領選挙にはあるのである。ハリソンの場合は1888年、得票数で90,596票の差（ハリソン5,443,892票、クリーブランド5,534,488票）で民主党のグロバー・クリーブランドに敗れながら、過半数を32人も上回る大統領選挙人を獲得（ハリソン233人、クリーブランド168人）、選挙人では65票差で見事に大勝している。1876年のヘイズ対チルデンは、ヘイズが得票数では0.8％差で敗れたが、選挙人では1票差で勝利した。1824年選挙で第6代になったアダムズも一般投票で2位だったが、選挙人獲得数でも2位だった。ただ、4人の候補が分立し、誰も選挙人の過半数を取れなかったため、大統領決定は下院での選挙に委ねられた。

　要するに、今の制度では選挙人の過半数である270人を獲得すればよい。したがってそのためには人口の多い州を獲得すれば、たとえ有権者による得票で敗れても勝利することができるのである。1988年は共和党のブッシュが426人、92年には民主党のクリントンが370人、96年は同じくクリントンが

379人の選挙人を獲得し、2000年は共和党のブッシュが271人の選挙人を獲得し、大統領に当選した。

（4）大接戦・大混乱となった2000年大統領選

　それにしても、2000年大統領選は史上まれに見る大接戦であり、そればかりでなく大混迷の選挙戦であった。11月7日に実施された大統領選挙は、投票日当日あるいは翌朝までに勝者が判明するという通常のパターンが崩れ、何日間も勝者が決まらないという異常事態を生み出した。異常事態の主要な原因は、アメリカ選挙史上まれに見る大接戦と、総得票数ではなく選挙人獲得数で大統領の当落を決する選挙人制度である。もし、より多くの得票をした候補が大統領に当選するという直接選挙システムだったならば、得票数でリードした民主党大統領候補アル・ゴアが、開票当日か翌日に第43代大統領に当選していたであろう。

　しかしアメリカの大統領選挙が選挙人制度によるために、フロリダ州を除く49州およびワシントンDCの選挙人獲得状況では、いずれの候補も選挙人の過半数にあたる270人を超えることができず、選挙人25人を擁するフロリダ州での戦況が焦点になった。そのうえ、同州が数百票を争う接戦だったために、票の集計ミスの可能性や混乱を引き起こしやすい投票用紙が問題になり、機械による再集計、手作業による再集計をめぐる対立が最終結果を遅延させることになった。

　大統領選の結果判明が遅延した一番の原因は、何といっても史上まれに見る接戦である。投票日から3日後の11月10日の時点で、一般投票結果は、アル・ゴア4,906万票、ジョージ・ブッシュ4,886万票で、ゴア候補が20万票リードした。しかし、これを得票率にすると、それぞれ48.6％と48.4％という結果で、その差はわずか0.2％に過ぎない。さらに、その時点ではカリフォルニア州だけでも未集計の不在者投票が100万以上になるとされ、その集計結果が反映されていない。不在者投票のかなりの部分は軍関係者で共和党支持が多いと予測されることから、その集計が加算されれば両候補の差はさらに縮まる可能性があった。いずれにしても、これほどの接戦は、アメリ

カ大統領選史上でも見つけるのは難しい。

　これほどの接戦の原因は、どこにあったのだろうか。原因の1つは、共和党、民主党がそれぞれ中道志向を強めた結果、両党の政策の違いが目立たなくなり、選挙の争点が不明瞭になってしまったことだ。2大政党制の形骸化といってもいい。

　共和党の場合、1992、96年の2回の大統領選で、中絶反対などを主張する社会的保守派の勢いが強まり、共和党内の保守と穏健のイデオロギー的分裂を引き起こし、惨敗する結果になった。それに対する反省から、共和党は脱イデオロギー、中道路線への転換を図り、少数民族、貧困者、高齢者にも優しい保守主義を志向し始めている。「思いやりある保守主義」を掲げるテキサス州知事ブッシュのような穏健中道派が台頭してきたのは、その流れのなかで理解する必要がある。

　ブッシュ候補のような穏健中道派を共和党の統一候補とすることに対しては、当初、クリスチャン連合その他の共和党保守派グループからかなりの抵抗があった。これらのグループが支持したギャリー・バウアー家族研究評議会（FRC）議長やダン・クエール前副大統領などは予備選挙準備あるいは予備選初期の段階で脱落してしまい、ホワイトハウス奪還のためにはブッシュ候補の下で団結するほかはないということで、保守派グループもブッシュ候補支持に回った。

　これに対して、民主党は、1980年代になって顕著になったアメリカ国民全体の保守化傾向のなかで、リベラル志向の強い従来の民主党路線に固執していたのでは、民主党は万年野党に転落してしまうという危機感を強めるようになった。とくに、クリントン、ジョゼフ・リーバーマンなど若手指導者は民主党指導者評議会（DLC）を組織し、それまでの福祉偏重のリベラル路線を見直し、中産階級の利益を重視する中道路線への思い切った転換を進めた。クリントン大統領は1994年中間選挙での民主党惨敗を契機に、「大きな政府の時代は終わった」と宣言し、その後は、福祉改革をはじめ共和党政策を大幅に取り入れたかのような政策を採用するようになった。

この結果、共和党、民主党の政策の間には、根本的な違いがなくなり、今回の大統領選挙では、財政黒字の運用、ブッシュの減税案などかなり細かい数字をあげて論じられたものの、本質的な政策論争はなかった。クリントン大統領のスキャンダル、ゴア候補の堅い性格、ブッシュ候補の庶民的な魅力など、人格や人柄に、国民の関心がかなり集まったのは、根本的な政策論議が欠落したことの裏返しといっていい。

（5）国民の政党離れ

もう1つの要因は、アメリカ国民の政党離れである。1996年前後には、共和党員、民主党員よりもいずれの政党にも属さない無所属派の方が多くなった。この傾向は、米ソ冷戦の終結、政党の脱イデオロギー的トレンドを反映したものであると同時に、選挙運動における無所属層の支持獲得の重要性を増すことになり、政党の中道志向をさらに刺激することになった。1992年、96年にはロス・ペロー候補の善戦、改革党創設、第3政党への期待の高まりなどの現象が現れ、さらにコリン・パウエル元統合参謀本部議長のような共和党、民主党いずれにも属さない指導者に対する国民の期待が高まった。この傾向は、2000年大統領選挙でも、共和党のマケイン上院議員、民主党のブラッドリー元上院議員の善戦という形になって現れており、それが継続している。

国民の政党離れは、2大政党に支配された選挙プロセスに対する無関心となっており、1996年大統領選の投票率は49%と史上最低を記録した。2000年の選挙では、接戦が予想されたことから投票率が多少高まり、50%をわずかに上回ったが、依然として低投票率であることに変わりはない。これは無所属の有権者がかなり棄権したことを意味し、明瞭な争点がなかったことと相まって、接戦状態の要因となった。

選挙戦の最終盤は、民主党、共和党双方による支持基盤の動員戦の勝負になったが、双方とも過去最大の動員作戦を展開し、その効果がほぼ拮抗した。共和党は、資金力を活用して、「ビクトリー2000」という1億ドル、24万人のボランティアを投入し、最後の10日間で7,000万本の電話をかけ、1億

1,000 万通の手紙を発送するという空前の規模の有権者動員作戦を実行した。

　共和党を支持する米商業会議所は、1996 年選挙では 1,300 の会員企業・組織グループを動員して投票促進運動を行ったが、2000 年はそれを大幅に上回る 8,000 のグループを動員した。民間企業も独自に投票促進運動を行い、初めて 1,500 の企業が連携して有権者動員活動を行い、毎週 25 万本の電子メールを有権者に送った。共和党保守派に依然として隠然たる影響力を持つクリスチャン連合も、96 年選挙では記録的な 4,000 万枚の投票者ガイドを配布したが、2000 年は 7,000 万枚もの投票者ガイドを配布して、共和党基盤の動員に務めた。全米ライフル協会（NRA）は 96 年の動員努力を倍増し、2,500 万ドルを投入して有権者を動員するなど、各種利益団体の活動も強力だった。

　これに対して、民主党系利益団体の動員力はそれに勝るとも劣らないものだった。労組を代表するアメリカ労働総同盟・産業別組合会議（AFL-CIO）は、1996 年大統領選では過去最高記録の 3,500 万ドルの資金を選挙動員に投入したが、今回はその記録を塗り替える 4,600 万ドルを投入。地域動員支部長も 96 年の 230 人の 4 倍以上にあたる 1,000 人を配置し、戸別訪問と電話作戦を、労組の強い中西部のミシガン州、オハイオ州、ペンシルベニア州などの州を中心に展開した。

　全米黒人市民参加連合（NCBCP）は 96 年の 70 都市を上回る 83 都市で、黒人草の根団体の連合体を組織して黒人有権者の動員に当たり、最大の黒人公民権団体である全米黒人地位向上協会（NAACP）も、これまでで最大の選挙支援運動を実行した。これにより、労組員、黒人人口が集中する都市部、中西部工業地帯の焦点区でゴアへの投票率が高まり、全米の都市部と焦点区だった中西部のウィスコンシン、ミシガン、ペンシルベニアなどの州でゴア支持票が増大し、これらの州の接戦状態に拍車をかけた。

　このほか、環境保全投票者連盟（LCV）は、1996 年選挙時の 3 倍にあたる390 万ドルを投入して、4 つの電話バンクを設置し、40 万本以上の電話かけを行った。全米中絶生殖権行動連盟（NARAL）も、96 年の投入資金の 1.5 倍にあたる 700 万ドル以上を投票促進活動に投入した。

　この 2 大政党およびその支持団体による甲乙つけがたい党員有権者動員戦の伯仲状態も、接戦を生み出すもう 1 つの要因となった。

　アメリカ史上、2000 年の選挙に似た接戦は 1960 年の大統領選である。60 年大統領選のときには、民主党のジョン・F・ケネディと共和党のリチャード・ニクソンが争ったが、ケネディが 3,423 万票、ニクソンが 3,411 万票を獲得して、その差は 12 万票、得票率差にして今回同様 0.2% という僅差だった。当時は、シカゴを中心としたイリノイ州でケネディを有利にするための民主党による選挙不正が騒がれたが、結局、米ソ冷戦の最中であり、国内の政争は危険と判断したニクソンが、それを法廷で争うことを断念し、ケネディの勝利が確定した。

　このほかでは、これほどの接戦になった大統領選は、1880 年のガーフィールド対ハンコック（0.02%）しかない。大統領の当落を決定する選挙人票でも、これほどの接戦だったのは、1876 年のヘイズ対チルデン（1 票差）の選挙くらいである。

　しかし、2000 年のように接戦の結果、投票日後にこれほど勝者が決まらない状態が続き、多様な法廷闘争が起こったという事態は前代未聞である。

　歴史的接戦と長引く選挙後の紛争の結果、ブッシュが勝利したが（たとえゴアが勝ったにしても）、新大統領は、その大統領たる資格、国民の支持の度合いについて大きな疑問符を残したことは否めない。さらに新議会の上下両院がそれぞれ、共和、民主の両党勢力で二分されるため、公約内容に議会の承認を取り付けてそれを実行に移すということが、きわめて難しい状況に置かれることになる。

　政党の政策路線に忠実な政策を押し通そうとすれば、議会の分裂を促すことになり、主要法案を承認できない麻痺状態が生み出される危険が高い。議会で超党派的支持を得て、法案を承認させようとすれば、大統領は思い切った妥協をせざるを得ないが、それをしすぎると議会内の党強硬派の反発、反逆を引き起こすことになり、いずれにしても、ブッシュ新政権は綱渡り的な難しい政局運営を余儀なくされそうなスタートとなった。[1]（2020 年大統領選

挙の日程は4頁図1右側参照)

2—— 大統領選プロセスの歴史的回顧

　今日の大統領選システムに至る歴史的変遷を顧みることは緊要である。

　1789年のフィラデルフィアの憲法制定会議では、多くが議会による選任を支持したが、最終的にはこの方法は放棄された。また国民による直接選挙を検討されたが、現実的、政治的理由から排除された。現実的理由は、広大な国土に住む国民があまねく候補者を知ることは現実的に不可能ということ、政治的理由は、有権者数は北部の方がはるかに多い現実から北部諸州の候補者が選ばれてしまうことを南部諸州が危惧したということである。

（1）予備選挙導入

　最終的に、各州により選任される選挙人により大統領が選ばれ、各選挙人が自分の州以外の人を最低1人含む2人に投票できるという案が推奨された。各州からの下院議員数は州の人口にほぼ比例し、各州からの選挙人数はその州からの議員数にほぼ比例する。過半数の選挙人票を得る候補者が大統領になり、2位の候補が副大統領になる。さらに過半数を得票する候補者がいない場合は、議会の上院により選任が行われるという案だった。[2]この案は、過半数を得票する候補がいない場合に、大統領選任において各州が1票ずつ持つ下院により選任が行われるよう修正された後に採択された。この案により、大統領の議会からの独立性がある程度確保され、人口を多く抱える州の利害も反映される。また州からの下院議員数の根拠になる人口の計算で奴隷は5分の3人として計算できることがすでに合意されていたので、南部も反対しなかった。小さな州も大きな州も上院には2人ずつ出すことになっており、小さな州も選挙人数は最低2人を保証されたので、この案に賛成した。大統領選挙制度は、大きな州、小さな州、南部諸州、行政府優先論者、立法府優先論者、州優先論者、連邦優先論者など多様なグループのさまざまな利害の妥協の産物だった。

　1800年の大統領選挙で民主共和党はトーマス・ジェファーソンとアーロ

ン・バーをそれぞれ正副大統領候補に指名したが、選挙人選挙でジェファーソンとバーが同点得票となった。下院でジェファーソンとバーが大統領職を争うことになり、議論の末に大統領はジェファーソンに決定されたが、このような事態を回避するため、1804 年の憲法修正第 12 条により、選挙人は大統領、副大統領それぞれについて、別々に投票することが決められた。選挙人の過半数を獲得する候補者がいない場合、下院が大統領を、上院が副大統領をそれぞれ投票により選ぶことになる。さらに多くの州で有権者に選挙人を選挙させるよう圧力が強まり、南北戦争の終結時には各州で有権者が選挙人を選挙することになった。また政党の力が強まるにつれ、政党が支持する大統領候補を非公式に支持する人物を選挙人に推挙する傾向が強まり、選挙人の独立性を制限させることになった。

　当初、憲法起草者たちは、国の州の多様性ゆえに特定大統領候補が選挙人票の過半数を獲得することはほとんどないと予測した。[3] しかし、政党の組織力が強まるにつれ、政党は候補者指名権限を持つようになり、特定候補者が過半数の票を得るよう動員力を持つようになった。当初、大統領候補の指名は議会の政党を代表する議員の集まりである議員コーカスが行っていたが、それへの反対が強まり、1831 年から政党の全国大会での大統領候補指名へと移行していくようになる。政党により党全国大会に出席する代議員の選定方法は異なったが、最も一般的だったのは、投票区、郡、地区、州全国の段階ごとに党員集会を開き、代議員を選んでいく方法である。党大会の手続きには規則はほとんどなく、大統領指名は政党の有力者により操作、支配される弊害が強まり、20 世紀初頭にはこの指名方法に批判が高まった。[4] 党により選ばれた代議員の多くは私利私欲に満ちた人物で、党大会では威嚇や妨害がまかり通った。このため、有権者を大統領候補指名プロセスに直接参加させようという改革運動が進歩主義者により行われた。そのための手段として導入されたのが予備選挙である。予備選挙は政党ではなく州により管理させ、有権者が直接党全国大会に出席する代議員を選べるようにすることが目的だった。1916 年までには、全米 26 州が何らかの予備選挙を取り入れた。しか

し、党の有力者の反対、多くの候補者の不参加、不完全な結果などの結果、1935年までに8州が予備選挙を廃止し、党員集会による指名方式に戻った。1968年までには、全米で16州とワシントンDCが予備選挙、その他の州は党員集会という状況にほぼ落ち着いた[5]。

1968年大統領選は民主党の現職大統領リンドン・ジョンソンが民主党全国大会で再指名を受けようとしたが、ベトナム戦争をめぐりユージン・マッカーシー上院議員、ロバート・ケネディ上院議員らの挑戦を受け、ジョンソンは再選断念を発表。副大統領だったヒューバート・ハンフリーが大統領選に出馬し、さらにケネディがカリフォルニア州予備選挙で大勝した後に暗殺された結果、民主党の指名争いはハンフリー対マッカーシーの争いになった。

ハンフリーは予備選挙への参加を拒否したが、民主党全国大会では獲得代議員数は、ハンフリー1,760、マッカーシー601と、ハンフリーが民主党大統領候補指名を獲得した。これは依然として代議員の大多数が党員集会で選ばれ、党幹部のほとんどが、ベトナム戦争についてジョンソンの路線をほぼ継承したハンフリーを支持した結果だった。これによりマッカーシー、ケネディを支持した民主党左派の青年活動家は失望と幻滅を覚え、その結果、組織された調査委員会は、代議員選定プロセスの改革を推奨した。民主党全国委員会は、党員集会による代議員選定手続きの統一化、明細化、党幹部による代議員任命の制限、州レベルでの黒人、女性、青年などの代議員数増加の義務づけなどの改革を承認、共和党全国委員会もそれに追随した。

この結果、1972年大統領選挙以降、党幹部は大統領候補指名プロセスに強力な支配権を行使できなくなった。また1980年代以降、予備選挙を実施する州が少しずつ増加していき、党幹部が大統領候補指名に果たす役割、影響力がさらに減退していった。

2008年には、民主党予備選挙を実施する州は39州、共和党予備選挙を実施する州は41州と、予備選挙が予備選段階の主流になっている。これは、州はマスコミが注目する予備選挙の方式を採用した方が州の宣伝になると考えたこと、大統領選プロセスへの幅広い参加を求める州民の願望を察知した

こと、党員集会より予備選挙の方が選挙プロセスの改革により適していること、などが要因になっている。大統領候補指名プロセスは少数の党幹部に支配されるシステムから何百万人もの大衆が参加する民主的プロセスに変化してきた。

表1　予備選挙実施州の推移

大統領選	民主党	共和党
1968	17	16
1972	23	22
1976	29	28
1980	35	34
1984	25	30
1988	34	35
1992	37	39
1996	36	41
2000	37	42
2004	39	27
2008	39	41

出典：Diclerico, Robert E., *The Contemporary American President*, Pearson, 2013, p.6.

（2）政職経験度

　大統領選のプロセスにおいて、候補者の出馬資格、党指導部、マスコミ、一般大衆の注目による支持を獲得できるか、選挙戦を継続する資金力、組織などがあるかなどの要因により、候補者の数が絞られていく。候補者になるには、米国生まれの米国民で35歳以上であり、米国に14年間以上居住していなければならない。これは憲法に規定されているが、出馬資格も憲法ではなく国民の投票により決められるべきだという批判もある。また予備選プロセスの前に、資金集めの能力があるか、世論調査である程度の支持率を獲得できるかも非公式の資格と考えられる。過去に選挙または任命により政府の役職を務めた経験を持つ者は全国的知名度を獲得し、資金集めや世論調査で有利である。

　1868年から2008年までの期間の2大政党指名獲得大統領候補で連邦、州

の政府役職経験を持たない候補は 4 人しかいなかった。1868 年から 1956 年の期間の 2 大政党指名獲得候補のうち 40％が州知事、20％が連邦政府高官、16％が上院議員、16％が下院議員だった。しかし 1960 年から 2008 年の期間の 2 大政党指名獲得候補は、大統領の暗殺または辞任の結果、選挙によらず大統領に昇格したジョンソン、フォードを除いては、7 人が上院議員、6 人が副大統領、5 人が州知事だった。同期間、選挙で選ばれた副大統領は 1 人を除き全員上院議員だった。

　現在では、州知事または上院議員が大統領当選への近道になっている。知事は州の党組織に大きな影響力を持ち、大きな州の知事は党全国大会に参加する代議員に対して大きな指導力を持つ。州知事の職は大統領の内政に必要な経験を与える。

　これに対して、上院議員職は、大統領の外交、国防政策に必要な経験を与える。テレビの重要性が高まるとともに、上院議員が外交、内政でマスコミに取り上げられる頻度が増し、それが全国的知名度を高める結果になっている。1964 年から 1974 年の期間、テレビ・ネットワークの主要時事番組ミート・ザ・プレス、フェイス・ザ・ネイションに上院議員は 288 回出演したが、州知事は 100 回だけだった。[6] さらに州知事よりも上院議員の方がより自由により多くの時間を選挙運動に投入できる。上院議員を続けながら大統領選挙運動をするよりも、州知事を続けながら大統領選挙運動をする方がはるかに

表 2　党指名獲得と職歴

指名獲得前の職業	候補者の割合（％）	候補者数
知事	40.3	12
連邦政府高官	20.3	16
なし	13.4	14
下院議員	16.7	12
上院議員	16.7	12
州政府役人（知事を除く）	13.3	11
大統領に昇格	10.3	13

出典：　Diclerico, Robert E., *The Contemporary American President*, Pearson, 2013, p.8.

難しい。オバマは出馬の時は1期目の上院議員だった。半面、近年ワシント
ン政治に対する国民の失望、不満が高まり、アウトサイダーが好まれるよう
になっており、これは州知事であることを有利にしている。知事から大統領
に当選したカーター、レーガン、クリントン、ブッシュ（息子）はその例で
ある。

　トランプは、州知事でも上院議員でもなく、連邦、州レベルの政府での経
験はなく、ワシントン政治から見ればアウトサイダー（非主流派）だった。

　副大統領職は有名無実としてマスコミや大衆から見られてきたが、カータ
ー、レーガン、クリントンは副大統領の権限を強める努力をし、ブッシュ（息
子）政権下でチェイニー副大統領の権限はかつてなく強まった。[7]副大統領と
して4年間あるいは8年間に培う人脈、人や団体との関係は大統領選の選挙
運動で重要な資産になる。また政府ではないが、大企業、銀行、大学などの
民間組織の長も大統領としての職責を果たすうえで役立つ経験を備えている
と言える。[8]トランプの場合は、民間企業の経営者としての経験を評価され、
企業経営能力や取引能力を内政、外交に活用している。企業運営手腕が、政
府機関の間や議会との調整、利害の対立の解消に役立つという見方もある。

　ただトランプの場合、ワンマン経営者としての専横ぶり、自信過剰で人の
話に耳を傾けない傾向が、登用した側近や政府高官との摩擦を生み、過去に
ないほど多くの政権要人の解任、辞任に繋がっている。その専横ぶりは、自
分の言動が選挙という有権者の審判を受けるという状況を経験したことがな
いことを反映している。ただ政府要職経験者の場合、その業績は公的記録に
なっており、マスコミや大衆が大統領としての資質を判断しやすい。トラン
プのような民間人の場合は、こうした公的記録が乏しく、有権者が資質を判
断しにくい。

　2016年大統領選を前にして、トランプのワシントン・アウトサイダーの立
場は一貫していた。共和党エスタブリッシュメント（主流派）に危機感は強
い。リンカーンやレーガンなど名だたる大統領を選出した歴史と伝統がある
共和党が政治経験のない非主流派に乗っ取られ、分裂を浮き彫りにしている

からだ。⁽⁹⁾

（3）資金の重み

もう１つ候補者の浮沈を左右する重要要素は、資金である。資金は、スタッフ人員など他のリソースに容易に変換できる。国庫から選挙資金が提供される本選挙よりも、予備選挙段階でどれだけの資金を持っているか、どれだけの資金を集めることができるかが決定的に重要な要素になる。⁽¹⁰⁾

ユージン・マッカーシー、ジョージ・ワラス、オバマなどは、草の根レベルの支持を拡大し、小口の献金を幅広く多く集めることにより、予備選段階の選挙資金を確保し、勝ち抜いた。⁽¹¹⁾オバマの場合は人気を強みにインターネットにより小口献金者を数多く募り、選挙資金を集めることに成功した。

マルコム・フォーブズのように大富豪で自前の資金に依存して選挙運動を展開した場合もある。1996 年大統領選で、フォーブズは 4,170 万ドルを選挙資金として支出したが、このうち 3,750 万ドルが自己資産だった。⁽¹²⁾トランプの場合、資産家ではあるが、持ち前の知名度とマスコミの注目を集める言動により支持者からの政治献金を多く集め、自分の資産には依存しなかった例である。

予備選段階開始前は、候補者は大部分の時間を最初の党員集会を行うアイオワ州や最初の予備選挙があるニューハンプシャー州での選挙運動に費やす。その緒戦での勝利が自ずとマスコミの注意を引きつけ、知名度を全国的に高め、その後の資金集め、選挙運動を有利に展開できるからだ。

ただ緒戦で勝利しても、次々に実施される予備選挙、南部や中西部の多くの州で一斉に予備選挙が実施されるスーパーチューズデーでの勝利に繋げられないと、急速に選挙資金が底をつき、挫折、脱落してしまう。スーパーチューズデーに向けては、地理的に広大な範囲に散らばる多くの州で同時的に選挙運動を展開しなければならず、高価なテレビコマーシャルなどに依存しなければならないので、膨大な選挙資金を要する。これを闘い抜く選挙資金を確保できるかどうかが、勝敗を左右する。

ロックフェラー、ロムニーなどに見られるように、大富豪で自己資金を活

用できるからといって、選挙戦で勝利できるわけではない。ロムニーは 2008 年大統領選の共和党予備選で、1 億 1,360 万ドルの選挙資金を支出し、そのうち 4,500 万ドルは自己資産だったが、期待したスーパーチューズデーの結果が不振で、2 日後に選挙戦から撤退した。⁽¹³⁾候補者のイメージ、過去の実績、政策なども資金以上に重要である。個人的資産がなくても、それらの面で優れていれば、資金が集まってくる場合が多い。

　ニクソン再選委員会の選挙資金集め、選挙活動をめぐる多くのスキャンダルの結果、1974 年に連邦選挙運動法が制定された。この法により、個人の特定の大統領候補への 1 年間の政治献金は 1,000 ドルを超えてはならず、政治活動委員会の献金は年間 5,000 ドルを超えてはならないことが規定された。個人献金の年間 1,000 ドルの上限は 2004 年に 2,000 ドルに引き上げられ、その後インフレ調整されることになった。また予備選段階で、20 州以上で各州において 250 ドル以下の小口献金で 5,000 ドル以上の資金を集めれば、候補者は国庫から同額の資金援助（マッチングファンド）を受ける資格を得ることになった。

　国庫からの資金援助を受け入れる場合は、候補者個人が選挙に支出できる自己資産は 5 万ドル以下に制限され、さらに予備選挙段階でマッチングファンドを含め支出できる選挙資金は 2008 年時点で 4,205 万ドル以下に制限され、この上限額は、その後インフレ調整により変動している。国庫からのマッチングファンド援助を受け入れないことにすれば、支出できる自己資産、支出できる選挙資金総額で制限を受けずに済む。ブッシュ、クリントン、オバマ、ロムニーなどの候補は国庫からの公的資金援助を拒否し、選挙資金への制限を回避した。全般的には、連邦選挙運動法の結果、候補者間の選挙資金の格差は大幅に縮小した。

　インターネットの出現は、富裕な政治献金者にアクセスを持たない候補が、幅広く効率的に小口献金を集める可能性を生み出した。オバマは 2008 年大統領選の予備選段階で 2 億 5,600 万ドルの選挙資金を集めたが、そのうち約半分の 1 億 2,100 万ドルは 200 ドル以下の小口献金で、インターネットが

それを可能にした。[(14)]

（4）アイオワ州、ニューハンプシャー州

　政党や政党指導部は、11月の大統領選本選挙で勝つ可能性が高い候補者を立てようとする。通常、アメリカ国民の大多数はイデオロギー的には超保守でも超リベラルでもなく、中道に位置する。したがって、候補者の政策面でも超保守や超リベラルではなく、国民の大多数の考え方に近い中道的政策を打ち出している候補者が、政党からも支持を得やすい。

　1964年の共和党大統領候補ゴールドウォーターや1972年の民主党大統領候補マクガバンのように超保守、あるいは超リベラルが指名候補者になる場合もあるが、こうした極端な候補者は本選挙戦で敗退してきた。また人種、性別、宗教、地理的位置などの背景も、指名獲得に影響を与える要因だった。過去には、白人、アングロサクソン系、男性、プロテスタント、北部州の候補が優位だった。しかし、その優位性が徐々に減り、黒人、女性、カトリック、ユダヤ教、モルモン教などの背景を持つ候補者が指名を受けるケースも出てきた。

　大統領選に出馬すること自体、候補者自身に大きな負担を課する。その負担は資金面だけではない。出馬準備、予備選、本選挙の期間は通常1年以上にわたり、選挙期間を通して全米50州を駆け巡ることになる。さらに対抗候補者との公開討論に何度も参加することになり、候補者の身体的、精神的スタミナが試されることになる。候補者の家族にも大きな負担を強いる。さらに選挙運動期間には、候補者の過去について公表されていなかった情報が明らかになり、マスコミ、一般大衆の一層の精査にさらされることになる。選挙対策本部の人材を発掘し、配置し、調整することも必要で、候補者の人員管理の能力が試されることになる。候補者には、それに耐えて勝利するだけの精神力、体力が要求される。これも候補者に必要な資質の1つである。

　アイオワ州やニューハンプシャー州は人口も比較的少ない小さな州だが、大統領選では最初に党員集会、予備選挙を実施する州として格別な注目を浴びる。予備選期間の後の方で予備選挙を実施する州は、自分の州で予備選投

票があるときには党指名候補が確定している可能性が高く、候補者指名プロセスに有意な役割を果たせない結果になる。多くの州がマスコミ、一般大衆の注目を引きつけ、大統領選挙においての発言力、影響力を強めようと、予備選挙の実施時期を早める傾向がある。この結果、予備選挙、党員集会が大統領選挙の年の早い時期、春の時期に集中する傾向が強まっている。これを「フロント・ローディング」と呼んでいるが、これは資金力、組織力に乏しい候補の脱落を早め、党の指名候補を早い時期に確定させる結果を生みやすい。

　2004年大統領選では民主党指名を争ったジョン・ケリーがアイオワ州党員集会、ニューハンプシャー州で1位になり、その波状効果でケリーは1月中に事実上指名候補の立場を揺るぎないものにした。2008年の大統領選挙の民主党予備選でも、多くの候補者がアイオワ州、ニューハンプシャー州で結果が不振だったため脱落し、オバマとヒラリーが残っただけだった。

　それ以降の予備選挙、党員集会へのマスコミの関心が薄れた。この結果、時間をかけて候補者の資格を検討し評価することができなくなり、資格ある候補を選ぶという意味ではマイナスになり得る。早い時期に指名候補者が確定するのは、指名候補を中心にした挙党一致を求める政党には好ましいことだが、有権者と政治システムにとっていいことかどうかは疑問だ。後の方の予備選挙での有権者の投票率を下げる効果を生み、有権者の関心、参加意欲を弱める。

　また、アイオワ州、ニューハンプシャー州が予備選プロセスの動きを大きく左右する特権的立場を維持すべきかどうかについても議論がある。この状況を改革するため、2008年選挙では民主党全国委員会が、ヒスパニック系が多いネバダ州と黒人が多いサウスカロライナ州にニューハンプシャー州予備選挙後1週間以内に予備選挙を実施することを許可した。

　半面、他の州に対しては、2月5日以後まで予備選挙、党員集会の開催を待つよう求めた。カリフォルニア州、ニューヨーク州はじめ23州が予備選挙、党員集会を前倒しして2月5日に実施することを決めた。この結果、民主党は代議員総数の52%、共和党は代議員総数の41%を2月5日に選ぶこ

とになった。さらにフロリダ州、ミシガン州は党の意向に反して、影響力を強めるため1月に予備選挙の実施を決め、アイオワ州とニューハンプシャー州はその歴史的位置を維持するためそれぞれ1月3日、8日に党員集会、予備選挙を前倒しした。これにより予備選の期間が実質的に短縮され、有権者が候補者について十分に知る機会が制限されることになる。

（5）国民との繋がり

　過去に党員集会が予備選プロセスの中心だったころには、党のエリートが有能な候補を選ぶために候補者を篩にかける役割を果たしていた。予備選挙がプロセスの中心になることにより、党エリートのこうした役割が失われてしまった。これは候補者の品質管理に関する懸念を生んでいる。これを含むいくつかの批判に対応するため、予備選プロセスの改善のための提案が出されてきた。

　1つの提案は、全米を5つの地域に分け、地域内の予備選挙、党員集会を同時に行い、1カ月の間隔を置いて地域ごとの予備選挙、党員集会を実施する。さらに最初に予備選挙、党員集会を行う地域はローテーションで決める、というもの。これにより、候補者はエネルギーと資金を保存し、地域ごとの選挙戦に臨むことができる。

　もう1つの提案は、各党の予備戦を州ごとに別々に実施するのではなく、有権者が全国一斉に予備選投票できるよう全国的予備選挙を実施し、党全国大会は主として党の政策綱領を決定するために開催するというものである。これにより、有権者の予備戦プロセスへの参加を拡大でき、早期に予備選挙、党員集会を実施してきた州の特権をなくし、50州平等にできる。また50州の有権者が同じセットの候補者について投票できる。1988年時点で、国民の65%がこの方式を支持していた。

　さらにもう1つの案は、候補者の資質、資格を最もよく知っているのは同僚政治家であるという考えから、予備選挙を廃止し、政党エリートと選挙で選ばれた公職者からなる党全国大会で候補者を指名する、あるいは連邦議会が候補者指名の責任を担うというアイデアである。ただ、これらの案は現実

性に欠け、実現可能性は少ない。

アメリカ大統領選の本選挙は、2大政党の指名候補者の一騎打ちだが、全国選挙という形ではなく50州各々とワシントンDCで個別に投票が行われ、その結果が各州およびDCの選挙人がどう投票するかが決定される。

合衆国憲法第2条は、各州が選挙人の選任方法を決めると規定している。初期の何度かの大統領選では、各州の議会がその州の選挙人を選び、投票日に選挙人が州都に行って正式に大統領候補に投票した。一般大衆は傍観者の立場に立ったが、その状況で選ばれる大統領と一般国民の繋がりは希薄なものだった。

その後、民主主義の機運の高まりにより、1830年代までにはほぼ全ての州が州の一般市民に自分たちを代表する選挙人を選挙させた。その時までには、政党も発達し、政党は独自に自党候補者への支持を誓約した選挙人候補者を提示した。まれに選挙人が当初支持を誓約していた候補者に投票を拒否したこともあったが、選挙結果の大勢に影響するものではなかった。

これにより、アメリカ大統領選は間接選挙の形式をとっているが、事実上アメリカ国民が直接大統領を選挙することになっており、こうして選出された大統領と一般国民の繋がりは強いものになった。これにより、アメリカ大統領は全米で唯一、全米国民により直接選ばれた為政者という立場に立つことになり、これが大統領が就任後に統治を行う権限の裏付けになっている。

一般投票の得票率が具体的な選挙人数に変換されることにより、大統領の権限、大統領の政策への支持の裏付けがより強化されるという見方もある。

1960年のケネディ対ニクソンの選挙で得票率は49.3%対49.2%という僅差だったが、選挙人数ではケネディ59%、ニクソン41%とより確定的な勝利を示したのは、その例である。

半面、一般投票の得票率の方が選挙人票よりも、国民の支持、不支持をより正確に反映しているという考え方もある。1980年選挙でのレーガンの勝利はカーターに一般投票で10%の差をつけての大勝だった。レーガンは50州中45州で勝利した。そのため、レーガン就任後に、社会保障プログラムを

含む歳出大幅削減、大幅減税、国防予算増大といった政策を国民が支持した とはっきり主張でき、議会への影響力が強まり、政策の実行をやり易くした。 連邦議会はこれらの政策を承認し、「レーガン革命」と呼ばれた。しかし他の 大統領選では、勝敗はそれほど決定的なものではなく曖昧な勝利である場合 が多い。

　アメリカの大統領選挙は、国の全ての重要な利害に影響を与える為政者を 選ぶ。それだけでなく、世界の全ての重要な利害に影響を与える為政者を選 ぶプロセスだが、アメリカを除く世界の住民はそのプロセスに投票権を持た ない。それほど大きな責任と影響力を米国の大統領は保持している。

　大統領候補指名プロセスは、1972年に従来の党エリートが支配するプロセ スから予備選挙を中心にしたプロセスに転換して以来、多くの批判を受けて きた。しかし、候補者を大衆、メディア、党エリートの厳しい審査に曝すと いう点で、全般的にはより優れたシステムといえる。もちろんこのシステム は最も資格ある候補者を選ぶのを保証するものではないが、米国民多数の見 方を大きくかけ離れた候補者を選ばないという歯止めにはなってきた。また、 ハーディングのような無能な大統領候補、ニクソンのような憲法や人倫に無 頓着な大統領候補を篩にかける役割を果たしてきた。

　また大統領選挙人の選定方法も、州議会による選定から一般国民による選 挙プロセスを通しての選定に進化してきた。選挙人選定権限を州議会が奪回 する可能性があるが、その可能性はきわめて小さい。ただ問題は、勝者総取 りの方式を採用している州が大多数であるため、一般投票でより多くの得票 をした人物が選挙人票では過半数に満たず敗退するという可能性があること である。1824年、1876年、1888年、2000年、2016年と米国史上5回、こ うした事態が発生した。この問題の解決法の1つは、選挙人制度を廃止し、 一般国民による直接選挙制度を採用することだが、これは米国の政治史上最 も過激な変化を意味する。故ダニエル・モイニハン上院議員は、選挙人制度 の廃止は米国史上で最も過激な変革であり、真剣かつ慎重な検討が要求され ると警告した。直接選挙制度採用には慎重論が多く、37人の政治学者グル

ープが選挙人制度に検討を加えた結果、現在のシステムが極右、極左候補を排除する役割を果たしており、最も好ましいという結論を出している。[21]

（『武蔵野大学政治経済研究所年報』第 19 号、2020 年 2 月）

注・文献——

(1) 拙稿「形骸化進む米国の 2 大政党制：大接戦・大混迷となった大統領選の背景」、『世界週報』、時事通信社、2000 年 12 月 12 日、6-9 頁参照。

(2) Diamond, Martin, *The Electoral College and the American Idea of Democracy*, American Enterprise Institute, 1977, pp.3-5.

(3) Lowi, Theodore, *The Personal Presidency*, Cornell University Press, 1985, p.33.

(4) Crotty, William, *Political Reform and the American Experiment*, Crowell, 1977, pp.201-202.

(5) Ranney, Austin, *Participation in American Nominations*, 1976, American Enterprise Institute, 1977, p.4.

(6) *New York Times*, January 18, 1990, p.Y11.

(7) Gellman, Barton, *The Cheney Vice-Presidency*, Penguin Press, 2008 参照。

(8) New Places to Look for Presidents, in Time, December 15, 1975, p.19.

(9) 拙稿「岐路に立つ米共和党」、『毎日新聞』、2016 年 10 月 18 日朝刊。

(10) Prewitt, Kenneth, and Alan Stone, *The Ruling Elites*, Harper & Row, 1973, pp.131-158.

(11) Alexander, Herbert, *Money in Politics*, Public Affairs Press, 1972, pp.31 and2.

(12) Pomper, Gerald, et al., *The Election of 1996*, Chatham House, 1997, p.138.

(13) *Washington Post*, July 18, 2008, p.A6.

(14) *New York Times*, June 4, 2008, p.A21.

(15) *Washington Post*, January 15, 2008, p.A6.

(16) Barnes, James A., Democrats Compressing the 2004 Calendar, in *National Journal*, December 1, 2001, p.3699.

(17) National Association of Secretaries of State, *Model Presidential Primary Legislation*, February 12, 1999.

(18) *National Journal*, May 21, 1988, p.1374.

(19) *New York Times*, September 4, 2004, p.A10.

(20) Moynihan, Daniel Patrick, The Electoral College and the Uniqueness of America, in Gary L. Gregg II, ed., *Securing Democracy: Why We Have the Electoral College*, ISI Books, 2001, p.88.

(21) Schumaker, Paul D. and Burdett A. Loomis, Reaching a Collective Judgement, in Paul D. Schumaker and Burdett A. Loomis, eds., *Choosing a President,*Chatham House, 2002, pp.176-209

第2章 米大統領についての神話と現実

1—— 問題の所在

　バラク・オバマ米上院議員（民主、イリノイ州）は2008年11月8日、米史上初の黒人大統領として第44代大統領に当選した。オバマの当選は、オバマの政策への米国民の支持表明という以上に、ブッシュ政権8年間に対する国民投票による拒絶票の意味合いが大きかった。それにオバマの「変革」、「融和」を訴えるメッセージが重なり合った。「オバマ氏が支持者の間で巻き起こした熱狂は、不安を感じ、分裂した国民を彼が鼓舞できることを暗示している。また効果的で、規律があり、時には容赦ない選挙戦を展開したことは、彼が想像を絶する複雑な問題を背負う政府を切り回せることも示唆している。オバマ氏が知性と雄弁を兼ね備え、合意をさぐる生来の才能も有していることは、彼は、米国が切実に必要としている指導力を発揮できるという希望を与えている」。とりわけ外交面において、ブッシュ時代の単独主義外交から多国間の国際協調を重視した路線に軌道修正をはかり、国際社会での米国の指導力発揮が強く期待された。大統領就任後もこのリーダーシップ発揮への期待値は高いものがある。

　米大統領の任期は4年、合衆国憲法上3選は禁止されている。期待値が高い状態でスタートしたオバマ大統領の任期（2017年1月20日迄）が残すところ少なくなり、とりわけ2014年11月の米中間選挙以降は、オバマ治世への評価が論じられている。

2014 年 11 月米中間選挙の結果、2015 年 1 月の新議会は、大統領と共和党主導議会との対立の構図でスタートした。2016 年 1 月には米大統領選挙の予備選プロセスが開始され、11 月の大統領選投票日まで米政界は大統領選挙、議会選挙を中心に動くことになる。大統領選挙の年は、共和党、民主党それぞれが敵対政党に得点を与えまいとするため、特定の法案成立に向けての対話や妥協の可能性は遠のいてしまう。大統領選挙プロセスに突入するまでの 1 年間も党派対立ムードで始まったことから、国内政策、外交政策に関する議会措置で建設的成果は期待できないという見方が強い。[3]

2── 大統領職のあり方の変化

　米国民にとって大統領は政府そのものである。大統領は、一般国民とも他のリーダーとも異なった格付けを与えられている。米国民の間には強大な権力を持つ大統領のイメージがある。国の社会的、経済的、国際的問題は大統領の強大な権限で解決されるという期待がある。米国民が抱く望ましい大統領像がある。過去の偉大な大統領の神話がそれを助長している。

　大統領自身もこの神話に屈しかねない。第 39 代大統領（1977 年 1 月 20 日〜 1981 年 1 月 20 日）ジミー・カーターは、かつて「米国民に明瞭な声で語りかけ、倫理、道徳、優越性、偉大さの基準を設定できるのは大統領しかいない」と主張した。[4] 合衆国において、政策の立案決定過程の最高責任者はいうまでもなく大統領である。重要と思われる問題については全て大統領が決定し、指示を与える。かつて、リンカーン大統領が閣議で全閣僚の反対に直面したとき、「反対 7、賛成 1、よって賛成に決しました」と述べたことはあまりにも有名である。[5]

　米大統領権限は憲法で保障されている。米国憲法の大統領権限の規定はほとんど変化していないが、建国当初の 18 世紀と現代では大統領職が大きく変化している。過去 200 年間に大統領と議会の間で権力のバランスが変化してきた。

　米初代大統領（1789 年 4 月 30 日〜 1797 年 3 月 4 日）ジョージ・ワシン

トンは自分の言動が大統領の先例をつくることを自覚していた。大統領職の威厳と力を守ろうとした。例えば、州知事は重病であっても大統領が州を訪問するときには表敬の挨拶に来なければならないと考えた。初代大統領としてワシントンは、閣僚との定期会合、国際的脅威対応における支配的役割、3期以上務めないという自主的任期制限など後代まで続く大統領としての慣行を確立した。ワシントンは大統領権限を幅広く解釈し、立法活動にも活発に関与した。

　ワシントンは「閣僚である長官は大統領の命令を1度目は簡単に無視できる。2度目は弁解をすればいい。しかし3度目は大統領の命令をきかなければならない」と語ったことがあるが、これは大統領の権力の強大さを物語るエピソードである。

　第2代大統領（1797年3月4日〜1801年3月4日）のジョン・アダムズは与党内および野党との関係においても関係が悪く、弱い大統領だった。これに対して米独立宣言起草者で第3代大統領（1801年3月4日〜1809年3月4日）のトーマス・ジェファーソンは、民主党の前身となるジェファーソニアンを指揮し、立法戦略を立案し議会における政党を巧妙に活用して立法活動においても効果的役割を果たした。1803年には議会との協議なしで、210万km²を超える仏領ルイジアナ買収を実行して米国の国土を2倍にした。

　米国の初期には州議会が大統領選挙人のほとんどを任命していたが、1828年にはデラウェアとサウスカロライナを除いて全ての州が一般投票により代議員、選挙人を選んだ。同年の選挙は最初の一般国民による大統領選挙で、アンドリュー・ジャクソン第7代大統領（1829年3月4日〜1837年3月4日）は初めて国民の一般投票によって選ばれた大統領だった。ジャクソンは一般国民の支持を活用し、議会との対立が生じた場合は一般国民に直接アピールした。議会の立法措置にそれまで最多の12回拒否権を行使するなど、大統領の権限と役割を強めた。それまでの大統領は法案が違憲と考えたがゆえに拒否権を行使したが、ジャクソンの場合は議会との意見が対立したがゆえに拒否権を行使した。その権限ゆえにジャクソンは「選挙された専制君主」

と批判された。

　ジャクソンが引退するや議会はその権限を再確立し、以後約100年にわたって大統領は議会の影に隠れるような目立たない存在になった。ジャクソンからリンカーンまでの歴代大統領は資質においても凡庸な人物が続いた。

　エイブラハム・リンカーン第16代大統領（1861年3月4日〜1865年4月15日）になって強大な影響力を持つ大統領が登場した。米国史上でリンカーンほど強大な大統領を体現した人物はいない。リンカーンは共和党から大統領になったが、議員時代にはホイッグ党で大統領権限に頻繁に挑戦した。大統領になってからは、リンカーンは、議会の事前承認なしで、南部港湾の海上封鎖、民兵の動員、反対派新聞の閉鎖、反逆容疑者の逮捕、奴隷解放宣言の公布など大統領権限を新しい尋常でない方法で活用した。リンカーンは南北戦争を勝利するために必要なことは何でもした。国家的非常事態において、大統領は事実上無制限の権力を持ち得ることを示した。

　髭をはやした大統領は第16代リンカーンが最初である。リンカーン後40年間は「髭の大統領」と呼ばれる一連の弱い大統領が続き、議会が大統領を脇に押しやり全ての立法活動を主導した。1898年の米西戦争を開始する決定も議会が行った。その後も、第26代大統領（1901年9月14日〜1909年3月4日）セオドア・ルーズベルト、第28代大統領（1913年3月4日〜1921年3月4日）ウッドロー・ウィルソンの活力に満ちた政権を除いては、ホイッグ党式の活発な議会が受動的な大統領を支配する議会中心の政府が続いた。

　第32代大統領（1933年3月4日〜1945年4月12日）フランクリン・D・ルーズベルトになって再び強い大統領が登場し、現代の大統領職が持つ権限を付与した。ルーズベルトは大恐慌、第二次世界大戦という危機的事態に直面して、大統領のリーダーシップを受け入れるよう米国民を結集させた。これにより米国民の唯一の代表として、強大な大統領を合法的なものとして受け入れさせた。ルーズベルト大統領は1933年の就任直後に議会の特別会議を招集し、最初の100日に大恐慌対策の15本の主要法案を議会に提出し、議会はその全てを承認した。この時期の立法の大半がホワイトハウスで起草

され、大きな修正もなく議会で可決された。

　第二次世界大戦は、ルーズベルト大統領の権限をさらに拡大する役割を果たした。全面戦争を戦うための動員の必要から、連邦政府の権限と規模は大幅に拡大した。議会は非常事態対処のための大統領の政策リーダーシップに追従した。第二次世界大戦終結までに、政治の権力は議会からホワイトハウスに移行した。ルーズベルトの国を救済したイメージにより、強大な大統領による行動に対する期待が国民の間に定着した。だが皮肉なことに、「救世主」はある評論家がいうところの「フランケンシュタインの怪物」に、すぐに変身する。(6)

　第 36 代大統領（1963 年 11 月 22 日〜 1969 年 1 月 20 日）リンドン・ジョンソン、第 37 代大統領（1969 年 1 月 20 日〜 1974 年 8 月 9 日）リチャード・ニクソンが、国内で反対が高まるなかでベトナム戦争や東南アジアへの軍事介入を進め、ウォーターゲート事件が発生すると、権限が強大になり説明責任の欠如した帝王的な大統領に対する批判が高まるようになった。(7)

　その反動として帝王的イメージとは対極的な第 38 代大統領（1974 年 8 月 9 日〜 1977 年 1 月 20 日）ジェラルド・フォード、第 39 代大統領（1977 年 1 月 20 日〜 1981 年 1 月 20 日）ジミー・カーターが続き、逆に制約されすぎて効果的指導力を発揮できない大統領への懸念が出てくるようになった。(8)

　制約された大統領への懸念を反映して、ロナルド・レーガンが 1980 年に第 40 代大統領（1981 年 1 月 20 日〜 1989 年 1 月 20 日）に当選した。レーガンは小さな政府を主張して議会で減税と歳出削減法案の承認を勝ち取り、経済回復の波に乗ってアイゼンハワーを上回る支持率を維持し、再選を果たした。しかしレーガンは 2 期目にはイラン・コントラ・スキャンダルで困難に直面した。

　第 41 代大統領（1989 年 1 月 20 日〜 1993 年 1 月 20 日）ジョージ・H・W・ブッシュ（父）は野党が上下両院を支配する状況に直面し、議会との協力と相互尊重に基づく「新しい関与」を打ち出した。ブッシュはパナマ侵攻作戦、湾岸戦争の成功で支持率が 90% に達し、その人気を背景に法案への拒

否権行使で議会に強硬に対応し始めたが、結局その後経済が悪化し支持率が40％を切り、再選に失敗した。

ビル・クリントン第42代大統領（1993年1月20日～2001年1月20日）は民主党が上下両院を主導するという有利な立場で政権を出発し、初期には北米自由貿易協定（NAFTA）批准などの成果を議会から勝ち取った。2期目は共和党に議会の主導権を奪われたが、共和党保守を過激派と批判することにより議会を牽制する巧妙な議会対策をした。

9・11テロ事件は、第43代大統領（2001年1月20日～2009年1月20日）ジョージ・W・ブッシュにとって、人生、そして政権における最大の危機だったが、内政、外交における大統領としてのリーダーシップを誇示する機会にもなった。この歴史的危機に直面して、ブッシュ大統領は決然と行動した。大統領を支える補佐官として、ライス国家安全保障担当大統領補佐官、パウエル国務長官、ラムズフェルド国防長官、チェイニー副大統領などの外交経験と知見を持つ優秀な補佐役がいたことも、ブッシュ大統領にとっては幸いだった。米国民は多様な人種、民族から構成されているが、大きな危機に際しては大統領を中心に結束する性格を持っている。9・11テロも例外ではなかった。ブッシュ大統領に対する米国民の支持率は一挙に90％以上に跳ね上がり、議会も共和党、民主党の党派を超えて大統領を支持、結束した。米情報機関の調査により、テロがイスラム過激派国際テロ組織アルカイダによるもので、アフガニスタンのタリバン政権に庇護されたウサマ・ビンラディンにより計画、指揮されたものであることが判明するや、ブッシュ大統領はすぐにアフガニスタンへの武力行使を準備した。議会も超党派的決議により軍事的報復措置を支持し、テロ対策のために大統領、法執行機関の権限を大幅に強化する愛国法を承認、制定した。[9]

3── 大統領の役割

米国の大統領はさまざまな役割を担っている。米国に皇室はないが、大統領は国家を代表する米国版の皇室であり、政府そのものの象徴である。[10]米国

は人種的に見てもきわめて多様性に富んだ国である。これを統合して 1 つの国家として指導していくのは他ならぬ大統領である。日本の天皇陛下が日本国民統合の象徴であるのに対し、米大統領は米国民統合の象徴だといえる。第 27 代大統領ウィリアム・タフトによれば、大統領は国家元首として米国民の威厳と尊厳の象徴である。(11) 大統領は国家の首席として、外国の賓客や傑出した米国民を接遇したり、宣言を行ったり、野球シーズンの始球式の球を投げるなど国家を代表して儀式に参加する。これは大統領の名声を高める。

　合衆国憲法第 2 条により、米大統領は行政権を付与されており、法律が忠実に執行されるようにする権限を持つ。大統領は行政の最高責任者である。すなわち大統領は行政府の統率者として、最高責任者として国務長官はじめ各省庁長官を任命し、かつ罷免する権限を持つ。すなわち、合衆国憲法では行政権を大統領 1 人に与えており、閣僚は単なる助言者である。米大統領の研究で著名な故クリントン・ロシターの言葉を用いると、まさに「大統領は行政府のリーダーである」。(12) 大統領は行政府のリーダーとして行政に対する全般的指導と能率的機能を確保しなければならない。

　米国の高級官僚はほとんど全て政治任命（political appointment）である。政治任命とは高級官僚のポストにキャリア以外の外部者を任命することである。高級官僚は具体的には省庁・機関の長官、副長官、次官、次官補クラスを指す。大統領は上院の助言と同意を得て高級官僚を任命することができるし、罷免することもできる。大統領による任命者を政治任命者（political appointee）という。4 年に 1 度の政権が交代すると、高級官僚 3,000 人およびそのスタッフも含めて約 2 万人の官僚が職を去っていくといわれる。これは一種の革命的事態といってもいい。したがって、4 年ごとにワシントン DC 周辺は、自薦・他薦の候補たちでごったがえすことになる。このころ市内の書店では全てのポストの内容、給与などを盛り込んだいわゆる『プラム・ブック（plum book）』が飛ぶように売れる。正式名称は『米政府政策・支援職務表』という。

　しかし 1 人が単独で 300 万人以上の文民からなる行政府を管理するのは至

難の業である。大統領は理論的には行政府の人事権を持つが、実際に大統領が直接指名できるのは約3,000人の行政府幹部職である。その他の大多数の行政府職員は公務員として雇用が保護されている。大統領の指名人事の多くは米議会上院の指名承認を得る必要があり、場合によっては上院が指名を否決したり指名された人物が上院審議の難航を理由に辞退したりすることがある。大統領は省庁の長を指名したり、解任したりできる。行政府職員でも立法や司法に準ずる職責を持つ職員は、大統領が解任できないよう議会に保護されている。

　大統領は司法が間違った判決を下したと考えられる場合、有罪判決を受けた人物を特赦する権限を持っており、議会はその特赦権限を制限できない。アンドリュー・ジャクソン大統領は南北戦争後、国の分裂を癒やし平和を回復するために、南軍将兵の大部分に特赦を与えたが、秩序と平和を回復するための特赦もある。

　大統領はまた行政特権を行使して、国家安全保障その他の理由で情報を議会に提供することを拒否できる。ウォーターゲート事件の際に、特別検察官がホワイトハウスの秘密録音テープの開示を要求したのに対して、ニクソン大統領（当時）は行政府職員全てが行政特権に保護されていると主張し、テープの開示を拒否した。特別検察官は連邦裁判所にこの事案を持ち込み、最高裁は大統領が行政特権を持つが、刑事捜査の対象になっている場合は情報開示を拒否できないという判断を下した。クリントン大統領の時には、大統領就任前の行為に対する民事訴訟を回避したり遅らせるために情報開示を拒否できないという判断を下し、裁判所はさらに行政特権を制限した。

　合衆国憲法第2条は、大統領が議会の助言と同意のもとに条約を締結し、大使、公使、領事を任命する権限を持つことを規定している。また外国の大使、公使を受け入れる権限を持つ。大統領が大使や公使を受け入れることは、その国を認知することを意味する。これは大統領の首席外交官としての権限であり、外交政策の立案で主導的権限を持っている。

　条約発効のためには上院の3分の2以上の議員が条約を承認しなければな

らないし、上院は条約を修正できるので、条約について上院議員と協議することが重要である。1963年の核拡散防止条約の交渉団には上院議員が含められた。しかし第一次世界大戦後の国際連盟の創設では、ウッドロー・ウィルソン大統領が創設会議の米代表団に議員を含めなかった。このことが上院が国際連盟加盟を否決した原因になった。

　かりに大統領の締結した条約が、上院で否決された場合は廃棄される。上院による条約批准が不確定であるため、ワシントン以来歴代大統領は外国と行政協定を結んできた。協定は上院の承認が必要なく、秘密裏に締結可能だ。協定は全ての法的拘束力を持つが、条約と違って大統領が交代すれば、次の大統領には拘束力を持たない。合衆国憲法には行政協定についての言及はなく、国の基本的宣言にも行政首長側の独立した権力が国際協定を結ぶことへの言及はない。20世紀に入り、重要問題の対処に行政協定が頻繁に利用されるようになった。[13]しかし協定でも実施には予算が必要であり予算が議会の上下両院の承認が必要なので、議会を全く無視することはできない。

　大統領が締結する協定には議会行政協定というものがあり、それは貿易協定で主に締結される。条約が批准されるには上院の3分の2以上の支持が必要なのに対して、議会行政協定は上下両院各々の単純過半数で承認され得る。北米自由貿易協定（NAFTA）はこのタイプの協定として承認された。現在、行政府と議会のファーストトラック法案が失効しているので、議会が審議で協定の内容を修正でき、その過程で審議が滞る可能性が高い。

　大統領の役割のなかで最も議論を呼んできたのは、軍最高司令官の役割であり、軍隊を動員する権限を持つ。これに対して、宣戦布告権は議会が持つ。これらは合衆国憲法に規定されている。

　米国ではシビリアン・スープリマシー（文民優位）という考え方に基づき、シビリアン・コントロール（文民統制）の原則が確立されており、文官の地位が軍人の地位よりも優位する。したがって、大統領はいつでも軍最高司令官として命令を発することができる。1950年に勃発した朝鮮戦争時、ハリー・トルーマン大統領と極東司令官ダグラス・マッカーサー元帥との間に戦

争を遂行するうえで意見のくい違いが生じたとき、トルーマンはマッカーサーを罷免した。このことだけでも軍最高司令官としての大統領権限がいかに絶対かということがわかる。ただし、宣戦布告権は大統領になく議会にあることは忘れてはならない。

　アレクサンダー・ハミルトンは、大統領の軍最高司令官の役割について、陸軍と海軍を指揮統制する権限に過ぎないとしている。戦争を開始するかどうかの決定権は議会が持ち、ひとたび開始された戦争では大統領が軍隊の指揮権を持つ。建国の父たちは大統領の軍最高司令官の役割を制限したが、歴代の大統領がその役割を拡大解釈してきた。多くの大統領が議会に正式に宣戦布告を要請せずに、軍隊を外国に動員してきた。

　南北戦争ではリンカーン大統領は議会の同意を得ることなしで、南部の港湾を海上封鎖し、30万人の民兵を徴集するなどの措置を一方的に講じた。第二次世界大戦中には、米国がまだ参戦していない段階で、フランクリン・ルーズベルト大統領は英国に軍需物資を輸送する米海軍艦船に対して、ドイツの潜水艦を発見したら砲撃していいという命令を議会の承認なしで下した。米議会はその3カ月後、日本の真珠湾攻撃のあとにようやく宣戦布告を行った。朝鮮戦争の時には、ハリー・トルーマン大統領は北朝鮮の韓国侵攻を知るや、韓国や国連の介入要請を待たず、また議会に宣戦布告を求めることなく即座に米軍部隊を派遣した。

　米国がソ連の軍事的脅威に直面していた冷戦時代、米議会、米国民は大統領の戦争権限を容認してきた。しかしベトナム戦争で米国の国論が二分されるようになると、米議会は宣戦布告の権限を主張するようになった。米議会は1973年に戦争権限決議を採択し、大統領の戦争権限を制限した。決議は大統領が60日間以内という制限付きで米軍部隊を紛争地域に派遣できる（議会がその期間を30日間延長可能）が、議会がその期間内に戦争行為を承認しなければ大統領が米軍部隊を撤収しなければならないと規定した。また決議は、大統領が米軍部隊派遣前に可能なあらゆる機会に議会と事前協議することを義務づけた。

　1982年、レーガン大統領は戦争権限決議の有効性を認めず、議会と協議なしでレバノンに平和維持部隊として海兵隊を派遣した。その1年後、大統領と議会指導部は大統領が戦争権限決議の有効性を認めることを条件に、18カ月間海兵隊の継続駐留を認める妥協で合意した。しかし、レーガンはその後、グレナダ侵攻作戦の作戦完了後に議会に事後報告するなど、戦争権限決議を無視した。ジョージ・H・W・ブッシュ大統領も1989年のパナマ侵攻作戦を議会に通知したが、戦争権限決議の合法性を認めることを拒否した。イラクのクウェート侵攻で始まった湾岸戦争では、ブッシュはサウジアラビアを防衛するために同国に米軍部隊を展開したが、議会への通知はしなかった。その後、作戦の任務がサウジ防衛からクウェートからのイラク軍排除に変化したとき、米議会は1991年1月に武力行使を承認して事実上の宣戦布告を行ったが、大統領も議会も戦争権限決議を発動することはせず、ブッシュ大統領は武力行使に議会の承認は不必要という立場を取っていた。クリントン大統領も1994年にハイチ侵攻を計画した際に、大統領権限だけで軍隊を動員できるという立場に立ち、議会の承認なしで米陸軍第82空挺師団に出動を命令した。

　オバマ政権2期目では、シリア、イラクで勢力を拡張し、世界的な脅威になっているイスラム過激派組織イスラム国（IS）への対応が重要な外交課題になっている。オバマ大統領は2014年8月、ISによる米国人人質斬首・殺害を契機に、イラクにおけるIS拠点空爆を開始し、9月には空爆をシリアにまで拡大した。オバマ大統領はこうした軍事行動が2001年の国際テロ組織アルカイダに対する軍事行動承認の議会決議により許容されるとの立場で、議会への事前通告や議会の承認なしで空爆に踏み切った。しかし、その後、2016年大統領選挙に出馬している共和党上院議員ランド・ポールなどの議員から議会の宣戦布告あるいは軍事行動の承認なしで行われているISへの空爆は非合法だという批判が高まり、2015年に入って議会で3年間という期間を限定し対象地域を特定しない形で軍事行動承認決議が審議されている。しかし、オバマ大統領と議会の移民問題や医療保険改革など国内問題をめぐる

対立が深まり、軍事行動承認の決議の審議も難航している。これがオバマ政権における戦争権限をめぐる議会との最大の対立になっている。

　大統領は就任とともに国が直面する問題を解決するための明確な立法プログラムを提示することを期待される。憲法上は大統領は議会に対し必要かつ適切な立法を勧告しなければならない。この意味で大統領は首席立法者の立場にも立っている。米国憲法第2条は、特別会合のための上下両院召集、上下両院が休会について合意できない場合の議会休会決定、議会への一般教書演説、必要な緊急対策のための立法措置勧告の4つの立法権限を規定している。議会の会期は長くなっており、大統領はもはや議会の会合召集や休会の権限は行使しなくなっている。

　結局、ルーズベルトの下で緊急措置として行われた第1次ニューディールの立法パターンが、事態が平常に戻った後も基本的には定着し、大統領職の持つ権力を立法の分野に実質的に拡大してしまった。そしてルーズベルト以後、大統領は「主要な立法者（chief legislator）」と呼ばれるようになり、立法リーダーシップの行使を特徴とする現代大統領制が出現したのである。[14]

　1800年代には大統領は議会への一般教書演説では前年の活動報告をするだけだった。しかし現在では、大統領は一般教書演説では、上下両院に立法措置を勧告し、また全米国民に政策を訴えるようになっている。一般教書演説は大統領の政策に議会と国民の支持を動員する機会として活用されている。このほか、大統領は1921年予算および会計法以来、予算教書を、1946年雇用法以来、経済教書を毎年議会に提出している。

　毎年1月に行われる一般教書演説は、全米の州を代表する上下両院議員と主要閣僚が上下両院合同会議に集まり、全米向けにテレビ放映される形で行われる。全米国民をまとめる統合者としての大統領の役割が最も顕著な場といえる。

　大統領の立法分野における究極的権限は拒否権である。大統領は上下両院が承認した法案に拒否権を行使でき、上下両院は各々3分の2以上の多数を確保しなければ拒否権を覆すことはできない。拒否権が覆されることは極め

てまれで、大統領は議会から法案についての譲歩を引き出すために拒否権行使の脅しを使う。大統領が法案の議会承認後 10 日以内に拒否権を行使しなければ、大統領の承認・署名なしで法案は法律として成立する。しかし会期末の最後の 10 日間には、大統領が法案に署名しなければ法案は不成立となる（ポケット・ビトー）。ただ大統領は法案全体に対して署名するか、拒否権を行使するかを決めなければならないので、議会はどうしても署名しなければならない法案に、大統領が反対している条項を付帯条項としてつけることにより、その条項を法律として成立させる戦術を使う。

1996 年に議会は個別条項拒否権を大統領に付与する法案を承認した。これにより大統領は法案の全体ではなく一部条項だけに拒否権を行使し、残りの部分に署名することができるようになった。大統領はまた 100 人以下の納税者だけを対象にした税優遇措置を取り消す権限も与えられた。クリントン大統領は 1998 年に法案が議会承認を経て法律化されて 2 カ月後に、その法律の特定支出条項に個別条項拒否権を行使したが、連邦最高裁はこれが議会が承認した法律とは異なる法律を成立させることになるとして、個別条項拒否権に違憲判決を下した。

大統領はそれ以降は、議会で成立した法律の実施資金を行政府が支出することを差し止めることにより、立法の実施を阻止する手段に訴えるようになっている。個別条項拒否権の行政版措置ともいえるもので、比較的弱い措置である。ジェファーソン以来、歴代大統領は、個別支出延期あるいは官庁に対する支出禁止命令という形で支出差し止め権限を主張してきた。

議会は大統領の支出禁止命令という行政命令を制限するため、1974 年に予算支出差し止め制限法を承認し、支出差し止めの期間を最大 45 日間に制限し、その期間内に議会が支出を取り消す立法措置を講じない限りは支出が再開されなければならないことになっている。

2015 年 7 月 14 日、オーストリアのウィーンで米国が主導してきた欧米など 6 カ国とイランとの核協議の最終合意が達成された。2002 年にイランの秘密核開発が発覚してから 13 年にわたる外交交渉の成果である。同合意をめ

ぐっては米国内でも国際的にも賛否の議論があり、交渉を主導した米国においても国内で評価をめぐり対立が大きい。

イラン核協議は3回にわたって期限を延長しながら、マラソン協議の末に7月14日、イランを含む7カ国の外相級全体会合が開かれ、ついに包括的共同行動計画（JCPOA）と呼ばれる最終合意が成立した。合意は、イランが約10年間にわたり核開発活動を制限することを条件に、国連および欧米諸国が対イラン制裁を段階的に廃止するというものだ。オバマ大統領は外交面でレガシー（遺産）として後代に誇れる業績を求めているが、イランとの関係改善をレガシーとして今後さらに追求することは間違いない。

しかし米議会では共和党を中心にイラン核合意への懸念や懐疑的見方が根強く、合意がイランが核開発を進める余地を残しており、しかも制裁解除で凍結海外資産など1,000億ドル以上の資金をイランに提供することになることに強い批判がある。イランが資金を武器開発・購入やテロ支援に活用することを恐れる向きもあり、米議会は7月23日から60日以内にイラン核合意を承認するか、否定するかを決定することになった。オバマ大統領はイラン核合意の実施を阻止する法案には拒否権を行使することを明言し、大統領と議会の対立が深まった。

4—— 大統領を支える組織の発展

米国の連邦行政機関には約300万人の文民職員が勤務しており、これは全米最大の行政機関である。大統領はその長でもある。大統領が文民の長としての責任を果たすため、いくつもの層の大統領顧問に支援されており、顧問は集合的に組織としての大統領職（インスティテューショナル・プレジデンシー）を形成している。その顧問には内閣を構成する閣僚、大統領府、ホワイトハウス・スタッフ、副大統領が含まれる。

当初からの顧問グループは内閣だが、内閣は米国憲法には規定されていないため、内閣の役割は歴代大統領によって規定されてきた。内閣は省庁の長である閣僚により構成されている。ジョージ・ワシントンは司法長官、国務

42

長官、財務長官、戦争長官と頻繁に会合し、ジェームズ・マジソンはそれを大統領の内閣と呼んだ。現代の内閣は、14 主要省庁の長である閣僚、国連大使、行政管理予算局（OMB）長官から構成されている。1996 年にクリントン大統領が連邦緊急管理局（FEMA）長官を閣僚に格上げし内閣に含めた。カーター、レーガンなどの大統領は内閣の強化を試みたが、結局内閣に失望し、内閣を有用とは見なさなくなった。レーガンは内閣ではなくホワイトハウスを政策策定の中心に据えた。内閣は集合として有用な助言の役割を果たさない場合でも、ジョン・F・ケネディ大統領にとってのロバート・ケネディ司法長官のように特定閣僚が重要な助言の役割を果たすことが多い。通常、司法長官、国務長官、国防長官、財務長官がインナー・キャビネットとして重要な助言の役割を果たす。それ以外の閣僚はアウター・キャビネットを形成し、通常大統領とは直接の接触がほとんどない。[(16)]

　1857 年に議会が連邦政府雇用の大統領個人秘書を認めたことで、ジョージ・ワシントン以来、大統領が自ら郵便物を取りに出たり返事を書く時代は終わりを告げた。ウィルソン大統領は数名の秘書がいたにもかかわらず、ほとんどの手紙を自分でタイプした。大統領在職期間の長いフランクリン・D・ルーズベルト時代も、就任当初のスタッフは全部で 37 人だった。大統領スタッフが相当な規模になるのは、ニュー・ディール時代から第二次世界大戦以降である。[(17)]ルーズベルトは 1932 年に大統領に当選したが、大恐慌、第二次世界大戦に対応するため、国内政策、外交政策の大きな変更を必要とした。大統領府の設置は、変更を好まない行政府官僚機構のなかで大統領が意図する変化を容易にする意図のもとで行われた。

　大統領府（Executive Office of the President, EOP）は巨大化した大統領の職務を補佐するために 1939 年、フランクリン・D・ルーズベルト大統領によって創設された。それは大統領が合衆国政府機関をうまく管理、調整することを目的としていた。以来大統領府の規模、責任はかなりの変遷を見たが、それは個々の大統領の政策決定スタイルの違いからきている。また大統領府は大統領自身の助言者としてスタッフを構成しているため、大統領が代わる

と大統領自身の好みにあうように変更された。さらに他の政府機関の肥大化が起こり、その調整のため大統領府の規模や責任が増大した。今日、大統領府には官僚機構を管理し国を統治するにあたって通常、大統領が最も頼りとする人員および組織が配属、配置されている。

　ルーズベルト大統領は行政命令により、大統領府（EOP）を創設した。現在、EOP は、行政管理予算局（OMB）、大統領経済諮問会議（CEA）、国家安全保障会議(NSC)など 10 の組織から構成されている。最大の組織は OMB だが、近年は大統領の政策構想の代弁者の役割が強まり、アウター・キャビネットと対立することが多くなった。OMB の中心的役割は議会に提出する大統領の予算を準備することであり、省庁が策定した予算を大統領の優先順位と経済への影響を考慮して篩にかける。いかなる省も OMB の承認なしでは議会に歳出を要求できない。また OMB は省庁が提案する予算が大統領の構想に合致してるかどうかを審査する。1 億ドルを超える予算は費用を正当化する必要があり、OMB はそれを評価するため費用便益分析を実施し、費用が大きすぎる場合は大統領に予算却下を勧告できる。CEA は 1946 年雇用法により創設された機関で大統領が指名し上院により承認される 3 人のエコノミストから構成され、雇用、インフレ、税金、為替相場など幅広い経済問題について助言する。

　NSC は 1947 年国家安全保障法により創設された機関で、大統領に外交、国防問題に関して助言する。NSC は大統領、副大統領、国務長官、国防長官で構成され、中央情報局（CIA）長官、統合参謀本部議長も法定顧問になっている。大統領は他の閣僚も必要に応じて NSC の会合に参加させることができる。アイゼンハワー大統領は毎週 NSC の会合を持ったが、その後の大統領は NSC よりも補佐官、顧問の非公式のグループからの助言をより重視した。ケネディ大統領は国務省への依存を減らすため、マクジョージ・バンディ国家安全保障担当特別補佐官の権限を強化した。ニクソン政権では、ヘンリー・キッシンジャー国家安保担当特別補佐官が、外交問題顧問として増員されたスタッフ、政治手腕を駆使してウィリアム・ロジャーズ国務長官の

影響力をしのぐようになり、ロジャーズ辞任後は国務長官も兼任した。レーガン政権 2 期目では、NSC スタッフがイラン・コントラ・スキャンダルに巻き込まれたが、外交政策立案だけでなく外交政策実施にも深く関与した。

　ホワイトハウス・オフィス（WHO）は大統領府よりも小さいが、クリントン政権時には約 400 人のスタッフを擁していた。WHO のスタッフは補佐官、特別補佐官、審議官、特別審議官、コンサルタントから構成されており、初期は行政府活動の調整が役割だったが、大統領が省庁の官僚機関の管理に苦慮するなかで WHO スタッフへの依存を強め、政策立案・実施に大きな役割を果たすようになった。WHO の組織構造は大統領の好みにより左右されてきた。フランクリン・ルーズベルトは複数の補佐官に直接大統領に報告させる「ホイール」型の緩やかな構造の態勢を始め、大統領にあげる情報を最大限に増やした。ジミー・カーターもその型を採用したが、補佐官の間の対立と混乱を生み、指導力に欠ける大統領というマイナス・イメージに繋がった。ロナルド・レーガンはその型を改良し成功した。

　アイゼンハワーなどその他の大統領は直接報告できる補佐官を 1 人か 2 人に限定し、スタッフの責任分担と報告手続きを明確に規定する「ピラミッド」型の厳格な構造を採用した。ニクソン大統領はこの型の態勢をより徹底し、ボブ・ハルデマンにスタッフを統括させ、国内問題顧問ジョン・エーリックマンと 2 人のスタッフだけに大統領に直接報告できる権限を与えた。ピラミッド型の態勢は大統領の負担を減らすが、トップのスタッフが重要な決定を下し、大統領の耳に心地よいことだけ報告し、少数派意見を封じる弊害を生じやすい。

　副大統領は米国憲法には上院を主宰すると規定されているが、上院の日常業務には関与しない。また米国史においては、14 人の副大統領が大統領になったが、副大統領職は伝統的に尊重されてこなかった。大統領が在任中に死亡あるいは弾劾により解任される場合は副大統領が大統領職を継承する。また憲法修正第 25 条により、大統領が職務執行不能になったと自ら判定するか、副大統領と内閣の過半数がそのように判定すれば、副大統領が大統領に

昇格する。憲法が副大統領の職務を明確に規定していないので、大統領がその職務を決める。多くの場合、大統領は副大統領を諮問委員会に参加させたり、儀式や式典に代理で参加させる。大統領は政治的ライバルを生み出すのを恐れて、副大統領にあまり権限を委譲しない。ジョージ・ブッシュ大統領のもとのディック・チェイニー副大統領のように近年では、副大統領により幅広い大きな権限が委任される傾向がある。

5── 大統領の影響力

　大統領の願望がそのまま自動的に政府の政策になるわけではない。議会や官僚機構が大統領の権限を制限する。大統領が効果的であるためには、大統領の意思が自らの利益であることを納得させる説得力が必要である[19]。

　現在は、かつてのような「命令者」としての大統領像は神話となったが、「説得者」としての機能はますます高まってきている。軍事指導者ならば、声を張り上げて命令するのも有効かもしれないが、政府部内では有効ではない。命令によって大統領権限を行使しようとすることは、大統領の弱さの表れである。大統領統治の鍵は、大統領のいう通りにすることがあなた方の最大の利益になる、ということを他人に納得させることである。大統領は、その意味では政府を代表するスポークスマンともいえる。したがって、大統領は必要に応じて、テレビ、ラジオ、新聞などを通じて国民や議会に対して説得を行う。

　リチャード・ニュースタットは、説得力は大統領の権力の要であると述べている。多くの大統領が説得の必要性に遭遇し、またしばしば指揮・命令が円滑に行われないことを嘆いた。ハリー・トルーマンはかつてこう説明している。「私は日がな１日ここに座って、本来、私が説得しなくてもそうするだけの分別をもち合わせているべきことをさせようと、必死になって説得している。……大統領の権力の帰するところは、こういうことだ[20]」。この見解に賛同したドワイト・アイゼンハワーは、大統領は「人々を頭ごなしに叱りつけて指導するのではない。……［指導力とは］説得し、懐柔し、教育するこ

とである。遅々として、時間と骨の折れる仕事である」と述べている。[21]

　レーガン大統領は俳優出身ということもあって、テレビを通じて国民に対する巧みな説得に成功し、グレート・コミュニケーター（偉大な意思疎通者）と呼ばれている。

　クリントン時代にはこれまでのタウンミーティング（市民対話集会）が、電子タウンミーティングに様変わりした。クリントンが別の場所にいる市民と話をし、質問に答える。質問者の映像と音声は、テレビ会議通信装置を使って同時送信される。映像や音声を用いた遠隔通信が発達し費用面の低廉化が進み、クリントン流の電子タウンミーティングが流行したことはまさに情報・技術時代の到来を告げるものであった。ブッシュ大統領も9・11テロ直後やアフガニスタン軍事行動前やイラク戦争前にテレビ演説を行い、国民に直接訴える努力をした。しかしレーガン大統領がかつて「グレート・コミュニケーター」として説得力を発揮したような効果は出ていない。もう1つの大統領の説得力の手段は全米向けにテレビ放送される記者会見だが、ブッシュ大統領の場合はその数は多くない。

　大統領はとくに議会を説得し、その支持を得ることが重要である。説得の手段には、党への忠誠心、スタッフによるロビー活動、個人的なアピールの3つがある。議会の与党議員の支持を確保し、野党議員の支持を極力得ることが重要だが、歴史的に共和党議員は党への忠誠心が強いが民主党議員はそれが弱い傾向がある。初期には大統領と議員の関係は個人的コネや社交イベントでの会話が中心だった。アイゼンハワー大統領は1953年に議会対策部を設け、議会へのロビー活動を調整するようになった。ケネディ、ジョンソン政権では行政府による法案提出活動が活発になり、議会対策部も拡張した。ジョンソン政権では議会対策部のスタッフが議員の選挙区サービスも支援した。議会対策部の対議会ロビー活動が効果を持つには、対策部の部長が大統領と近い関係を維持している必要がある。カーター大統領は対議会関係を重視せず、その議会対策部は議会を無視したため、ホワイトハウスと議会の関係が悪化した。大統領個人による議員へのアプローチ、アピールが対議会関

係で大きな効果がある。レーガン大統領は議員を頻繁にホワイトハウスでの朝食会に招待し、議会との関係を構築した。重要法案に関して態度を決めていない議員に大統領自ら電話して支持を要請した。

　議員は多くの場合、自分の大統領への対応が一般大衆にどう受け止められるかを見てから、大統領への支持、不支持を決める[22]。このため世論、とくに大統領の支持率の高さが重要になる。ただ大統領の支持率の高さ以上に、議員にとって選挙区の利害が優先する[23]。レーガン大統領は支持率の高さを活用して、全米国民向けテレビ演説を行い、直接国民に政策への支持を訴えた。この方式でレーガン政権初期の減税法案の承認を勝ち取った[24]。大統領任期中、とくに3年目以降に大統領支持率は低下する傾向があり、支持率が低下すると国民向けアピールの効果も減少する。政治学者ポール・ライトはこの大統領の支持率低下を「影響力低下サイクル」と呼んでいる。サイクルが進むにつれ、大統領の公共政策への影響力も低下する[25]。

　大統領にとって一般大衆からの支持率の高騰は必ずしもいいことばかりではない。支持率が上昇するにつれ、公衆の大統領への期待も高まる。大統領は絶大な力を持っているはずだという概念も強まる。現実には、大統領は絶大な権限を持っているわけではなく、期待される役割と義務を果たすことは容易ではない。大統領が役割を果たすのを助ける多くの顧問を管理するのも難しい問題である。官僚機構や議会が権力を共有しており、大統領が成果をあげるには他を動かす説得力が必要である。大統領が高支持率を立法における成功に還元できなければ失敗者と見られるリスクも高まる。20世紀後半にはとくに公衆の大統領への期待が高まった。戦時や非常事態には大統領の権限は強まり、平時には逆に議会の力が強まる。

6—— おわりに

　多くの米国民は大統領を米国政府のマスターと見なしている。米国には絶大な力を持つ大統領というイメージがあり、それが米国民の間に国が直面する全ての問題を解決してくれる英雄的大統領を待望する期待を生み出してい

る。公衆の大統領への期待値の高まりがある。大統領府などの組織が強大に
なっていることもその神話を助長している。期待される役割と義務を果たす
ことは容易ではない。大統領の役割は質において奥深く、量においても幅広
いものがある。大統領の強い権限は、合衆国憲法における大統領権限の規定
からも窺い知ることができる。しかし現実には、大統領の影響力は、議会と
国民をどれだけ説得できるかにかかっている。

　この神話と現実の乖離は、多くの場合、国民の間に失望を生み出し、政府
に対する不信を強めるという矛盾を招来する。これは米国の政府への誤解を
生み出しているが、大統領についての神話と現実の大統領権限の限界を理解
することが、米国政府の正しい理解に繋がる。

（『武蔵野法学』第 3 号、2015 年 9 月）

注・文献

(1) *The Washington Post,* President Obama: A new Direction in Challenging Times, A New Dawn in the Nation's Long Struggle to Bridge its Racial Divide, November 5, 2008.

(2) 拙著『戦後米国の国際関係』武蔵野大学出版会、2010 年、370–371 頁。

(3) 拙稿「米国中間選挙後の外交安全保障政策」立花書房、『治安フォーラム』、2015 年 5 月号、40 頁。

(4) Koenig, Louis W., *The Chief Executive*, 3rd ed., Harcourt Brace Jovanovich, 1975, p.8.

(5) Cronin, Thomas, *The State of the Presidency*, 2nd ed., Little, Brown, 1980, p.11.

(6) Cunliffe, Marcus, A Defective Institution?, *in Commentary*, February 1968, p.28.

(7) Schlesinger, Arthur M. Jr., *The Imperial Presidency*, Houghton Mifflin, 1973.

(8) Frank, Thomas, ed., *The Tethered Presidency*, New York University Press, 1981.

(9) 拙著『アメリカ外交の政治過程』勁草書房、2007 年、310 頁。

(10) Novak, Michael, *Choosing Our King*, Macmillan, 1974.

(11) Schmidt, Steffen W., Mack C. Shelley II and Barbara A. Bardes, *American Government and Politics Today, 1997-1998 Edition*, West/Wadsworth, 1997, p.439.

(12) Rossiter, Clinton W., *The American Presidency*, Rev. ed., New American Library, 1960.

(13) Davis, James W., *The American Presidency*, 2nd ed., Praeger Publishers, 1995, p.250

(14) 砂田一郎著『アメリカ大統領の権力』中公新書、2004 年、136 頁。

(15) 大統領スタッフについては、Hess, Stephen, *Organizing the Presidency*, The Brookings Institution, 1976 を参照。

(16) Cronin, Thomas E., The State of the Presidency, Little, Brown, 1980. pp.276-278.

(17) Schmidt, Shelley and Bardes, *op. cit.*, pp.457-458.

(18) Neustadt, Richard E., Presidency and Legislation: The Growth of Central Clearance, in *American Political Science Review*, No.48, 1954, pp.150-158.

(19) Neustadt, Richard E., *Presidential Power: The Politics of Leadership from FDR to Carter*, Wiley, 1980, chap.3.

(20) Neustadt, *op. cit.*, p.9.

(21) Cunliffe, Marcus, *The Presidency*, American Heritage, 1987, p.278.

(22) Edwards, George, *Presidential Influence in Congress*, Freeman, 1980, p.89.

(23) Rivers, Douglas and Nancy L. Rose, Passing the President's Program: Public Opinion and Presidential Influence in Congress, in *American Journal of Political Science*, No.29, 1985, p.187.

(24) Kernell, Samuel, *Going Public: New Strategy of Presidential Leadership*, Congressional Quarterly Press, 1986.

(25) Light, Paul C., *The Presidential Agenda: Domestic Policy Choice from Kennedy to Carter*, Johns Hopkins University Press, 1983, pp.36-37.

第3章 リーダーシップ・ディレンマの下での米大統領政治

1—— 問題の所在

　オバマ米政権では環太平洋経済連携協定（TPP）の交渉が経済外交の最優先課題として進められてきたが、大きな課題だったのが、困難な多国間交渉でTPPの内容にせっかく合意しても、米議会がその内容を修正できるのでは安心して交渉できないという交渉当事国の不安だった。

　オバマ政権はこのため、ファーストトラック（一括審議方式）権限、すなわち大統領貿易促進権限（TPA）を議会に承認させることに力を注ぎ、審議がもめたが、2015年6月29日に議会がTPA法案を承認し、オバマ大統領が署名した。今後はオバマ大統領のリーダーシップの下にTPP締結に向けた動きが加速し得る。今回は最長で2021年7月まで効力を持つ。しかしTPAを獲得するために、オバマ大統領は議会との難しい駆け引きを余儀なくされた。同法案の可決は、2期目に入ったオバマ大統領にとって、議会の両院とも野党・共和党に多数を握られ他の法案の多くが暗礁に乗り上げるなかでの立法上の勝利となった。[1]

　貿易協定などの国際協定の交渉において重要なのは、ファーストトラック権限である。これは米国憲法上、議会が持つ貿易交渉権を政府に一任する措置で、大統領にその権限が付与される。大統領、行政府が交渉し妥結した国際協定について、議会に修正を認めず採否だけを判断させる権限である。大

統領が協定を合意しても、あとで議会がその内容に修正を加えることができるなら、交渉における交渉相手国の米大統領に対する信頼性が失われてしまう。大統領はTPPのみならずあらゆるアジェンダを実行するために、効果的にリーダーシップを発揮し影響力を保持する先頭に立つことが求められる。

　リチャード・ニュースタットの『大統領の権力』は、戦後の米大統領リーダーシップ論のなかで最も影響力のある書物だとされるが、行政（政治）の中心、つまり指揮すべきときに先頭に立たなければならない人物としての大統領に焦点を当てている[2]。クリントン・ロシターの言葉を用いると、まさに「大統領は行政府のリーダーである[3]」。大統領は行政府のリーダーとして、行政に対する全般的指導と能率的機能を確保しなければならない。またセオドア・ローウィは、大統領は議会や政党を凌駕し、政治システムの中心になった、と主張している[4]。

　経済外交を推進したクリントン米大統領が在任中、優先課題だったファーストトラック権限を獲得できなかったことは、一般大衆の大統領の能力への期待と現実の能力の間のギャップを示している。大統領のリーダーシップは、この期待と実際の能力との格差を埋めることを含んでいる。大統領権限を行使する際に、権限の限界を認識する必要があるし、憲法および法令で定められた権限を大衆へのアピールと個別交渉で補う必要がある。現在の大統領のリーダーシップの本質は、何をいつどのように行い、行った後に何を言うかを心得ていることである。

2── リーダーシップ・ディレンマの必然性

　米議会は、ジェラルド・フォード以来、大統領にファーストトラック権限を与えてきたが、1994年にホワイトハウス、議会の上下両院を民主党が支配する体制が終わるとともに、この権限も失効してしまった。ファーストトラック権限を自由貿易のために重視してきたのは、民主党ではなく共和党である。議会による1993年の北米自由貿易協定（NAFTA）、1994年の関税及び貿易に関する一般協定（GATT）の承認で、協定支持の中心になったのは共

和党である。

　クリントン大統領は1997年2月の一般教書演説で、1994年に失効したファーストトラック権限を再承認するよう議会に呼びかけた。クリントン大統領は同年9月に議会にファーストトラック権限法案を送付したが、法案反対派の環境団体や労働組合は春から議会にロビー攻勢をかけ、賛成派の多国籍企業、業界団体は法案の内容が明らかになるのを待ったため出遅れた。1993年のNAFTA制定時と異なり、議会民主党でリベラル派の力が強まり、共和党が下院で主導権を奪った1994年中間選挙の結果、クリントン大統領の政治的立場が弱まり、大統領は財政均衡、支出抑制など共和党寄りの中道穏健路線を採択した。この結果、クリントン大統領とリベラル派民主党議員の対立が深まった。また議会は、大統領に権限を付与することにより大統領権限が拡大することを嫌った。また民主党議員の間ではNAFTAが期待した恩恵をもたらしていないという不満があり、さらに米国の対外貿易赤字の原因が日本、中国、ブラジルなどの市場障壁にあるという見方も強く、議会民主党のファーストトラック権限法案への反対は強かった。1998年9月、民主党議員がわずかしか支持しない状況下で、下院本会議はファーストトラック権限法案を否決した。

　1974年貿易改革法は、ファーストトラック方式を導入し、大統領の通商交渉をやりやすくした。ファーストトラック方式は、通商協定を上院に承認のため提出した場合、上院は90日以内に協定への修正なしで協定を丸ごと承認するか否決するかしなければならない。この方式は、1973年から79年のGATTの東京ラウンドで活用され、大きな成功を収めた。ファーストトラック方式は大統領にとって交渉を容易にするという特典がある。[5]

　同時に、議会に対しても利益団体からのロビー活動を抑制し、協定審議に集中できるという利点がある。通商協定は国内のさまざまな業界や企業に対して経済的利害を生み出す可能性があり、上院が協定を修正できるならばさまざまな利益団体がロビー活動を展開し、自分に有利な内容を修正に盛り込もうとする。修正が不可能となれば、協定審議は簡単になり、はるかに速や

かな承認が可能になる。いずれにせよ、この方式では、議会は大統領に一括審議を前提としたファーストトラック交渉権を付与することになる。クリントン大統領に議会から付与されたファーストトラック権限は、1994年に期限切れとなった。同大統領は再選後の1997年に同権限を回復し、北米自由貿易協定達成までそれを維持することを欲したが、協定交渉はブッシュ政権に引き継がれた。

アメリカ合衆国憲法は、大統領と連邦議会それぞれに独自の外交上の役割と権限を付与しており、それが時によって権限上の対立を生み出してきた。1787年に独立13州の代表55人が集まって憲法制定会議が開かれたが、その際に独立前のイギリスによる独裁的統治、さらに独立後の13州の議会による個人の財産権への侵害を念頭に、統治者による独裁排除が大きな課題になった。この結果、合衆国憲法は統治権限を連邦と州、立法・行政・司法の三権、議会の上院・下院の間にそれぞれ分割し、チェック・アンド・バランス（抑制と均衡）を図るシステムを定めた。

憲法起草者の1人であるジェームズ・マジソンが提案した考えは次のようなものであった。行政権、立法権、司法権は他の権力を支配できないようにそれぞれ独立させる。したがって、権力分立では議会が法を制定し、大統領が法を執行し、裁判所が法を解釈する機能を持たせた。政府の三権はそれぞれ独立しているが、互いに共同して統治を行うチェック・アンド・バランスのシステムとした。たとえば大統領は議会の法案に対し拒否権を持つ。アメリカ合衆国最高裁判所（米連邦最高裁判所）判事は大統領の任命と上院の同意が必要となる[6]。大統領は就任宣誓式のときに、聖書に手を置いて合衆国憲法を守ることを宣誓する。このように憲法は大統領権限にとって中核的位置を持つ。

合衆国憲法は第1条第1節で、連邦議会に対して全ての立法権限を付与している。憲法は連邦議会が立法の対象とできる事柄を18の条節で定めており、それ以外の立法権は州に委ねられている。また憲法第1条第8節は、議会に諸外国との通商を管理する権限、戦争を宣言する権限を与えている。議

会の外国との通商を規制する権限は歴史的に、最高裁により広い意味で解釈されてきた。人間、物品の外国からのあるいは外国への移動や輸送が議会の規制を受けることになっている。また議会は、宣戦布告あるいは戦争終結の宣言を行う独占的権限を与えられている。これらが外交に関連する分野で、議会が合衆国憲法により付与されている権限である。これに対して憲法第2条第1節は、大統領に行政権限を付与している。この憲法の条文に基づく大統領の行政権限はきわめて広範なもので、三権分立の原則に抵触しない限り殆んど無制限に近いものである。第2条第2節は大統領を軍の最高司令官であると規定している。また大統領は議会に対する抑制として、大統領拒否権という大きな権限を憲法により与えられている。

　米大統領は持続的にリーダーシップ問題を抱えているが、それは米国政府システムに根ざしている。米憲法は権力を分立しているために、大統領が目標を達成するためには、影響下にない人物の協力を得る必要がある。米国社会の多元主義的性格にゆえに、大統領が国益のために行動しても、その行動の評価は個人や個別の団体が受ける影響により左右される。このリーダーシップの問題は過去数十年間、さまざまな利益団体の数が増大することでもっと難しくなっている。大統領は政策への支持を獲得するために利益団体に時間とエネルギーを投入しなければならなくなっている。リーダーシップの問題を解決するには、大統領は法的力、組織的力、政治的力を巧みに活用する必要がある。法的力は憲法、法令、先例などで規定された公式の大統領権限のことである。組織的力は行政府の部下を情報収集などの業務に動員できる力である。政治的力は選挙で選ばれたことからくる権威、政治的名声、国民からの支持などに由来する非公式の力である。

　米国の憲法制定会議で大統領職が生み出されたとき、強力な大統領職を置くことで意見の統一があったが、その強さの度合いでは意見の相違があった。大統領職の構造、権限、選挙の性格と方法でも議論があった。一人の行政府の長として大統領を置くが、その力は政府の他の機関を脅かすほどには強くすべきでないという結論になった。⁽⁷⁾

選挙方法では、国民による直接投票、議会による選任、特別に決められた選挙人による投票が考慮された。選挙方法では、一般国民の判断力に疑問を持つ人々と大統領が議会に依存して独立性を失うのを恐れる人々の間の妥協として、選挙人による選挙が採用された。憲法制定会議の代議員は、大統領に強力な行政権限を与える半面、その権限の濫用を防止する方法に焦点を当て、抑制と均衡のシステムを考案した。人事の指名、条約の発効、法案への拒否権という大統領権限は行使するうえで議会の支持を必要とした。また議会に宣戦布告権、大統領や行政官の不正への弾劾権が付与された。議会の権限を規定した憲法第1条、大統領の権限を規定した憲法第2条に比べ、弾劾の対象になる不正の定義を含め大統領権限の多くが環境の変化に柔軟に適応できるようあいまいなままにされ、後代の解釈に委ねられた。立法府、行政府の競合対立が権限の抑制効果を生んだが、同時に統治を困難にしてきた。

　大統領は法律の執行、すなわち行政において、他からの補佐を得ることが考案された。このため大統領に上院の助言と同意による部下の任命権が付与された。行政府の省庁の創設の権限は議会に、その運営の権限は大統領に与えられた。大統領は初代ワシントンから今日まで、閣僚などの指名で同じ州選出の議員に相談してから指名を公表するようにしている。上院の同意の必要は大統領の部下指名の権限を制限するが、同時に上院の指名承認の可能性を高める。1789年に議会は第1会期で行政府省庁を設立したが、行政官罷免を大統領、大統領と上院の助言と同意、法令、弾劾の4つの方法を行うオプションを審議し、大統領だけによる罷免を採択した。ただ連邦最高裁判所は、独立行政官庁の長と公務員のほとんどを大統領単独による罷免権の対象外とした。自分が指名した行政官を解任することは大統領の指名における判断の乏しさを示唆するが、ニクソン以来全ての大統領は自ら指名した閣僚を少なくとも1人は解任している。

　省庁の長官は日常業務において大きな裁量権を持ち、議会は省庁に対する監督権限を持っている。このため、大統領は行政府の長ではあるが、省庁の日常活動へのその影響力は限定されている。半面、大統領は行政命令や覚書

により省庁に特定の活動を指示することができる。ただ、大統領の時間と専門知識には限りがあり、行政命令を頻繁に発することはできない。議会は立法により大統領の行政命令に対抗できるが、大統領はその立法に拒否権を行使できる。オバマ大統領は2014年末に、議会の意向を無視して、数百万人の不法移民に米国籍取得の道を開く行政命令を出したが、共和党主導の議会はそれに反発し、対抗する立法措置を審議している。

3—— 大統領権限の限界と現実への対応

　大統領と議会の間には互いの権限や政策の実施に関する意見の相違があり、それをめぐり対立してきた。

　大統領と議会の政策をめぐる相克の例として、レーガン政権2期目のイラン・コントラ・スキャンダルがある。1982年から86年まで議会は歳出法案へのボーランド修正条項により、米行政府の情報機関がニカラグアでの軍事作戦に直接・間接に連邦資金を支出することを禁止した。当時ニカラグアは共産化されキューバとともに中米への革命輸出の拠点となっていたが、ニカラグア反政府勢力（コントラ）が米情報機関の支援を得てニカラグアの共産政権と戦っていた。レーガン大統領は中米の共産化は米国にとって死活的脅威になると考え、それを阻止する切り札としてコントラを支援しようとした。このため国家安全保障会議（NSC）のオリバー・ノース中佐（軍政部次長）らはコントラ支援の資金を議会に頼れないため、議会には内緒でイランに秘密に武器を売却し、その収益をコントラ支援に流用することで、コントラ支援を継続した。NSCはコントラ支援という大統領の政策を推進しているのだから、ボーランド修正条項には拘束されないという立場をとっていた。

　大統領は行政府の省庁への監督権限を欠いているので、政策の実行を他に委ねる傾向がある。レーガン大統領はその顕著な例で、省庁の活動には細かく監督しなかった。イラン・コントラ・スキャンダルでも活動をNSCに任せ、それが後にスキャンダルとして大統領を窮地に追い込んだ。

　米憲法起草者は、外交問題を除いては米議会を中心的な政策立案機関と考

えた。とはいえ、米憲法第 2 条は大統領の立法における権限と役割を規定しており、その内容は、⑴議会への一般教書演説、⑵立法措置の勧告、⑶議会の特別会合の召集、⑷議会が承認した法案への拒否権である。大統領はこれらの権限を外交、内政の政策立案上の役割を強化するのに使ってきた。議会は一般的に外交、軍事における大統領のリーダーシップを受容してきたが、時として大統領の措置を批判し、その措置への歳出を拒否してきた。さらに議会は、ときには監督権限を使って大統領の措置を調査してきた。2012 年 9 月 11 日のリビアのベンガジ米領事館へのテロ攻撃への対応に関して、共和党主導議会は、オバマ大統領や当時国務長官だったヒラリー・クリントンの対応を批判し調査してきた。またニクソン政権時など、議会は大統領の戦争権限を制限し、大統領の海外派兵に議会の承認獲得義務を課す戦争権限決議を採択した。1991 年の湾岸戦争では議会は大統領による米軍派兵を承認した。この戦争権限決議はオバマ政権でもイスラム過激派組織イスラム国(IS)をめぐる対応で大統領と議会の対立の要因になっている。

憲法は宣戦布告および戦争終結宣言の権限をもっぱら議会に付与している。しかし戦争の開始においては、大統領が国民、国家を守るために必要であると判断すれば、議会の戦争宣言がなくても、戦争を遂行することができるとされている。建国 200 年以上の間で、議会が宣戦布告を発したのは米英戦争（1812 年）、米墨戦争（1846 年）、米西戦争（1898 年）、第一次世界大戦（1917 年）、第二次世界大戦（1941 年）の 5 回に過ぎない。実際、1950 年の朝鮮戦争、1956 年のアイゼンハワー大統領の中東派兵、そしてベトナム戦争は、宣戦布告なしで大統領が独自の権限で行ったものであった。1990 年代に入ってからの湾岸危機やイラクへの空爆なども議会による正式な宣戦布告はなく、大統領権限で開始され、議会は既成事実を押し付けられ追随的立場に甘んじている。このため戦争権限をめぐっては、議会と大統領との間で微妙な対立がある。

1973 年 11 月 7 日、上下両院本会議は「議会と大統領の戦争権限に関する合同決議」を可決した。いわゆる戦争権限法可決はその例で、ニクソン大統

領の拒否権行使をはね返して成立させた。この法律では、大統領は戦闘状況、または戦闘に巻き込まれることが急迫かつ明白な状況に軍隊を投入する場合、最大限議会と事前協議することを義務づけ（第 3 条）、軍隊派遣後、大統領は 48 時間以内に議会に報告し（第 4 条 a）、その後、議会が 60 日以内に宣戦布告をするか軍隊使用に関する特別権限立法を制定するか、あるいは 60 日間の期限延長をしなければ、派遣された軍隊は撤収することを義務づけている（第 5 条 b）。

　米国の歴史では 1788 年から 1998 年の間に行政官が議会による弾劾手続きにかけられたことが 16 回あったが、このうちの 7 回に上院が有罪判決を下し、弾劾による罷免が成立した。弾劾の対象はほとんどが連邦判事だったが、まれに議会が大統領を弾劾したこともあった。米国憲法によると、下院が過半数の賛成で大統領の弾劾相当と判断すれば、上院で弾劾裁判を開始、上院出席議員の 3 分の 2 以上の賛成による有罪判決で辞任に追い込まれる。大統領弾劾決議案が審議されたことが 4 回あった。最初は 1843 年で、ジョン・タイラー大統領を汚職と職権濫用で弾劾する決議案が下院本会議で否決された。1868 年には下院本会議がアンドリュー・ジョンソン大統領を不正で弾劾する決議案を承認した。上院では弾劾裁判では有罪に必要な 3 分の 2 以上の多数に 1 票足りず、弾劾は成立しなかった。

　1974 年には下院司法委員会がリチャード・ニクソン大統領を司法妨害、職権濫用、議会侮辱で弾劾する決議案を承認したが、下院本会議では議決に至らなかった。しかしニクソンは大統領を辞任し、フォード大統領により恩赦された。さらにビル・クリントン大統領もセックス・スキャンダルをめぐる偽証、職権濫用、司法妨害などで下院の弾劾審議の対象になった。クリントンのスキャンダルの根底にあったのは道徳的リーダーシップの放棄だった。米憲法は弾劾の根拠となる「重罪と軽罪」を明瞭に定義しなかったため、弾劾は政治、世論に左右されることになった。「重罪と軽罪」が大統領の公務遂行における不正に適用されるにしても、クリントンの私生活における不正に適用されるかどうかも不明瞭である。クリントンの弾劾をめぐっては、民主

党、共和党それぞれの異なる政治的思惑が交錯した。世論は、党派的思惑よりも、クリントンが21歳のインターンと不倫し、保身のためにそれについて嘘をついたことで、罷免されるべきかに関心を持ち、経済状態、安全保障、社会の安定などの公的状況をより重視し、罷免する必要はないとの見方が大勢を占めた。クリントンの個人的イメージは悪化したが、公務への支持はあまり影響を受けなかった。議会は弾劾審議において、世論に政治的に影響を受けた。

　19世紀においては、議会が国内政策立案の中心だったが、20世紀初頭になって大統領が国内政策立案に積極的に関与し始め、フランクリン・ルーズベルト政権末期になると国内政策が大統領の活動の重要な部分になった。現在では、大統領は毎年一般教書で議会に国内政策アジェンダを提示し、その実施を監督することが期待されている。しかし米国では英国やドイツと違って、議会の与党が大統領の政策を支持するとは限らず、大統領にとって国内政策の実行は容易でない。国内政策の実行で大統領が議会に影響を与え得る手段として、拒否権あるいは拒否権の脅しがある。上下両院で可決された法律案は、通常大統領の署名を得て初めて発効するが、大統領はその法案を無効にする権限を有する。大統領が署名を拒否し発効を妨げることができる。1996年に議会は大統領が歳出、歳入予算案に署名した後に特定の予算項目を削除する項目別拒否権を認めた。これは予算の浪費を抑制するためのものだったが、98年に連邦最高裁判所は、これが三権分立の原則に違反するとして違憲判決を下した。

　大統領は、恩赦、特赦、連邦判事指名、司法省幹部指名など、限定的だが司法に影響を与える権限がある。大統領には王権の伝統に由来する恩赦あるいは特赦を与える権限が認められている。フォード大統領は1974年に、ウォーターゲート事件でのニクソンの有罪、無罪が裁判で判定される前にニクソンを恩赦した。これは司法プロセスを損ねるものとして批判された。司法の独立性ゆえに、大統領が司法に与え得る影響は限られている。

　戦後の大統領リーダーシップ論のなかで最も影響力のあったといわれるリ

チャード・ニュースタットの『大統領の権力』で強調されていることは、大統領の政治的リーダーシップと大統領の権力は、職務的評判、公衆の信望、大統領としての選択、この3つの重要な要素により成り立つと述べていることである。そして大統領権力の鍵となるのは政治的リーダーシップに属する機能である説得力である、というのがニュースタットの基本理論である。

　大統領の権限に関する概念と現実の間にはギャップがある。それを埋めるのは大統領の交渉力であり、交渉力には説得力が必要になる。大統領の説得力の基盤になるのは、ワシントンDCにおける評判と一般大衆の間の名声である。大統領がより広い大衆の支持を得ているほど、議会に対する説得力が比例的に強まる。大統領は政策を批判する反対派議員に対して、制裁を与えることがある。大統領という位置、資源などで大統領は有利な立場にある。大統領が議会で政策課題を推進するためには、政策課題と大統領の支持基盤の間に強い繋がりがなければならない。それがない場合、いくら大統領が高い支持率を得ていても、それが政策課題の推進に結びつかない。ブッシュ（父）大統領は1991年に湾岸戦争勝利で高い支持率を得ていたが、議会では国内政策への支持を確保することに失敗した。

　大統領は、一般国民向けテレビ演説、記者会見、タウンミーティング（市民対話集会）などを通じて、政策について直接国民に訴えかけることができる。これにより、政策課題を大統領レベルに高め、大統領の人気を特定の政策課題により密接に結びつけ、説得力を増すことができる。半面、一般国民向けアピールを多用し依存しすぎると、失敗する可能性がある。一般国民は政策についての知識が乏しく、一般国民世論は揮発性に富み変化しやすい。また国民は成果を求めるので、結果が出るのに時間がかかる政策について国民にアピールすると、成果が出る前に国民の不満が高まり、大統領に不利に作用する可能性がある。また一般大衆に直接アピールすることで、大衆の成果に対する期待を非現実的レベルまで高めることになりかねない。国民が失望すると、次に別の政策を訴えにくくなる。また大統領選での公約も、ジミー・カーターのように高い理想を掲げすぎると、国民の失望に繋がり大統領

の名声を下げる。

　カーター大統領の場合、ワシントン通のウォルター・モンデールが副大統領だったものの、ワシントン政界には馴染まず、ワシントンDCに信頼できる友人やコネもほとんどなかった。また、大統領のリーダーシップにナイーブな考え方を持ち、人間関係も下手で、結果的に議会、官僚に嫌われた。また、外交面では、国際政治の現実を無視した理想主義的な人権外交を打ち出し、共産圏に対してもナイーブな対応をして、挫折してしまった。

4── ホワイトハウスの役割拡大

　キャリア官僚は政策の継続性を保証し、同時に変化に対する抵抗を生み出す。大統領は、こうした現状維持志向の強い行政府の官僚機構に対して、自らの意思を反映させるために、大統領府を作り上げ、拡張してきた。大統領府は、フランクリン・ルーズベルト大統領の下で、1939年行政府再編法により設置された。「国際問題における危機管理の必要性に迫られて、決定策定の場所が国務省から大統領府に移った[12]」。外交政策専門家セシル・V・クラブとケビン・V・マルカハイによるこのコメントは、20世紀後半の米国外交政策が、いかに大統領とそのスタッフによって処理されてきたかを正確に述べている。

　大統領府所属機構は、大統領に助言を与える立場に立ち、同時に大統領の意向を受けて政策を立案し、その実施を調整する立場に立つ。また大統領はホワイトハウス事務局に直属スタッフを抱えており、調整、調査、広報などを通して、政策やその実施に関して大統領に助言する。これら大統領直属のスタッフは、政権入り前から大統領の選挙参謀だったり親友であったりする場合が多く、大統領との個人的な繋がりの深いことが多い（図1参照）。

　大統領直属の補佐官、スタッフの権限がきわめて強くなり始めたのはニクソン政権時で、当時は国家安全保障問題担当のキッシンジャー特別補佐官、内政問題担当のアーリックマン補佐官、総務担当のハルデマン首席補佐官の3人の補佐官が、閣僚も足元にも及ばないほどの権限を持った。これはニク

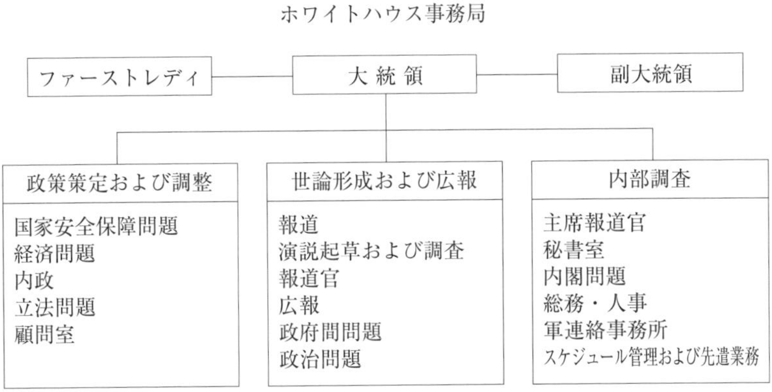

ホワイトハウス事務局

ファーストレディ	大　統　領	副大統領

政策策定および調整	世論形成および広報	内部調査
国家安全保障問題 経済問題 内政 立法問題 顧問室	報道 演説起草および調査 報道官 広報 政府間問題 政治問題	主席報道官 秘書室 内閣問題 総務・人事 軍連絡事務所 スケジュール管理および先遣業務

出典：James P. Pfiffner, *The Modern Presidency*, 3rd ed., Boston, MA: Bedford/St. Martin's, 2000, p.88.

図1　ホワイトハウス事務局組織図

ソン大統領自身の官僚機構への不信感の表れだった。

　各省の長官からなる内閣は大統領の政策諮問機関である。閣僚は自身の名声を大統領に貸し、政党、議会、国における大統領の名声を高めるのに貢献する。1960年代になると、大統領の世論形成、政策立案の役割が拡大し、内閣の政策立案機関としての役割が弱まった。レーガン、ブッシュ（父）は幅広い分野ごとに組織された閣僚評議会に政策に関する助言、調整、実施をさせた。クリントンは経済、内政、安全保障の3主要分野に絞った政策評議会を組織した。

　閣僚からなる内閣の助言の役割が縮小するに従って、大統領が補佐官に助言、調整、広報を依存する傾向が強まった。1939年以前、大統領の補佐官や秘書は少数で、多くの事務的業務を大統領自身がしていた。フランクリン・ルーズベルト大統領の1期目に、補佐官、秘書の増大の必要が切実になった。1939年に大統領府（EOP）が組織され、最初の戦時中の3機関、予算局、ホワイトハウス事務局の5つから構成された。クリントン政権時にはEOPは12の機関から構成され、1,800人の職員が勤務し、年間予算が2億5,000万ドル以上になった（**図2参照**）。

　予算局、のちの行政管理予算局はEOP機関のなかでも最大規模だが、大統

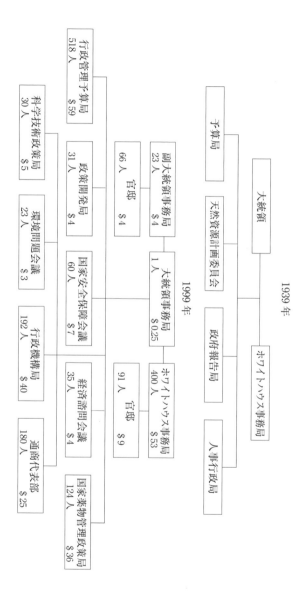

図2　大統領府

出典：Budget of the United States Government, Fiscal Year 1999, Washington, D.C.: Government Printing Office, 1998.
（枠内の数字は、専任スタッフ数と年間予算／百万ドル）

領の予算プロセスへの影響を強める役割を果たし、また大統領府の知識・情報の蓄積場所になった。ニクソンは1970年に予算局を拡張改編し、行政管理予算局（OMB）に改称した。[13] 大統領が議会に毎年1月に提出する連邦予算案を作成する。各省は予算問題でOMBと協議することを義務づけられており、OMBは予算案策定において省に対して大きな権限を持つ。

　OMBはまた省庁の予算案や法案への立場、議会での証言などの監視を行い、それが大統領の政策目標と合致しているかどうかを確認する役割をもち、この監視プロセスをセントラル・クリアランス・プロセスと呼ぶ。さらに議会が法案を承認した後は、OMBは大統領が法案を支持するか反対するかに関して行政府の勧告を調整する役割を持ち、このプロセスをエンロールド・ビル・プロセスと呼ぶ。さらにOMBは省庁が検討している規制についても、それが必要で政策に合致しているかどうかを確認するクリアランスの役割を担っている[14]（図3参照）。OMBは支出を抑制する機能を持つが、レーガン、ブッシュ、クリントンは予算削減、行政府機能改善のためOMBに依存した。

　ホワイトハウスという呼称は通常、大統領が執務する官邸、白亜館を指している。厳密には大統領府そのものではなく、大統領官邸のことである。大統領官邸をホワイトハウスと呼ぶようになったのはセオドア・ルーズベルト大統領のころからで、それ以来、公式文書にも使われるようになった。

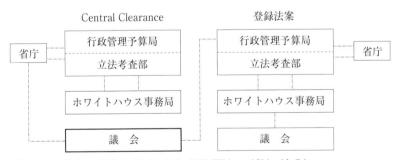

出典：Stephen J. Wayne, G. Calvin Mackenzie, David M. O'Brien and Richard L. Cole, *The Politics of American Government*, 3rd ed., St. Martin's, 1999, p.517.

図3　セントラルクリアランスと登録法案

大統領府のなかで最も重要な部署の１つが、ホワイトハウス事務局である（図４参照）。大統領が自由に使うことのできる狭い意味での直属の部下はホワイトハウス事務局に属しており、大統領の手足として活動している。それらのスタッフは新聞係秘書、面会係秘書のような主として大統領の執務を助

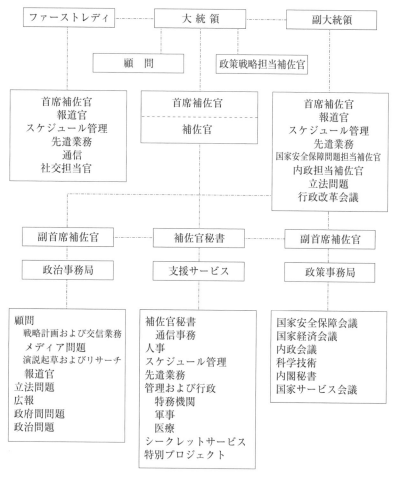

出典：Stephen J. Wayne, G. Calvin Mackenzie, David M. O'Brien and Richard L. Cole, The Politics of American Government, 3rd ed., St. Martin's, 1999. p.519.

図４　現在のホワイトハウス事務局

ける人々と、大統領補佐官として大統領の政策決定を直接補佐する少数の人々がいる。

　ホワイトハウス事務局は1960年代までは比較的小規模で非公式なもので、補佐官は大統領の日程や旅行などの事務を処理する個人的補佐の役目を担った。1960年代に国内政策、国家安全保障政策など政策を担当する機能が、70年代、80年代には州、地方自治体、民間団体、政党との定期的連絡を取り持つ機能が追加され、補佐官が拡充され、スタッフの数は400人くらいに増えていった。90年代には経済政策評議会が設置された。首席補佐官、政策補佐官、報道官、国家安全保障顧問、国内政策顧問、法律顧問、政策戦略顧問などのスタッフも拡充し、国家安全保障会議（NSC）、国家経済会議（NEC）、国内政策評議会などの組織が設置された。共和党政権の方が民主党政権に比べてホワイトハウス事務局の組織はより責任分担や政策決定プロセスなどの点で明確に組織される傾向がある。首席補佐官は、大統領への幅広い情報、助言の提供、必要な決定、措置に関する勧告、政治的状況把握と批判の処理、ホワイトハウスの運営という責任を担っている。このため大統領の支持率が低下したり、批判を受けたりする場合に、レーガン、ブッシュ、クリントン大統領などは主要補佐官を解任した。

　ホワイトハウス事務局の機能と責任の拡大に伴い、権限は省庁からホワイトハウスに移る傾向が強まった。大統領補佐官の政策・戦略実施の役割が増大し、それに伴い大統領の裁量権と影響力が増大した。大統領府が円滑かつ効果的に運営されるには、補佐官が自由に討議、助言する環境が必要だが、それが透明性を持ちすぎると自制に繋がる。このためホワイトハウスの内部プロセスの秘密保持が重要になり、そのために議会などに対する大統領特権による情報開示拒否、秘密保持が必要になる。刑事調査がからむ場合は、大統領は特権行使を控えてきた。ウォーターゲート事件で、特別検察官がニクソン大統領に内部録音テープの開示を求め、ニクソンは大統領特権を主張して開示を拒否したが、最高裁は全会一致で開示を命令した。刑事調査がからむ場合、大統領府の情報の開示については大統領ではなく裁判所が決定権を

持つ。

　ホワイトハウスの役割の拡大と秘密性は、立法、司法との間だけでなく行政府内でも緊張を生み出している。ホワイトハウスと内閣閣僚の間、新たに政治指名を受けた上級官僚と前政権からの公務員の間の緊張関係も深まっている。ホワイトハウス内部のスタッフ間の対立も表面化することが多くなった。オバマ政権では、チャック・ヘーゲル国防長官が 2014 年 11 月 24 日に辞任を発表したが、その原因はヘーゲル長官とスーザン・ライス国家安全保障担当大統領補佐官らホワイトハウスのスタッフとの対中など外交政策をめぐる意見対立だった。オバマ大統領はライスを擁護し、閣僚のヘーゲルを排除した。オバマ政権下で、ゲーツ、パネッタ、ヘーゲルという 3 人の国防長官が辞任したが、いずれもオバマ大統領の側近が進めた外交政策を批判した。

　ホワイトハウス付記者団ができてから、ファーストレディー（大統領夫人）の活動や役割が目立つようになった。大統領夫人は夫の政権の政策を、家庭、保健、文化、教育、環境など関心のある分野で公共活動を通して補助した。カーター大統領夫人はファーストレディーとしては初めて、閣議に参加した。クリントン大統領は最初から、夫人に政権で重要な役割を担ってもらうことを公言した。ヒラリー・クリントン夫人はウェストウィングに事務所を持ち、医療保険改革を積極的に推進するなど、ファーストレディー史上最も政策策定、調整に積極的に関与した。同夫人の役割は賛否両論の議論を巻き起こした。ルーズベルト政権で黒人公民権擁護のため活動したエレノア・ルーズベルト夫人が、同政権で公的役割を果たしたときも議論があった。クリントン夫人は、クリントン大統領のホワイトハウス・インターンとの不倫疑惑が表面化したとき、最後まで夫を擁護し続け、大きな役割を果たした。大統領夫人を含め家族は、有給の連邦政府の職業に就くことは禁じられている。しかしクリントン夫人は、夫が大統領任期を終了した後、上院議員、国務長官を歴任し、2016 年大統領選で民主党の最有力な大統領候補になっている。

　副大統領の地位は当初は軽視されてきたが、歴史とともにその役割が増大してきた。今日、政権内において強力な地位を有する。チェイニー副大統領

は政権内でブッシュ大統領の最も近いアドバイザーとして、いわゆるタカ派と称された外交政策に大きな影響を与えた。憲法制定会議の終わりに、大統領が急死したりする場合にスムーズな政権継承が行えるよう副大統領職の設置が考慮された。当初は、選挙で2番目に多くの選挙人票を獲得する候補が副大統領になることが考慮された。しかし1800年の大統領選で2人の候補が同数の最多選挙人票を獲得し、下院が大統領を決めなければならない事態となったため、その状況の再発を防ぐため、大統領、副大統領が別々に選挙されることを規定した憲法修正第12条（1804年）が承認、批准された。この結果、副大統領は資格よりも党派的な理由で指名されるようになり、その重要性が低下することになった。

しかし20世紀半ばになって、1945年のフランクリン・ルーズベルトの急死、1950年代のアイゼンハワーの発病、1963年のケネディ暗殺などの結果、副大統領職の重要性が見直され、継承のことも考慮して大統領不在の場合などに副大統領が大統領を代理する役目や大統領への政策助言、議会や政党との関係調整を含むその他の重要な役割を果たすことが多くなった。総じて副大統領は今日、4つの極めて重要な役割を持つ。[15]

第1に大統領が死去・辞任・免職などにより欠けた場合は、副大統領が大統領に昇格する。副大統領は、大統領職を引き継ぐ覚悟がなければならない。つまり、大統領となって政権運営を担うことになった場合に、大統領が対処しなければならない全てのことに精通していなければならない。

第2にトルーマン政権（1945年〜53年）以降、副大統領がNSCの一員となり、内政、外交にわたり定期的に大統領と協議を行うなど、大統領の主要アドバイザーとしての役割である。

第3に副大統領は上院議長を兼務し、可否同数の場合のみ均衡を破る1票（議長決裁票）を投じる。これは歴史的にも時として重要な役割を演じた権限である。アル・ゴア副大統領は、1993年に重要な予算案で決裁票を投じた。

第4に副大統領は一般的に、大統領が連邦官僚省庁と協調して目標を達成するのを手助けする。大統領は就任すると同時に連邦省庁と協調して、自分

の政策アジェンダに焦点を合わせてもらうという大仕事に直面する。誰が大統領になるかによって副大統領が担う個々の責任は異なるが、大統領のアジェンダを広め、協調して問題解決の手助けをするという役割の比重が近年高まっている。ジョー・バイデン副大統領は外交においてオバマ大統領を助けている。内政では、アル・ゴア副大統領は官僚機構改革においてクリントン大統領に助言した。

　ゴア副大統領はクリントン大統領と同世代、同地域出身で、個人的にも職業的にも２人の関係は緊密だった。ゴア副大統領はクリントンと毎週食事して協議し、規制政策の調整や政治資金集めなどで重要な役割を演じた。クリントン大統領もゴア副大統領を後継者として養成し経験を積ませた。副大統領が目立つ役割を果たすようになるにつれ、副大統領が大統領に選挙される可能性も高まった。20世紀には副大統領を務めた７人が大統領に選出された。副大統領は政権内で効果的役割を果たし、大統領出馬の際に前大統領の支援を得るためには、大統領に追随し、対立を避けて緊密に協力する必要がある。大統領が執務する官邸、白亜館を指すホワイトハウスは1993年以来、ウェブページを維持し、透明性と一般大衆への情報提供をしている。

5── 大統領政治の展開

　政治は生き物である。政治制度は合衆国憲法によって定められ、大統領といえどもその枠をはみ出すことはできない。しかし、法の許す範囲内で大統領は自分の好むスタイルで決定を行う。決定過程でリーダーシップを発揮し得る。そのとき大統領の個人的なパーソナリティが大きく影響する。つまり大統領の政策決定は大統領自身の人柄に左右される。そして誰が大統領に影響を及ぼすことができるか、誰の言葉が大統領の耳に入りやすいか、誰が大統領であるかが大きな問題となる。したがって民主的な政治制度においては、米国の政治形態が最もパーソナリティという偶然性に依存する度合いが大きいといわれる。[(16)]

　大統領の個人的な気質や健康なども、大統領のイメージや役割に影響を与

える。大統領の健康状態や医師による診断内容は、不安や反応を抑え、政府の継続性を維持するため詳細は明らかにされない。1981年のレーガン暗殺未遂の時も、レーガンの退院から何週間も経過して初めて、一般大衆はレーガンの生命がどの程度脅かされていたかを知った。大統領の健康状態が悪い分だけ公務から退き、部下に業務が委託される。レーガンの健忘症やブッシュ（父）の甲状腺ホルモン亢進症など、健康の悪化や、クリントンのスキャンダル調査などは、大統領の判断力や意思決定に影響を及ぼす。また大統領の感情や性格も行動に影響し、大統領としての職務遂行に影響する。大統領の自尊心、自信、感情がホワイトハウス運営、意思決定、補佐官への対応に影響を与える。

　政治学者ジェームズ・デビッド・バーバーは、大統領の性格、世界観、スタイル、権力状況、期待感の5つを基線にして、歴代大統領の個性を4つのタイプに当てはめた。心理学的な分類である。バーバーの分析はかなり複雑であるが、これを単純化すると次のようになる。バーバーは一方において、大統領の仕事に対して勢力を傾ける度合い、すなわち職務へのエネルギー投入量の多少を「積極的」あるいは「消極的」に分類し、他方、大統領の職務に対する満足度合い、すなわち政治をエンジョイしているかどうかを「能動的」かつ「受動的」に分類し、4つの組み合わせを考えた[17]（**表1参照**）。

表1　バーバーの大統領4分類

	能動的	受動的
積極型	A	B
消極型	C	D

A 能動的積極型（生産的で仕事を愛する型）

B 受動的積極型（権力を追求するが、敵愾心を宿す型）

C 能動的消極型（愛想がよく、少なくとも表面的には大きい仕事を
　成就したいと希望する型）

D 受動的消極型（政治を「職務」と考えるが、目標が不明確な型）

バーバーは、能動的積極型の大統領は、一国の外交政策を指揮し、さまざまな問題や危機に対応するのに最適である、と主張する。能動的積極型は自尊心が強く、新しい考えを喜んで受け入れ、他者の誤りから学ぶことができる。青春期に結びついた成長期のトラウマの克服にエネルギーを費やしたりせず、功績を求めてそのエネルギーを外に向ける。したがって、政策策定者として、能動的積極型は高い成長性と融通性を備えている。指導者として一番理想的なタイプである。

　バーバーは積極型で前向き（能動的）な性格が大統領職に最もあっていると指摘しており、その例はフランクリン・ルーズベルトである。これに対して、積極型で受動的な性格は、決定が批判されるときにそれを個人的に受け止めて頑固になる傾向があり、その例はジェームズ・ポーク、ウッドロー・ウィルソンである。アイゼンハワー、レーガンはいずれも人気が高く成功した大統領だが消極型タイプであり、フォード、カーターはあまり成功したとは見なされていないが積極型タイプである。

　大統領の管理スタイルも、パフォーマンスに影響を与える。リンドン・ジョンソンは部下のスタッフを支配し、批判を拒絶した。ケネディやブッシュ（父）は部下のスタッフを対等に扱った。ニクソンは直接会うのを一握りのスタッフに限定し、全ての情報、助言を書面で自分に提供するよう要求した。このニクソンのスタイルは懲罰的雰囲気を生み、スタッフが一生懸命長時間働き犠牲を払わないと認められないという非寛容な空気を作り出した。フォード、アイゼンハワー、レーガンはもっとオープンに多くのスタッフと会い、口頭の情報や助言をもとに意思決定した。ジョンソン、カーター、ブッシュ、クリントンは意思決定に全て細かく関与した。アイゼンハワー、レーガンは意思決定において、部下に多くの権限を譲渡した。レーガンはスタッフから見て、好感を抱くが遠い存在だった。

　大統領の世界観もその行動に影響を与える。ケネディのキューバ・ミサイル危機へのキューバ海上封鎖による対応、レーガンのソ連との兵器交渉への

米軍備増強による対応はいずれも、軍事力によらなければソ連は屈服しないという信念から来たものだ。強い世界観、信条を持つ大統領は政策を主導するが、それを持たない大統領は顧問、世論の動きに従って行動する。[19]

ジェームズ・バーバーは、著書『大統領の性格』のなかで次のように述べている。[20]

> 大統領の全ての政策決定物語は合理的人間が計算する表の上の話と、情緒的人間が感知する内面の話の2つの物語に他ならない。この2つの物語は永遠に連結している。

ここに見られる通り、大統領の決定は合理的な表の話と大統領の個性という情緒的・内面的な裏の話の2つでできあがっている。

したがって、大統領が自らの権限をどのように見ているかという大統領の個性で、決定スタイルも大きく違ってくる。そこで、自らの権限をどう見るかという基準で大統領の決定スタイルを見ると「強い大統領」と「弱い大統領」という2つに分類できる。この分類は定義そのものが曖昧であるが、しかし、単純明快であるためにしばしば使用される。ニュースタットは著書『大統領の権力』のなかで、「大統領の強さと弱さは、政府を構成する人々の行動に影響を及ぼす能力にかかっている。影響力は指導者の目安である」と述べている。[21]

一般大衆の大統領への期待と大統領の政策実行能力の間にはギャップがある。このため大統領は大衆の期待を思う方向に形成し、政策アジェンダを打ち出し、議会にそれを承認させ、実行を確保することにより、大衆の期待を満足させることができる。大統領の政策アジェンダは当初、選挙での支持基盤にできるだけ広範にアピールする提案のリストだった。しかし1980年代、90年代、今日には、予算上の限界、財政赤字の結果、提案を大幅に制限しなければならなくなっている。その制限された提案が公共政策として実現しない場合は、大統領の名声が損なわれることになる。また大衆が重要だと考える課題が無視されやすくなり、失望に繋がりやすくなる。

政策アジェンダは大統領だけが決定できるものではなく、多様な個人、団体がその決定に関与する。また特定のアイデアが具体的な政策として具現化するには数年の時間がかかる。政策アジェンダを実現するには、そのタイミングも重要な戦略的要素になる。議会選挙が近づいている時期や、大統領の任期終了を間近に控え、政治的影響力を失ったいわゆる「レームダック」になっているときは、党派間対立が深まり、大統領の影響力が低下するので、政策アジェンダの実現が困難になる。この時期に大統領は外交に力を入れ、大統領らしい象徴的イメージを作り上げるのに集中する傾向がある。

　大統領の成功は、国内政策よりも外交において達成しやすい。[22]とりわけ第二次世界大戦終了からベトナム戦争期はうまくいった。超党派外交の展開である。ある政治学者は大統領職の２つの顔、すなわち外交政策と国内政策を持つと強調する。[23]今日、外交問題と国内政策がはっきり線引きしにくい時代である。

　冷戦時代には、大統領と公衆のエリート層は似通った世界観を持ち、大衆はそれに追随していた。しかしベトナム戦争以来、世界観、米外交政策についての見解が多様化し始め、世論も流動性が高まるようになった。外交政策のコンセンサスが崩れ、世論の流動性が高まるにともない、公衆の選挙を通じての外交政策への間接的影響力は逆に高まった。政治学者トーマス・マンは、「外交政策についての世論の変化が、1960年代末に始まった大統領の指導力の減退と行政府と立法府の慢性的な対立の根本的原因になったことには、ほとんど疑いがない」と指摘している。[24]大統領の政策を支持する公衆のコンセンサスが欠如していることは、外交政策の形成をはるかに困難にした。

　大統領は政府の長と国家の元首という２つの基本的役割を持つが、大統領はほとんどの意識を政府の長の役割に集中する。大統領が政府の長として成功するには、国内政策のアジェンダを設定、推進し、それへの支持を動員し、その実施を監督する能力が必要である。大統領が就任直後の名声や評価が高い時、国民の期待が大きくメディアの批判が少ないときに、できるだけ速やかに政策アジェンダを推進し、成果を得ようとする。

　大統領が政策アジェンダを推進するには、議会の協力を得る必要がある。大統領と議会の利害は異なるが、議会に対処するうえで、大統領は閣僚、政党指導者、利益団体などの支持を取り付け、その影響力を動員する必要がある。大統領は政策アジェンダの形成や法案の準備においても、協力してくれる議員と連携することが望ましい。議員の協力は自党の議員との連携の場合も超党派的協力の場合もある。また大統領は推進しようとする法案のために、議員に対してロビー活動を展開する必要がある。

　大統領の議会への影響力は、自党が議会の両院を主導している場合により高まるが、大統領は自党の議員に必ずしも依存することはできない。政策アジェンダによっては、大統領が野党の議員に依存しなければならない場合もある。また議員は選挙区や世論の動向に敏感なので、大統領は一般大衆を味方につけその支持を拡大することで、議会に影響を与え得る。さらにメディアがホワイトハウスからの情報に依存している場合、メディアの報道に影響を及ぼすことができ、それが世論の形成に寄与する。大統領は記者会見や大統領の執務する官邸、白亜館を活用して、メディアの報道にある程度影響を与えることができる。ルーズベルトやレーガンは、コミュニケーション能力に優れ、それが一般大衆の支持やメディアの注目を集める武器になった。また大統領は法案に対する拒否権を活用して、議会の立法活動に影響を及ぼすことができる。

　政策アジェンダの実行には、大統領が行政府に依存することになり、効果的、効率的な政府の運営が必要である。法執行機関の活用を含む効果的組織運営は、政策の実行に寄与する。また法案の実施において、大統領は省庁が出す規制内容を監視し、監督することも重要で、レーガンは OMB のなかに規制を見直す課を設置した。政策実施プロセスには多様な政治アクター、団体から圧力がかかる。大統領はこのプロセスにかかる圧力を管理し、政策アジェンダを推進するコンセンサス醸成、同盟関係構築に努めなければならない。そこにおいて、大統領の指導力が問われることになる。

6──── おわりに

　クリントンは大統領就任後最初の2年間を振り返って、「私は大統領ではなく首相だった。大統領職の対議会的側面にとらわれ、非常に重要なリーダーシップ、公職の権威を見失ってしまった」と述懐している。[25]クリントンは就任2年目の1993年に医療保険改革を実現するという野心的試みに取り組み、それをファーストレディーのヒラリー・クリントンに任せた。この努力は、法案を自己に有利に方向づけようとする多様な利益団体や政治アクターの圧力にさらされ、民主党議員も大統領の構想を中心に団結する代わりに独自の案を提出した。結局、医療保険改革は1994年秋には議会で廃案になってしまい、野心的構想は挫折した。

　大統領の権限に関する概念と現実の間にはギャップがある。それを埋めるのは大統領の役割でもある。強固な政治的リーダーシップにより、大統領に対する大衆の期待と現実の大統領の政策実行能力、業績の間のギャップをある程度は埋めることが可能だが、大統領は自分の統制力を超えたイベントにも影響を受けるため、結果を保障することはできない。イベントへの反応、困難な状況での発言と行動で、リーダーシップ能力を試されることになる。

(『武蔵野法学』第4号、2016年3月)

注・文献

(1) Peterson, Kristina and Siobhan Hughes, Trade Bill Clears Senate, Moves to White House, in *Wall Street Journal*, June 25, 2015.
http://www.wsj.com/articles/fast-track-trade-bill-clears-senate-moves-to-white-house-1435168774

(2) Neustadt, Richard, Presidential Power and the Modern Presidents: *The Politics of Leadership from Roosevelt to Reagan*, Free Press, 1991.

(3) Rossiter, Clinton, *The American Presidency*, rev. ed., Harcourt, Brace & World, 1960, p.5.

(4) Lowi, Theodore J., *The Personal President*, Cornell University Press, 1985.

(5) Destler, I. M. and Thomas R. Graham, United States Congress and the Tokyo Round: Lessons of a Success Story, in *The World Economy*, Vol.3, 1980, pp.53-70.

(6) Schmidt, Steffen W., Mack C. Shelley II and Barbara A. Bardes, *American Government and Politics Today, 1997- 1998 Edition*, West/Wadsworth, 1997, pp.46-47.

(7) Milkis, Sidney M. and Michael Nelson, *The American Presidency: Origins and Development, 1776-1993*, 2nded., Congressional Quarterly, 1994, pp.1-69.

(8) Turner, Robert. F., *The War Powers Resolution: Its Implementation in Theory and Practice*, Foreign Research Institute, 1983.

(9) Neustadt, Richard E., *Presidential Power: The Politics of Leadership from FDR to Carter*, John Wiley, 1960.

(10) Neustadt, Richard E., *Presidential Power and the Modern Presidents*, Free Press, 1990.

(11) Kernell, Samuel, *Going Public*, 2nd ed., Congressional Quarterly, 1993.

(12) Crabb, Jr., Cecil V., and Levin V. Mulcahy, *Presidents and Foreign Policy Making From FDR to Reagan*, Louisiana State University Press, 1986, p.39.

(13) Tomkin, Sherry Lynne, *Inside OMB: Politics and Process in the President's Budget Office*, M. E. Shape, 1998.

(14) Wayne, Stephen, J., G. Calvin Mackenzie, David M. O'Brien and Richard L. Cole, *The Politics of American Government*, 3rded., St. Martin's, 1999, p.517.

(15) Kollman, Ken, *The American Political System*, 2nded., W. W. Norton, 2014, p.215.

(16) Beloff, Max, *Foreign Policy and the Democratic Process*, Johns Hopkins Press, 1965, p.67.

(17) Barber, James D., *The Presidential Character*, 4thed., Prentice-Hall, 1992, Chap.1.

(18) *Ibid.*

(19) Burke, John P. and Fred I. Greenstein, *How Presidents Test Really*, Russell Sage, 1989.

(20) Barber, James D., *The Presidential Character*, 2nd ed., Prentice-Hall, 1977, p.7.

(21) Neustadt, *Presidential Power: The Politics of Leadership from FDR to Carter*, p.4.

(22) Shull, Steven A., ed., *The Two President: Quarter Century ssessment*, John Wiley, 1975, p.40.

(23) Wildavsky, Aaron, Two Presidents, in Aaron Wildavsky, ed., *The Presidency*, Little, Brown, 1969.

(24) Mann, Thomas, E., Making Foreign Policy: President and Congress, in Thomas E. Mann, ed., *A Question of Balance: The President, the Congress, and Foreign Policy*, Brookings Institution, 1990, p.11.

(25) Woodward, Bob, *The Choice*, Simon, 1996, p.22.

第4章 米大統領と外交政策
——2つの大統領職への理解——

1—— 問題の所在

「2つの大統領職」と題した論文でアーロン・ウィルダフスキーは、

　　　　米国大統領は1人だが、米国には2つの大統領職がある。1つは国内
　　　問題のための大統領職であり、もう1つは国防、外交問題のための大統
　　　領職である。第二次世界大戦以降の大統領は、内政よりも国防、外交政
　　　策の管理の面で成功を収めてきた。[(1)]

と述べている。

　国際関係、国民の支持、迅速な対応と一貫した政策の必要性の持つ複雑さ
のために、外交問題に対処する大統領職は強力である。議会は審議の場であ
り、国際的危機に迅速に対応するのは難しい。国民に対し1つの決然とした
声で話す必要があると判断すると、議会は曲がりなりにも一時的に大統領を
支援する場合がある。さらに、憲法で規定された外交問題における大統領権

限は相当なものである。大統領はアメリカ合衆国軍の最高司令官であり、大使を指名、接受し、条約交渉をする。内政はどうかというと、憲法で規定された権限はさほどではなく、世論の支持も外交政策のようには簡単に得られず、大統領は競合する選挙区から寄せられる相反する要求に振り回されることになる。

ウィルダフスキーの前述論文によると、1948 〜 64 年に大統領は外交政策で70% 前後議会から支持されたが、国内政策では40% 前後の支持を受けただけだった。[2] ウィルダフスキーは、大統領は外交、国防政策においてより自由に行動することができると結論を下した。[3] 一般国民も外交問題においては大統領により自由を与える。

- 1979 年のイランでの米国人人質事件後にカーター大統領の支持率が一時的に上昇した。
- 1983 年にグレナダに米軍が配備された。レーガン大統領が配備の論理的根拠を説明するためにテレビに出た後、この作戦への支持率が約30% 上昇した。
- 1991 年にブッシュ大統領がクウェートからイラクを撤退させるための軍事行動を命じる前は、公衆のほぼ5 割が経済制裁の効果が出るまで待つべきと考えていた。ブッシュが戦闘命令を発すると、80% 以上が大統領の決定を支持した。[4]
- 1994 年9 月、ハイチの緊張に対するクリントン大統領の支持率が、テレビ演説後にほぼ20% 改善した。

米国人は外交政策において大統領を支持し、「rally round the flag（星条旗の下に結集する）」ことは、愛国的義務であると感じている。何らかの国際的危機に直面しているときに大統領の外交政策のかじ取りを批判することは、不誠実で、無責任で、米国人にあるまじきこととされる。しかし大統領はこの支持が長く続かないことを承知している。[5]

大統領が自由に行動できるというこの概念は必ずしも当てはまらなくなっ

ている。また時として野党が議会を支配している状況にある大統領の方が、内政より外交で議会のより大きな支持を得る成果をあげている。民主党の大統領は国防に強く、共和党の大統領は外交に強いという傾向がある。[6] 最近の研究では、大統領が内政より外交でより自由に力を発揮できる能力は、ベトナム戦争後、ポスト冷戦時代（1990~98 年）には弱まってきた。[7]

2── 情報面での優位性

　大統領が活用できる外交政策のツールには、二国間外交、情報機関などによる情報収集、多国間外交、国際機関への参加、通商関係、海外援助などがある。情報機関による情報収集も大統領あるいは議会による外交政策への関与の重要な部分を担う。大統領が活用できる外交政策のプレイヤーは、大統領自身に加えて、国務長官、特使、国務副長官、米通商代表、数百人の外交官などがある。

　大統領の外交政策推進能力を支えているものの 1 つは情報である。情報収集は、中央情報局（CIA）などの情報機関が行うだけでなく、国務省、国防総省、国土安全保障省など、さまざまな政府機関が情報収集の機能を持っている（**表 1 参照**）。人気スパイ映画の描写とは異なり、情報業務の大半は政府報告書の見直し、新聞閲覧、有識者に他の国々が何をしているかを伝えるといった日常業務である。[8] 情報収集のほとんどは公開情報の収集だが、秘密情報の中心になるのは CIA をはじめとする情報機関である。[9]

　外交における CIA の重要性が強く認識されたのは、1970 年代になってからである。これは CIA が米国のラオスへの軍事支援で果たした役割や、CIA のフィデル・カストロはじめ外国指導者の暗殺計画やチリのアジェンデ政権転覆工作が明らかにされたことなどによる。CIA は 1947 年国家安全保障法により設立されたが、設立当初は専ら情報収集活動の役割しか想定されていなかった。その後、CIA の役割は政治、軍事などの秘密工作も含む幅広いものに拡大していった。[10] 議会が 1949 年に制定した法律により、CIA はその活動を議会に報告する義務を負っていなかった。このため、CIA はその組織、

表1　情報収集にかかわる機関

国家情報長官（大統領の顧問であり、連邦政府内の情報コミュニティを統括する）
中央情報局（CIA）
国防総省 　●国防情報局（DIA） 　●国家安全保障局（NSA） 　●国家地球空間情報局（NGA） 　●国家偵察局（NRO） 　●空軍情報監視偵察局（AFISR or AIA） 　●陸軍情報保全コマンド（INSCOM） 　●海兵隊情報アクティビティ（MCIA） 　●海軍情報局（ONI）
国務省 　●情報調査局（INR）
司法省 　●連邦捜査局（FBI）, Directorate of Intelligence 　●麻薬取締局（DEA）, Office of National Security Intelligence
エネルギー省 　●情報部（OICI）
国土安全保障省 　●湾岸警備情報部（CGI） 　●情報分析局（I&A）
財務省 　●テロリズム・金融情報局（TFI）

出典：Rosenbach, Eric and Aki J. Peritz, *Confrontation or Collaboration? Congress and the Intelligence Community*, a publication of The Intelligence and Policy Project of Harvard Kennedy School's Belfer Center for Science and International Affairs, June 2009, pp. 14-17.
http://belfercenter.ksg.harvard.edu/files/IC-book-finalasof12JUNE.pdf

機能、職員数、予算などの情報公開義務は帯びていない。しかし CIA が外交で果たす役割が増大するにつれ、議会は CIA の秘密性に対して懸念を深めるようになった。

　こうした議会の懸念に対応して、クリントン政権は 1997 〜 98 年に CIA を含む全ての米情報機関の総予算額を公開した。しかし 2001 年 9 月 11 日米同時多発テロ以降、政府の秘密保持の傾向が強まり、CIA の予算情報は開示されてこなかった。2007 年に議会は、国家情報長官が CIA を含む全情報機関の総予算を会計年度終了後 30 日以内に開示することを義務づける法律を制

定した。CIA 設立後、上院の 2 つの小委員会、下院の 2 つの小委員会が CIA の活動を監視する役割を与えられていたが、スタッフ数も少なく実際には効果的な監視が行われてこなかった。米議会は 1974 年にヒューズ・ライアン修正条項を制定し、CIA の政治、軍事の秘密工作活動を議会に報告することを義務づけ、4 つの小委員会に加え上下両院の外交委員会にも、CIA 活動の「タイムリーな」報告を義務づけた。大統領は「タイムリー」が明確に定義されていなかったことから、報告のタイミングを自由に解釈し、秘密工作活動について議会に事前報告せず、事後報告だけにとどめた。

　フォード大統領は、1975 年に CIA の活動を調査させ、それに基づき、1976 年 2 月に CIA が新たに外国要人の暗殺に関与することを禁止する行政命令を出し、CIA 活動監視のため情報監視委員会を設立した。さらにカーター大統領は、CIA 長官に全ての情報機関の活動に対する責任、軍関係の機関を除く全ての情報機関の予算策定の責任を持たせた。さらに上下両院各々の情報委員会に CIA から情報を請求できる権限を付与した。これらは大統領、ホワイトハウス側からの CIA 規制の動きだが、議会側からも CIA 規制の動きが強まった。上院、下院は CIA 活動について独自調査を行い、議会による CIA への監視強化が必要であると結論を下した。さらに議会は、CIA 監視機能を持つ上院情報委員会、下院情報委員会の委員の情報機関との癒着を防止するために、情報委員の任期を上院は 8 年以内、下院は 6 年以内に制限した。ただ上院情報委員の任期制限は 2004 年に解除された。

　1980 年まで CIA は、議会の 8 つの委員会、約 50 人の議員に報告義務を負っていた。議会には、CIA の活動への監視をさらに拡大すべきだという意見と、CIA はすでに過度に監視や制約を受けており、国際情勢の複雑化、テロなどの脅威増大に鑑みて、CIA への制約を緩和してより自由に活動できるようにすべきだという意見があった。また大統領や CIA からは議会への過度の報告義務により、情報リークの危険が高まり、秘密工作活動の秘密保持が困難になっており、活動に支障をきたしているという不満が強まっている。

　カーター政権末期の 1980 年には、情報監視法（情報活動説明責任法）が

議会により制定され、ヒューズ・ライアン修正条項の廃止、CIA が報告義務を負う議会の委員会を上下両院の情報委員会だけに限定する、2 つの情報委員会は報告された秘密工作活動に拒否権を行使できない、大統領が重要な国益を理由として 2 委員会への情報開示を制限できるなどの内容が規定された。これにより、大統領は情報収集、秘密工作活動の遂行において、相当な自由と裁量権を与えられることになっている。

　ただ 1980 年の法律により、大統領や CIA は従来、秘密工作活動の事前報告を避けてきたが、通常の状況では工作活動の事前報告が義務づけられることになった。現実には同法は議会の意図通りには実行されておらず、レーガン政権のケイシー CIA 長官などは、秘密工作活動の議会への事前報告を怠ってきたという批判を受けた。1991 年に議会が制定した法律は、大統領が尋常でない事態において、秘密工作活動の議会への事前報告を遅らせることを許容している。2001 年 9・11 テロ以降、秘密工作活動の議会への報告はかなり限定されている。[16]

　大統領は常時、国務省情報調査局、国防情報局、CIA から国際情勢についての情報を得ることができ、外交関連の情報量は議会や公衆をはるかにしのぐ。議会、公衆が外交関連情報で行政府に依存しており、大統領は外交問題の判断で主導権を握ることができる。大統領のこうした情報面での優位性は、金融、医療、犯罪、環境などの内政では存在しない。公衆が外交で情報・知識を欠いているということは、外交についての既成概念もほとんどないことを意味する。このため大統領が外交に関して世論形成の主導権を握りやすい。

　また内政に比べ外交では、政策に影響を与えようとする利益団体が少ない。このため大統領は外交政策をコントロールしやすい。米国内のエスニック・グループは自分たちの母国、祖国に対する米外交政策に関心を持ち、影響を与えようとするが、それは特定の外交問題に限定されており、問題が解消されればその影響力もなくなる。国内政策に関心を持ち、影響を与えようとする利益団体ははるかに多く、強力で、あらゆる問題に及んでいる。

　また外交においては、米国対潜在敵国、外部からの脅威という構造になる

ことが多く、米国民には大統領を支持して外部の敵や脅威に対抗しようとする心理が働く。米国が国際的危機に直面するときに大統領への支持率が急上昇するのはこのためである。

　また米国憲法は、大統領に軍の最高司令官、条約交渉の地位と権限を付与しており、大統領は外交イニシアティブを取る権限がある。議会がそれに逆らうことは難しい。

　しかしベトナム戦争、イラク戦争を通じて、大統領の外交政策での判断、イニシアティブに対する懐疑的見方が強まった。また議会もスタッフが増えて組織が強大化し、独自の外交問題に関する情報収集、分析能力を備えるようになり、大統領の外交関連情報における優位性がなくなってきた。技術の発達、メディアのリアルタイムの報道能力により、議会、公衆が外交関連で情報を得る能力がさらに拡大し、大統領の優位性がさらに損なわれている。さらにグローバリゼーション、相互依存性の増大により、海外の状況が米国民に直接影響する機会が増え、外交問題に関心、利害を持つ利益団体も急増するようになった。

　また従来国内問題だった環境、輸送、通信、金融などの国際化が進み、外交問題と分かちがたく結びつくようになっている。これも大統領の外交における主導権を弱める効果を生んでいる。例えば、レーガン大統領は自由貿易主義者だったが、国内の自動車業界からの圧力で日本に3年間にわたる自動車対米輸出自主規制を迫るなど保護主義的政策を導入せざるを得なかった。レーガン大統領の中国からの繊維製品の輸入枠の一時的縮小、ブッシュの中国への最恵国待遇付与を批判していたクリントン大統領による中国最恵国待遇更新も、利益団体の圧力の例である。さらに冷戦終結により、議会が反ソ路線で大統領と歩調を合わせる必要性が減ったこと、議会の政党間の党派対立の激化も、大統領の外交に対する支配力を減じる結果を生んだ。[17]

3——戦争遂行権限

　大統領と議会の対立は、戦争遂行、条約閣僚や条約交渉担当者の指名・指

名承認、環境問題、国際司法問題などで起こってきた。なかでも、最も大きな議論を引き起こし、深刻な対立を生んできたのは、戦争遂行をめぐる権限の対立である。

　合衆国憲法は大統領に軍の最高司令官としての地位を与えている。これに対して、連邦議会には宣戦布告の権限を与えている。連邦議会の権限を中心として見れば、戦争はまず連邦議会が宣戦布告し、戦争が開始されれば大統領が最高司令官として戦争を総指揮するということになる。戦争開始は、連邦議会の支持と承認が前提になると見る。大統領の権限を中心として見れば、大統領は軍の最高司令官として、米国と米国民の安全を守る義務と権限があり、その安全が脅かされているときには即時に軍を動員する権限を持つ。議会の承認を待っている時間的余裕がない場合が考えられ、その時に軍隊を動員するのは大統領の総司令官としての権限に基づく裁量権であると考える。

　このため米国では歴史的に戦争権限をめぐる大統領と議会の対立が繰り広げられてきた。対立は、どういう状態を戦争と考えるかの定義の段階から存在してきた。連邦最高裁判所は1862年に、戦争は議会による公式の宣戦布告がない状態でも、戦闘状態が存在すれば戦争と見なされるという判決を下した。また過去においても、議会の宣戦布告なしでも戦争が行われてきた例が多く、それが既成事実化している。米国史上、米国はいわゆる戦争を125回以上経験してきたが、そのなかで議会が公式に宣戦布告をしたのは、米英戦争（1812年戦争）、米西戦争、米墨戦争（メキシコとの戦争）、第一次世界大戦、第二次世界大戦の5回だけである。

　大統領は歴史的に、宣戦布告なしの戦争を軍の最高司令官としての権限を根拠に弁護してきた。アレクサンダー・ハミルトンは、大統領の軍最高司令官としての権限を象徴的なものと見て、実際の軍事戦略、戦術は制服組の軍人により決定されるとしてきた。しかし現実には、フランクリン・ルーズベルト、リンドン・ジョンソンなどの大統領は、第二次世界大戦、ベトナム戦争においてそれぞれの軍事作戦、戦術の決定にも深く関与してきた。

　1950年に朝鮮戦争が勃発し、ハリー・トルーマン大統領は議会の宣戦布告

あるいは支持決議すらもなく、独断で米軍を朝鮮半島に派遣し、3 年間の戦争を戦った。ベトナム戦争では、ジョンソン大統領は 1964 年のトンキン湾事件において議会が圧倒的多数で支持したことを理由に、大量の米軍をベトナムに投入し、それを正当化した。憲法学者ルイス・ヘンキンは、連邦議会の効果的な反対なしで大統領が軍隊を繰り返し戦争に送り出してきたことが、大統領の戦争権限を既成事実化してきたと指摘している。[18]

　ジョンソン大統領のベトナムへの米軍派兵、ニクソン大統領のカンボジアへの軍事介入は、大統領の戦争遂行権限をめぐる議論を引き起こした。米国憲法は宣戦布告の権限を議会に付与し、大統領には軍最高司令官としてすでに開始された戦争を指揮する権限を与えた。ジョージ・ワシントンは 1793 年に英仏戦争での中立を宣言したが、議会の権限を奪ったとの批判が起こり、その後、中立宣言の権限も議会に属することになっている。

　第 2 代のジョン・アダムズ大統領の時、議会はフランスに対して宣戦布告することはしなかったが、アダムズ大統領がフランスと限定的戦争を戦うことを承認する法案を可決した。第 3 代のトーマス・ジェファーソン大統領時代に、地中海でトリポリの艦船に米国のスクーナー船が攻撃されたとき、議会は戦争を仕掛けられた場合は米国は自動的に戦争状態になり、戦争遂行において議会の宣戦布告は不必要という立場に立った。1817 年に先住民のセミノール族がスペイン領フロリダから米国領を襲撃したとき、ジェームズ・モンロー大統領は議会の承認なしで軍隊を派遣した。この先例は「ホット・パースート（緊急越境追跡）」ドクトリンとして、後に朝鮮半島、ラオスへの軍事介入を正当化するのに使われた。[19]

　海外で米国人の生命と資産が脅かされる状況で、議会は大統領が米軍を派遣し、その後議会に報告、承認を求めることを許容してきた。しかし、これは後代の大統領により濫用されてきた。テキサス併合をメキシコが拒絶したとき、ジェームズ・ポーク大統領は米墨戦争で、挑発などにより戦争が不可避な状態を作り出し、戦争状態を議会に認めさせることにより、議会の宣戦布告の権限を迂回した。[20] エイブラハム・リンカーンを含む数人の議員はポー

ク大統領の行為を違憲として異議を申し立てた。しかしリンカーン自身、大統領になった後に議会の承認なしで南部連合の海上封鎖を実行するために軍隊を動員した。議会の宣戦布告なしでの海上封鎖を違憲とする訴訟が起こされたが、最高裁は南部連合の武装蜂起や侵略ですでに戦争状態が存在しており、リンカーン大統領は議会の宣戦布告を待たずして軍事行動できると判決した。リンカーンは国家が存続の危機に直面する特殊な状況を訴えており、リンカーン自身、戦争開始権限が大統領の権限に含まれるという主張はしたことがない。ウィリアム・マッキンリー大統領は1900年、議会の承認なしで、反乱鎮圧を名目に5,000人の米軍兵士を中国に派兵した。中国はすぐに米国に宣戦布告したが、議会は一方的派兵に異議を唱えず、議会の宣戦布告権限がさらに弱まる結果を生み出した。これは米大統領が独断で西半球以外の主権国家に派兵した最初の例となった。

　セオドア・ルーズベルト、ウッドロー・ウィルソンも、米国人の人命と資産保護の必要性を理由に、議会との協議なしでカリブ海諸国に軍事介入した。議員のほとんどはこれを支持し、議会は法律的反論はしなかった。リンドン・ジョンソンは1965年に人命、資産保護を口実に、実際には共産化を阻止するために、ドミニカ共和国に2万2,000人の米軍兵士を派兵した。フランクリン・ルーズベルトの第1期政権末に連邦最高裁はカーチス・ライト判例で大統領の外交問題での役割、権限を論じ、大統領だけが外交における十分な知識を持つという理由から、憲法に規定がなくても大統領が固有の権限を持つとの判断を下した。「合衆国対カーチス・ライト輸出社」判決でサザーランド判事は、「国際関係の領域における連邦政府の唯一の機関としての大統領の無条件かつ独占的な権限」と述べ、「大統領だけが国の代表者として話し、聞く権利を有する」と付け加えた。フランクリン・ルーズベルトは1941年12月6日の真珠湾攻撃を受けて議会が戦争開始を承認する前、3カ月間にわたり議会の事前協議や承認なしで大西洋でドイツとの事実上の戦闘を軍に命じ、実行していた。ルーズベルト自身、その合憲性に疑問があることを認めたが、議会は異議を唱えなかった。

　ハリー・トルーマンは北朝鮮が韓国に南進開始した 2 日後に、米韓間に相互防衛協定はなく韓国政府から要請がなかったにもかかわらず、議会の承認なしで米空軍、海軍部隊の朝鮮半島派兵を命じ、議会指導者には事後通知しただけだった。これは国連安全保障理事会が朝鮮半島での北朝鮮軍撃退のための武力行使を承認する 1 日前だった[24]。さらにトルーマンは数日後、朝鮮半島に地上部隊派遣を命じたが、その際も大統領の軍最高司令官としての権限でそれは可能であり、議会の承認は不必要との立場をとった[25]。大統領が軍最高司令官として他の主権国家と戦争を開始する憲法上の権限を持つと主張したのは、米国史上でこれが初めてだった。議員の大多数はそれに同調し、事実上議会の宣戦布告の憲法上の権限を自主的に大統領に譲る立場に立った。アイゼンハワーは、大統領権限をより制約されたものと考え、中東における共産勢力阻止や台湾防衛などで議会の事前承認を求め、承認決議を勝ち取った[26]。しかし議会指導者は、大統領はこうした武力行使において議会の事前承認は必要ないという立場を表明した。ケネディは就任 2 年後にキューバのミサイル危機に対応して、議会の事前同意なしでソ連との軍事対決覚悟でキューバの海上封鎖を断行した。効果的に海上封鎖を行うには極秘のうちに進める必要があり、議会と事前協議すれば秘密性を保てなかったし、議会もその点を理解した。

4── 戦争権限法

　1960 年代まで戦争権限は徐々に議会から大統領に移行してきたが、ベトナム戦争を契機に議会は議会の宣戦布告権限、戦争開始権限領域への大統領の権限拡大を見直すことになった。この見直しは、米国のベトナム政策の破綻と米情報機関や国防総省の同戦争についての情報操作に対する不信により助長された。1964 年のトンキン湾決議の際の行政府の戦争情報統制はその例である。リンドン・ジョンソンは米国が直接軍事攻撃を受けなくても、海外の突然の軍事行為が米国の安全を脅かす場合は、大統領は軍隊を派遣する権限を持ち、議会の承認決議は必要ないという立場を、過去の大統領の先例に基

づいて取った。リチャード・ニクソンは、米国人の人命を保護するという名目で、議会との事前、事後協議なしで、ベトナム戦争では中立だったカンボジアに共産主義ゲリラの聖域を破壊するために米軍を派兵し、爆撃などの武力行使を行った。1969〜70年および米軍撤退後の1973年3月の米軍のカンボジア爆撃は軍の情報操作により議会や公衆に知られないよう秘密にして実行された。ニクソンの場合は、軍事行動を議会から隠蔽し、議会の事前承認を求めなかっただけでなく事後報告もしなかった。

こうした状況に対して、連邦議会は1973年にニクソン大統領による拒否権を覆す形で、戦争権限法を承認した。[27] 大統領はこれまで、戦争権限法は大統領の軍最高司令官としての憲法上の権限を侵害するものであり、違憲であると主張してきた。とくに大統領は、戦争権限法の3番目の部分である議会が然るべき措置を講じない場合の軍隊撤収を義務づけた条項に対しては、大統領が承認した議会の措置あるいは大統領の拒否権を覆してなされる議会の措置のみが法的拘束力を持つという立場から、同条項は無効であるという主張をしてきた。1983年1月23日の連邦最高裁判決はこの大統領の立場を支持した。[28] 現実には、戦争権限法のこの条項が実行された例はまだない。

議会の戦争権限見直しの結果は、1973年の戦争権限決議の採択であった。同決議は、可能なあらゆる機会での議会との事前協議、米軍部隊の海外派遣、増派後48時間以内の大統領による議会への報告、議会による宣戦布告、期限延期、会合不能でない場合の大統領報告から60日以内の武力行使停止、米軍部隊派遣が宣戦布告あるいは武力行使承認決議なしで実施されている状況で議会が撤収決議をする場合の大統領による米軍部隊撤収などの条項を含んでいた。最後の条項は1983年に最高裁判決により違憲とされた。これは、連邦最高裁は1983年に、議会が行政措置を上院、下院、委員会などの決定により無効にする議会拒否権を違憲とする判決を下したことによる。

派兵前の議会との事前協議が可能かどうかの判断は大統領に委ねられている。事前協議も明確に定義されていないため、それが通知なのか、助言を求めるのかも大統領の判断になる。ある意味では、戦争権限決議は大統領に議

会の事前承認なしで米軍部隊を派遣する法的権限を与えたことになる。現実的には、海外で緊急の軍事危機が発生した場合に大統領は議会の事前承認を得る時間がない可能性が高く、議会も現地の情報は大統領に依存しなければならず慎重な検討をすることはできない可能性が高い。また米国の公衆も危機に際しては大統領を中心に結束しようとする力が強く働き、議会は大統領を支持せざるを得なくなる可能性が強い。議会は不十分な情報をもとに米軍部隊派遣の可否を決めるよりも、当初は大統領に派兵の判断を委ね、より情報が入ってきた段階で一定の時間をかけて派兵の承認あるいは撤兵を決める方がいいと考えた。

　ニクソン大統領は、決議が大統領の軍最高司令官としての憲法上の権限を侵害し、米軍撤収期限を定めることは危機をより深刻化させると考えて、戦争権限決議に拒否権を行使した。議会はその後、ニクソン大統領の拒否権を上下両院での表決で覆した。

　カーターのイラン人質救出作戦、レーガンのグレナダ侵攻作戦やリビア爆撃などは、前日あるいは数時間前に少数の議員が武力行使について通知されただけだった。リビア爆撃に関しては、一部の共和党議員はテロに対応しての軍事行動全部を戦争権限決議の適用から免除する法案を議会に提出した。大統領は軍事作戦遂行に際して要求される絶対的な秘密保持の必要から、議会との事前協議は問題外だったと主張した。ブッシュ（父）は 1990 年 8 月に 15 万人の米軍部隊をサウジアラビアに派遣する際や 11 月に 50 万人に派兵規模を拡大する際に、議会は休会中で議会との事前協議は行われなかった。

　2001 年 9 月 11 日の米同時多発テロへの報復として、ブッシュ（息子）はアルカイダとアルカイダに隠れ家を提供したアフガニスタンのタリバン政権に対する武力行使に踏み切った。ブッシュ大統領はアフガニスタンへの武力行使を決定した。連邦議会に対して武力行使承認決議を求めた。議会は圧倒的多数でこの決議を承認した。国際テロとの戦いが最優先課題になった。議会側から戦争権限法を盾に反対する動きは全く起こらず、大統領の戦争権限を議会もほぼ無条件で支持した。共和党も民主党も、有事にあって大統領と

一致団結するという立場で大統領のアフガニスタンへの軍事行動を支持し、米国民の大統領への支持率も 90% 前後という記録的高水準に達した。ブッシュ大統領はこの記録的な高支持率を活用して、「テロとの戦い」という大義名分の下に国内、対外的に大統領権限を強化する一連の措置を打ち出した。連邦捜査局（FBI）など法執行機関の捜査権限を大幅に強化するパトリオット（愛国）法を議会に提出、制定し、大統領の行政権限を大幅に強化した。

さらに 2003 年 3 月にはイラク戦争を開始した。ブッシュ大統領は、サダム・フセイン政権の大量破壊兵器開発・保有、アルカイダとの提携を根拠に、イラクへの武力行使を主張した。また、イラクが湾岸戦争停戦に関する国連安保理決議に違反し、大量破壊兵器査察を拒否していることがイラクの停戦合意侵害にあたり、それだけでイラクに対する武力行使を可能にする根拠になるという立場をとった。それゆえに新たな国連安保理による対イラク武力行使承認決議は不必要というのが基本的姿勢だった。米国内では、ブッシュ大統領は国連安保理審議に先立って、米議会で対イラク武力行使支持の決議を求め、それを獲得した。湾岸戦争の時に大統領が国連からの支持を重視し、米議会からの支持は後回しにしたのとは対照的なプロセスを経た。しかしブッシュ大統領は議会からの支持取り付けに際しても、過去の大統領と同じく戦争権限法については言及しなかった。

アフガン、イラクいずれの場合も、ブッシュは軍最高司令官という役割ゆえに米軍部隊を動員する権限があり議会の事前承認は必要としないと主張したが、議会の承認を求め、議会は武力行使を承認する決議を可決した。[29] ブッシュはイラク戦争の場合は 2002 年 11 月の中間選挙を利用して、選挙を前に大統領の足を引っ張っているという印象を避けたいと議員に思わせ、同年 10 月に決議を採択させた。これは議会が宣戦布告は避け、大統領に戦争開始の決定を委ねたのと同じことだった。

多くの学者、専門家は戦争権限決議が軍最高司令官である大統領を制約することになり、また議会の宣戦布告の憲法上の役割を弱めるなどの理由で、決議を無効化することを主張している。[30] また議会は大統領が戦争権限決議の

報告、協議などの条項を順守しないことに不満を表明してきたが、そのことをもって大統領と対決する意思はない。議会は戦争開始における役割を演じることに関して躊躇があり、大統領の戦争開始に対して公衆が支持する傾向が強いため議会は強い異議を唱えるのを控えてきた。ただ 1993 年のソマリアへの米軍派兵のように、派兵が失敗し公衆も派兵を支持しない場合には大統領は議会からの反対に対し非常に脆弱な立場に立つ。

5── 条約締結

建国の父たちは、国際条約の締結には大統領、議会両方が役割を果たすべきだと考えた。交渉は秘密裏に行われる必要がある場合が多く、大統領が外国首脳の間で敬意を払われる必要からも、大統領が条約に関与すべきだと考えられた。半面、大統領は外国による腐敗を招く恐れがあり、条約締結は議会、具体的には上院の助言と同意が必要と考えられた[31]。

合衆国憲法は、大統領が、議会上院の助言と同意により、条約を締結する権限を持つと規定している。この場合には、上院の出席議員の 3 分の 2 以上の同意を必要とすると規定している。過半数ならともかく出席議員の 3 分の 2 以上を獲得することは容易なことではない。これによってむしろ、議会は政府の外交政策に影響を与えている。ただ憲法は、条約、議会の助言・同意の明確な定義は行っていない。憲法は当初、上院が一種の顧問委員会のような立場で、条約交渉の全過程、全局面にわたって助言することを想定していたという見方があるが、歴代の大統領は歴史的にそのような関与を上院に許してこなかった[32]。大統領は多くの場合、条約交渉に上院議員の代表をオブザーバーとして臨席させ、「助言と同意」の条件を形式的に満たすというテクニックを用いてきた。

歴代大統領のなかには上院議員を交渉担当者あるいはオブザーバーとして交渉に参加させる場合も、あるいは条約批准まで上院を条約交渉で全く無視する場合もあった[33]。また上院は大統領が交渉した条約案に多様な修正を加えて大統領に恥をかかせる場合も、ベルサイユ条約のように条約批准を拒否す

る場合もあった。議会はベトナム戦争後に大統領に対して権限をより強く主張するようになり、条約交渉でもより大きな役割を求めるようになった。憲法は議会に州際通商を規制する権限を与えていることもあって、とくに上下両院の承認を必要とする通商協定の批准において権限を強く主張した。

カーターは中国と国交を樹立したが、中国側の要求に応じて1958年の米台（湾）相互防衛協定を議会との事前協議なしに停止した。バリー・ゴールドウォーター上院議員ら複数の議員は事前協議が協定停止に必要だったとして、カーター大統領を提訴した。連邦地裁は大統領と上院がともに協定停止の決定に参加する必要性を指摘したが提訴は却下し、連邦最高裁は上告を棄却した。上院は協定停止の実施法案を起草し、中国による台湾の武力統一を脅威と見なすことを含めた実施法案の制定を勝ち取った。上院は1978年のパナマ運河条約の批准でも条約交渉に大統領と対等の積極的役割を果たし、批准までに192の注文をつけ、その一部が条約批准決議に持ち込まれた。[34] カーター政権は過去の教訓からソ連との第2次戦略兵器制限条約（SALT II）交渉では議会の助言を積極的に受け入れ、上院からの変更提案が7項目にわたり取り入れられた。

クリントンは、化学兵器禁止条約を批准する過程で、共和党主導の上院が提案した33の条件のうち28を受け入れざるを得なかった。またクリントン政権は上院に譲歩して、それまで上院の承認は不必要としていた弾道弾迎撃ミサイル条約と欧州通常戦力削減条約への変更について議会の承認を求めると約束した。[35] クリントン大統領の京都議定書、包括的核実験禁止条約、国際刑事裁判所設立条約の批准の試みは、全て上院により拒絶された。

米国史上、1,200以上の条約が締結され、上院により承認（批准）されてきたが、上院が承認を拒んだのは20の条約に対してだけである。1954年以降に限っても、上院は500以上の条約に承認を与え、承認拒否は2つの条約だけである。[36]

ただこの数字には、ジミー・カーター大統領が上院提出を撤回した第2次戦略兵器制限条約（SALT II）などの事例は含まれていない。SALT IIの場

合、上院は条約にソ連が受け入れないことが明らかな修正条項を組み入れ、条約が不成立になるよう仕向けた。交渉開始から 7 年半を費やした SALT II は 1979 年 6 月、ようやく調印にこぎつけたが、同年 12 月、ソ連がアフガニスタンを侵攻したため、米国は議会の批准審議を打ち切った。また米国が 1948 年に調印し、49 年に上院に提出されながら、1988 年まで承認されなかった大虐殺防止処罰条約のような国際条約もある。

　また、上院は条約を審議、承認する過程で、その条約にさまざまな修正を加えることができる。1789 年から 1963 年までの間に、上院は審議した条約の 69% に対して文言の修正を加えた。カーター政権当時に締結されたパナマ運河条約の場合、上院は 145 の修正を行った。また大統領や議会の条約解釈がのちに異なってくる場合もあり、1972 年に締結された弾道弾迎撃ミサイル（ABM）制限条約の場合は、のちに大統領と議会、さらに米国とソ連の間で大きく解釈が異なるという状況が生まれ、それがレーガン大統領らが推進した戦略防衛構想（SDI）の実現可能性を左右することになった。1988 年に審議された中距離核戦力（INF）条約も解釈問題で大統領と議会の対立があり、上院は、上院の承認なしで大統領が条約を再解釈することを禁止する文言を条約文のなかに盛り込んだ。

　大統領は、上院が審議の過程で条約の文言を修正したり、場合によっては条約相手国が受け入れられない文言を含めたりするのを防止するために、テクニックを活用してきた。1 つは、条約の代わりに実施取り決めなどの行政協定を結ぶことで、上院の承認を回避するという方法である。もし仮に大統領の締結した条約が上院で否決された場合、廃棄される。こうしたことを回避するために、大統領は上院の同意を必要としない行政協定をしばしば結ぶことがある（**表 2 参照**）。もう 1 つは、条約締結前に条約の文言に対して修正を加えず、調印された条約を丸ごと承認するか拒否するかの二者択一を上院に合意させるファーストトラック（一括審議方式）合意を行うことである。この合意の下では、議会は大統領に一括審議を前提としたファーストトラック交渉権限を付与することになる。

表2　条約締結数および行政協定数の推移（1789年〜1996年）

	条約数	行政協定数
1789-1839	60	27
1839-1889	215	238
1889-1929	382	763
1930-1932	49	41
1933-1944（F・ルーズベルト）	131	369
1945-1952（トルーマン）	132	1,324
1953-1960（アイゼンハワー）	89	1,834
1961-1963（ケネディ）	36	813
1964-1968（ジョンソン）	67	1,083
1969-1974（ニクソン）	93	1,317
1975-1976（フォード）	26	666
1977-1980（カーター）	79	1,476
1981-1988（レーガン）	125	2,840
1989-1992（ブッシュ）	67	1,371
1993-1996（クリントン第1期）	97	1,137

出典：Pfiffner, James P., *The Modern Presidency*, 3rd ed., St. Martin's, 2000, p.187.

　大統領は、条約の代わりに行政協定を結ぶ傾向が強まっており、1946年から1977年までの期間には、条約が451締結されたのに対して、行政協定は7,200以上合意された[39]。ただ、これらの行政協定の87％が、すでに議会が承認した条約に基づく条約の実施取り決めである。あまりにも上院の承認を経ない行政協定あるいはその存在すら公表されない秘密合意が増えたため、議会側では行政府に全ての行政協定を議会に通知することを義務づける立法措置への動きが強まった。

6── 行政協定

　大統領は条約締結権を持つが、上院の同意を必要とする。しかもそれが上院議員の出席の3分の2以上ということになると大変な仕事となる。そこで大統領はしばしば行政協定の名の下において、内容的には条約とほとんど変

わらない重要協定を結ぶ。行政協定は、量的には条約よりもはるかに多く、内容的にも条約とほとんど変わらない。法的効力の点では、国際的には条約同様の効力を持つが、国内的には最高の法ではなく条約に劣るものと解されている。大統領による行政協定の締結について憲法上の明文はなく、大統領の行政権の一部と見なされ、議会の制度的直接的参加事項ではなかった。この行政協定の特色は上院の同意を必要としないということであり、そのため、しばしば上院の同意を回避する手段として、行政協定の名の下に重要な協定がなされることがあり、条約に代わる便宜的手段として濫用されてきた。

このように政府間の合意には上院の 3 分の 2 以上の支持による承認を必要とする条約以外に、上院の批准を必要としない行政協定と呼ばれる行政合意（行政取り決め）もある。行政協定は大統領が独自の権限で外国と結ぶことができる合意だが、その実施に連邦予算が必要になる場合は、上下両院各々による単純過半数による承認を必要とする。ただ行政協定の定義が明確でなく、どういう内容の合意が条約による合意を必要とし、どういう内容が行政協定で事足りるのかがはっきりしていない。また行政協定には秘密協定もあり、議会にも結ばれたことが秘密にされる合意もある。傾向としては、条約に代わって行政協定が増加してきており、政府間合意の大半は行政協定である。

有名な行政協定の 1 つは 1940 年、フランクリン・ルーズベルト大統領がウィンストン・チャーチル首相との間に締結した駆逐艦・基地交換協定である。当時中立を保っていた米国は苦戦を強いられていたイギリスに対し、同協定でナチの U ボートに対抗する対潜水艦軍事行動を支援するために老朽駆逐艦 50 隻を譲渡することを合意した。米国は見返りとして、パナマ運河周辺の長期的防衛強化のために、カリブ海に点在するイギリス領の島々の 99 年貸与契約を得た。第二次世界大戦時の 2 大協定であるヤルタ条約とポツダム条約も、事実上行政協定だった。

ちなみに行政協定は第二次世界大戦後急激に増え続け、米国が他国と合意に達した取り決めの 95% が行政協定であり、1946 年から 97 年の間に 800 以上の行政協定が結ばれた。

ジェームズ・モンロー大統領は、五大湖における米英の艦船数を相互に削減する行政協定を結ぼうとして、大統領が行政協定を結ぶ権利を持つかどうかを議会に尋ねたが、議会は回答しなかった。連邦最高裁は 1937 年のベルモント判例で、大統領が行政協定を結ぶ権利があることを支持した。大統領が条約案として上院に批准を求めた場合に拒否される可能性が高いものを行政協定として締結する場合が多い。[42] カーターは、ソ連との SALT II の軍備管理協定を条約として上院に批准を求め、もしも上院が批准を拒否する場合は行政協定としてそれを締結し、上下両院の過半数により承認させることを考えていた。議会は 1950 年に、国務長官に前年の行政協定全てを議会に開示することを義務づける法案を承認した。ただ国家安全保障上の秘密保持を理由として、行政協定が議会に開示されないことも多い。[43]

　米国は南ベトナムと多くの行政協定を結び、その多くは議会に開示されず、それが米国のベトナム戦争への関与を深める結果になった。[44] 米国のエチオピアへの軍事支援、米国のフィリピン防衛コミットメント、1964 年からのラオス政府の共産ゲリラとの戦闘への支援などは行政協定として締結され、議会には秘密にされていた。議会は、秘密行政協定により、議会の外交における憲法上の権限が侵害され、議会が知らないうちに米国の海外コミットメントが増大することに懸念を深めていった。[45]

　長年にわたって行政府は次の 4 つを根拠に、行政協定締結は憲法上認められていると主張している。[46]

① 軍最高司令官としての権限
② 外交政策立案最高責任者としての義務
③ 大使その他の公使を受け入れる権限
④ 法律が忠実に施行されるよう配慮する義務

　1972 年には、議会に全ての行政協定を通知することを義務づけたケース・ザブロフスキ法が制定された。1970 年代初めには、議会が知らされていない行政協定が 4,000 以上存在したといわれる。[47] ホワイトハウスは、このうちの

多くが了解覚書、口頭了解、政治的意図に関する声明といった非公式的性格のものであると弁明した。⁽⁴⁸⁾

議会は 1972 年にケース法を承認、制定させ、大統領に全ての行政協定を締結から 60 日以内に議会に開示することを義務づけた。ただ秘密行政協定に関しては、上下両院の外交委員会に限定して開示すればいいとした。秘密行政協定は外交委員会の委員長にだけ開示され、委員長は他の議員にそれを開示しない傾向があったため、秘密行政協定にはあまり透明性は保証されなかった。

大統領が行政協定の定義が明確でなく大統領がそれを自由に解釈できることを利用して、合意を議会に開示することを回避した。ケース法制定から 1975 年までに大統領が締結した行政協定の数は 400 〜 600 に及んだが、どれ 1 つとして議会には開示されなかった。⁽⁴⁹⁾ 開示されなかった行政協定の 1 つは、ニクソン大統領が南ベトナムのグエン・バン・チュー大統領に宛てた書簡で、北ベトナムがパリ和平合意に違反する場合に米国は軍の全力を動員して対処することを約束したものだった。⁽⁵⁰⁾

議会はこうした秘密行政協定を快しとせず、1975 年に北ベトナムが南ベトナムへの侵攻を開始したときに南ベトナムに追加軍事援助を提供することを拒否した。これまでに、ケース法を修正して行政協定の定義を明瞭にしたり、議会が行政協定開示後 60 日以内に合意に拒否権を行使できることを規定する法案が出され、行政協定における大統領権限を規制し、議会の権限を増大する試みがされてきたが、大統領の拒否権行使が確実であることもあって成立してこなかった。

議会に全ての行政協定を通知することを義務づけたケース・ザブロフスキ法は、20 世紀末の大統領が行政協定を締結する妨げにはならなかった。レーガンが 8 年の任期中（1981 〜 89 年）に締結した条約はわずか 125 だが、どの米大統領をもしのぐ 2,840 の行政協定を承認している。次のブッシュが承認した行政協定は 1,350、クリントンは 2 期在職中 1,870 である。ニクソンからクリントン政権までの行政協定と条約の比率は 18 対 1 である。⁽⁵¹⁾ 建国の父

たちが議会に条約批准権限を与えたときには、このような事態を想定していなかっただろうが、特権としてこの協定を使うのが大統領の常套手段となっている。

7—— 貿易、海外援助

　大統領は貿易、海外援助を外交手段として活用してきたが、それがどのように活用されるかについて最終的決定権を持つのは予算承認権限を持つ議会である。

　通商政策あるいは貿易政策は外交において重要である。貿易は他国との間の良好な関係を維持する重要な要素であり、戦争を防止し2国間、多国間の繋がりを強化する重要な役割を果たす。また自国および他国の経済発展に貢献し、政治的安定の基礎にもなる。さらには、これが国内的には最も重要なのだが、自由貿易は米企業全体を利し、米国の富を増大させるという点である。外交政策専門家の見地からすると、強い米経済は多くの利益をもたらす。国防費に多くを回すことができ、概して大統領は経済危機にあるときと比べ外交および外交政策に集中でき、議会も海外援助、新大使館、諸外国との円滑な関係の助けとなる諸々に気前よく支出できる。

　貿易政策が国内問題である限りは、外交政策の観点から論じることなどそれほどないように見えるかもしれない。貿易政策についての重要な事実は、経済が国内にもたらすさまざまな利益のために、議会や大統領はそうした利益に都合のいい政策をとるよう非常な圧力を受けるという点である。輸出会社や輸出産業界は開かれた海外市場を維持できる政策を望むものである。輸入会社や輸入産業界は、販売用の製品や自社製品組み立て用の部品にかかる関税や通関費用は低いにこしたことはない。そして外国企業との競争に曝されている国内企業は、米国の消費者に売りやすいように、高関税や外国製品の輸入量を規制する輸入割当を望む。

　最後に、国内産業を満足させ続け、他国との良好な関係を維持し、共通の利益を促進する自由貿易に専心する国際組織に誠意をもって参加するという

目標を全て満足させるためには、中央政府は紙一重のところを行かなければならない。このように貿易政策は外政、内政を問わず、あらゆる政策分野で最も厄介な政策の 1 つである。

　貿易、海外援助においても、議会はベトナム戦争以降、議会の役割や権限を強化する動きを強めるようになった。米議会は 1974 年、通商条約の交渉、批准を迅速化するために、批准段階で締結後の通商条約案に議会が修正を加えることを許さないで一定期間内に批准することを規定するファーストトラック権限を大統領に付与した。

　その代わり、議会は上下両院の一定数の議員が交渉顧問になることにより議会が通商条約交渉で大きな役割を果たすことを要求し、環境、労働などの国内利益を交渉において考慮することを規定した。

　レーガンは貿易、海外援助における大統領権限に対する規制を低減させようとした。クリントン大統領は北米自由貿易協定（NAFTA）を促進したが、議会は大統領にファーストトラック権限を付与することを拒否し、妊娠中絶規制法案に反対する大統領と対立し、米国の国連拠出金の支払い予算を拒否した。また議会は国際通貨基金（IMF）への資金拠出を遅らせた。

　米国は毎年、何百億ドルもの資金を海外援助に充てている。(54) 海外援助はかなり古くから行われてきたが、第二次世界大戦以降、発展途上国が植民地から独立した時点から、一層頻繁に用いられるようになった。発展途上国は先進国の財政的・技術的・教育的援助を受けて自国の政治的安定、経済的発展、あるいは、軍事的安全保障をはかる必要があった。先進国も発展途上国の資源および市場を求めて援助をする必要があった。海外援助には、外国への武器売却・供与も含まれている。海外援助は米国の年間予算の 1% 未満で、海外援助の対国内総生産（GDP）比で米国に勝る国はいくつかあるが、海外援助の総額では米国は世界でも断然トップである。

　米国の海外援助の最大のものはイスラエルおよびエジプトへの対外軍事援助で、これは 1940 年代に始まり、1970 年代初期の中東危機、石油危機において中東地域の安定と石油価格の安定のために援助額が急増した。イスラエ

ルとエジプト両方に援助が行われているのは、中東地域における力のバランスを維持し、地域の安定を促進するためである。その後は、過激派テロ組織に脅かされている国々への支援が増加している。

　軍事援助に比べ人道支援や民主主義促進のための援助に充てられる額は小さい。一例をあげると、米国は選挙を平和的に遂行するためにウガンダに援助している。ナイジェリア、ケニア、ハイチでは、米国の支援によって市民グループが結成され、貧しい人々に薬品や食品を配給している。また、被災国救済にもお金を使っている。インドネシア（2005年の津波後）、パキスタン（2008年と2010年の地震後）、日本（2011年の地震後）などである。人道支援は、国益や世界的経済安定とは直接結びつかない純粋に人道的な動機から生じるものである。これに反して、軍事支援は、議会と大統領が決めた米国の国益を前進させるためのものである。同様に、海外で民主主義を促進するための支援も外交政策の意味合いを持つものである。

　外交政策の分野においても国内政策は役割を演じている。米国の対外支援のなかには、政治家の国内アジェンダに付随したものがある。例えば、2000年代にかけて、ブッシュ大統領の発令した行政命令によって、堕胎に賛同する組織に米国のお金を使うことができなくなった。これは堕胎に反対する多くの共和党選挙民の意向に沿ったものである。この政策はオバマ大統領によって撤廃された。2011年に新たに下院で過半数を占めた野党共和党が、気候変動の影響に対処する諸外国を支援しようとしたオバマ政権を阻止する意向を表明した。この立場は、気候変動の重大さに懐疑的な一部共和党議員の懐疑主義を反映したものだったが、政府の措置が気候変動を止めることにはたして役立つのか、といったその他の共和党議員の懐疑主義を反映したものでもあった。

8── 適切なバランス

　ジョージ・ワシントン大統領の時代から今日まで、大統領と議会は対外関係のコントロールをめぐって鎬を削ってきた。そして議会と大統領の活発な

相互作用は 21 世紀も、米外交政策決定過程において顕著な特徴であり続けるだろう。第二次世界大戦からベトナム戦争終結段階までの時代は、行政府が外交政策面において卓越していた。1930 年代と 70 年代は、議会の発言力はより大きく、明瞭なものになった。⁽⁵⁵⁾外交政策決定過程におけるコントロールをめぐる大統領と議会の闘争において、議会の影響力が 70 年代を通じて、今日まで著しく増大してきたことは明白である。21 世紀に入りこの傾向がどの程度まで拡大し続けるかは不確定である。

　これまで見てきたように、20 世紀のほとんどにおいて、大統領は議会との事前協議なしで米軍海外派兵、他国との合意、秘密政治軍事工作など外交を実施する主導的役割を維持してきた。その背景には、大統領が外交に関して最も多くの情報を持っているという事実と外交において大統領が柔軟に外交を促進できるようにしたいという議会の願望、大統領が外交を主導することに議会が慣れっこになってきたという事実などがあった。しかし議会は特定の状況下においてのみ大統領に外交の自由と裁量権を与えてきた結果、大統領があらゆる状況下において外交の自由と裁量を当然のことと考える状況を生み出してきた。それでも外交政策の運用が順調にいっている間はよかったが、1960 年代、70 年代にベトナム戦争の破綻が深刻になるにつれ、大統領の外交における権力濫用、判断ミスが露（あら）わになり、議会、米国民の大統領の外交への不信が強まった。

　この結果、議会が大統領の外交権限を抑制し、議会の外交での役割を強化する動きを強めていくことになる。1972 年には議会は外交との行政協定締結における議会の役割を拡大し、73 年にはインドシナでの戦闘活動に連邦資金を使うことを禁止する法律を制定した。1970 年代半ばには、議会は CIA 活動の規制を強化し、大統領の海外援助における権限を抑制する一連の法律を制定した。ウォーターゲート事件を通じて政治的な影響力を失ったニクソン大統領は、こうした議会の外交分野への進出に対して無力で、それを許容するしかなかった。カーターも内政、外交で経験がなく、その政策も失敗が多く、議会の外交進出のモメンタムを抑制できなかった。

議会が外交における役割、権限を拡大することは、必ずしも好ましい結果を生まなかった。大統領 1 人に対し、議会は上院 100 人、下院 435 人の 535 人の議員から構成されており、議員はそれぞれ独自の外交への考えを持っており、さまざまな利益団体の影響を受ける立場にある。法案に対する議員の態度や考え方を左右するのは上下両院ともに、それぞれの議員の思想や選挙区の利害関心である。共和党であろうと民主党であろうと、所属政党が議員のこうした考慮に優先することはないといっていいほどである。選挙区の利害に関わる外交政策については、議員は「選挙区大使」として選挙区の重要な利益を重視し、それぞれの選挙区における利益の委任代表として行動する。

　議会の組織を考えても、上院の 17 の常設委員会のうちの 14 委員会、下院の 20 の常設委員会のうちの 17 委員会が外交に何らかの権限を持っている。このため多様な委員会、議員を調整し、外交政策を統合して一貫した政策をまとめあげるのは不可能に近い。議会が外交政策立法過程で、行政府に対して完全に独立の立場で活動するのが委員会である。この委員会制度は、米国ならではの多元的な利益を政府立案過程に吸収するのが目的である。

　議会の過剰な外交への関与の弊害の例としては、1970 年代後半のパナマ運河条約交渉、ニカラグア、ジンバブエに関する交渉などがある。1978 年には条約批准の権限を持つ上院の個々の上院議員が独自にパナマ詣でを行って、パナマ政府との交渉を行い、混乱を招いた。1979 年には中米ニカラグアのソモサ大統領（当時）退陣に関する交渉、ジンバブエ・ローデシアの白人と黒人の人種対立の解消に向けての交渉では、米政府の交渉代表だけでなく、議員も交渉に参加した。この状況は、諸外国から見て、米政府において誰が米外交の正式な代表として交渉に責任を持っているのかについて混乱を引き起こすことになり、外交にマイナスになった。

　1980 年代になると、議会の外交政策への関与増大が混乱を引き起こしているという反省が、議会内からも起こるようになっており、もう一度大統領の外交政策における権限を回復する動きが強まった。1980 年代にはカーター、レーガンの要請により、議会は大統領の通商、海外援助の運用への規制を弱

める法案を承認した。ブッシュ（父）は 1990 年に国務省の予算権限法案に
署名する際に、議会が外交に課した一連の制約は憲法が規定する大統領の外
交権限を侵害するものであり、これらの制約には拘束されないことを明言し
た。ただグローバリゼーション、相互依存性の増大により、内政と外交がよ
り深く関わり影響しあうようになっており、議員、議会も外交政策への関与
を増大せざるを得ない状況が今後も続くことが予想される。

　米ソ冷戦時代には米国としてソ連に対して統一した政策を打ち出す必要か
ら、議会が大統領の外交政策を支持し、団結を示してきた。しかしソ連が崩
壊し、冷戦が終結した現在、議会がこうした結束を示す必要が薄れている。
2000 年代に入っても、ブッシュ（息子）がイラクの核兵器など大量破壊兵器
の開発、備蓄、テロリストとの繋がりを口実に 2003 年からイラク戦争に踏
み切ったが、その後イラク国内で大量破壊兵器は発見されず、議会、公衆の
間ではイラク戦争は大統領の判断ミスによるものだとの見方が強まってい
る。このため、1930 年代から 60 年代まで、議会が外交における受け身の消
極的役割に終始してきた状況に逆戻りすることはあり得ない。

　議会の委員会のなかで、外交政策を最も広く扱うのが上院外交委員会と下
院外交委員会である。外交委員会は、これまで外交政策の発展と政策を実行
に移すために議会の機能の一部として、政府や議会の政治的性格に関係なく、
その時々の現実に合わせるだけであった。そして、政策の決定は政府が下し
たそのままの形で、政府の実施がはかどるように承認することこそが、委員
会の重要な役割とされていた。しかし外交問題における大統領の専制的傾向
に対する反省から、政府によってなされた判断を疑いもなく受け入れること
は、国民に奉仕することではないという意識が生まれた。そして、外交政策
や国家の安全保障に関する政府の提案に対しては、真に独立的かつ批判的に
判断を行うように変わってきている。委員会の機能として重要なことは、委
員会は外交政策決定において、政府の承認者の地位に甘んじることでも、ま
た支配的立場を追及することでもなく、政府と議会との間のバランスを生み
出す、より効果的な方法を追求することなのである。

9──おわりに

　米外交政策の遂行において、議会が将来的に重要な役割を担うようになるのは確実であるが、外交政策における大統領の強力な役割を指摘することは重要である。

　第1に、議会には調整に向けた努力といった点で大きな困難があり、そのために、米外交政策への議会の関与が効果薄だったり、望ましくない結果を生むことがしばしばある。議会が集団的リーダーシップを増進させるまでは、大統領のイニシアティブに反応するだけの機関であり続けるだろう。

　第2に、外交政策への議会の関与は、比較的に弱い大統領が政権にあるときに強化されてきた。ニクソンはウォーターゲート事件で消耗しきり、後を継いだフォードは消極的な、受動的な大統領になり、カーターの正直さそのもののやり方はすぐに議会との不和を招いた。それでも大統領の権限は依然として強力で、レーガンが実証して見せたように、強力なリーダーシップの下で大統領の権限が回復した。

　第3に、危機的局面にあっては、大統領が優勢になる傾向が強い。国家の非常時、とくに湾岸戦争で明らかなように米軍の海外派兵が絡むような場合は、国民は大統領に頼るものである。最後に、国際政治が次第に複雑化し、米国の社会や政治システムに対する国際政治の要求が強まるにつれて、強い大統領が引き続き求められるだろう。冷戦終結は、国家安全保障官僚制度が衰退し、海外における軍隊行使の規模が縮小した結果かもしれないが、国際問題への米国の関与およびリーダーシップは、21世紀に入っても、当分の間は続くであろう。⁽⁵⁷⁾

　確かに議会は、外交政策決定過程において、第一義的な権限から除外されていることは明らかであり、大統領が、国家の最高指導者としてまた軍の最高指揮者として、外交政策における最大の権限を有していることは認めざるを得ない。しかし、議会が外交政策決定における日々の行動から比較的かけ離れた存在であるとはいえ、これをもって、議会が政治機構の重要な構成要

素であるという事実をないがしろにすべきではない。[58] 国民の権利に基づいて、大統領が外交政策決定における指導権とその決定権を持つことは事実としても、議会は、微妙にして間接的ではあるが、それでいて効果的に、多くの外交政策についての全体としての流れや、上限、下限を設定することにおいて、決定的役割を果たすことも明らかである。[59] 例えば、大統領の軍事力行使の制限を規定することにより、議会は「外交上の冒険主義」および「米国の過度に海外拡張主義」に走る傾向に対して強力な抑制を生み出す。[60]

したがって議会は、大統領がその決定をどのような根拠に基づいて行うのか、またその決定による実施に関しては、どのような方法でいかにして行うのかに、絶えず注意の目を向けていなければならない。議会は、大統領が外交政策についての決定やその遂行において権力を濫用したり、過ちを犯していると判断した場合には、すぐに大統領の権限の制限や決定の修正を迫らなければならない。これが、議会が国民に代わって政府を監視し、抑制するという、議会のチェック・アンド・バランスの伝統的機能を果たすことである。外交における役割の適切なバランスは、大統領が外交のさまざまなツールを活用して外交を主導し、議会はそれを監視する役割を強化するということに落ち着きそうだ。

（『武蔵野法学』第 5・6 号、2016 年 10 月）

注・文献

(1)　Wildavsky, Aaron, *The Two Presidencies, in Trans-Action*, Vol.4, No.2, 1966, p.7.

(2)　*Ibid.*, p.8.

(3)　*Ibid.*, p.7.

(4) Melusky, Joseph, *The American Political System*, McGraw-Hill Higher Education, 2000, p.208.

(5) *Ibid.*

(6) Prins, Bandon C. and Bryan W. Marshall, Congressional Support of the President: A Comparison of Foreign, Defense, and Domestic Policy Decision Making During and After the Cold War, in *Presidential Studies Quarterly*, Vol.31, Issue 4, 2001, p.674.

(7) Fleisher, Richard, Jon R. Bond, Glen S. Krutz and Stephen Hanna, The Demise of the Two Presidencies, in *American Politics Research*, Vol.28, No.1, 2000, pp.3-25.

(8) Betts, Richard, Analysis, War, and Decision: Why Intelligence Failures Are Inevitable, in *World Politics*, Vol.31, No.1, 1978, pp.61-89.

(9) Gates, Robert M., The CIA and Foreign Policy, in *Foreign Affairs*, Vol.66, No.2, 1987, p.215.

(10) Ransom, Harry, Congress and the Intelligence Agencies, in Harvey Mansfield, ed., *Congress against the President*, Academy of Political Science, 1975, p.158.

(11) *New York Times*, October, 31, 2007, p.A16.

(12) Ransom, *op, cit.*, p.160.

(13) *New York Times*, July 20, 1975, p.E3.

(14) *Washington Post*, December 23, 2004, p.A21.

(15) Szule, Tad, Putting Back the Bite in the C.I.A, in *New York Times Magazine*, April 6, 1980, p.62.

(16) *Washington Post*, December 9, 2007, p.A7.

(17) Bond, Jon R. and Richard Fleisher, eds., *Polarized Politics: Congress and the President in a Partisan Era*, Congressional Quarterly Press, 2000.

(18) Henkin, Louis, *Foreign Affairs and the Constitution*, Foundation Press, 1972, pp.100-101.

(19) Fisher, Louis, War Powers: A Need for Legislative Reassertion, in Rexford Tugwell, ed., *The Presidency Reappraised*, Praeger, 1974, pp.64-65.

(20) Bailey, Thomas, *The Pugnacious Presidents: White House Warriors on Parade*, Free Press, 1980, pp.148-152.

(21) *Ibid.*, p.64.

(22) *Ibid.*, p.178.

(23) Dallek, Robert, *Franklin D. Roosevelt and American Foreign Policy, 1932-1945*, Oxford University Press, 1979, p.287.

(24) Fisher, Louis, *President and Congress*, Macmillan, 1972, p.195.

(25) Schlesinger, Arthur, Jr., *The Imperial Presidency*, Houghton Mifflin, 1973, p.132.

(26) *Ibid.*, pp.160, 161.

(27) Turner, Robert F., *The War Powers Resolution: Its Implementation in Theory and Practice*, Foreign Research Institute, 1983.

(28) Guide to Current American Government, *Congressional Quarterly*, Spring 1984, pp.31-32.

(29) *Washington Post*, August 26, 2002, p.A1.

(30) Fisher, Louis and David Gray Adler, The War Powers Resolution: Time to Say Goodbye, in *Political Science Quarterly*, Vol.113, No.1, 1998, pp.1-20.

(31) Cooke, Jacob, ed., *The Federalist*, World, 1961, pp.505-507.

(32) Henkin, *op, cit.*, p.131.

(33) Frank, Thomas and Edward Weisband, *Foreign Policy by Congress*, Oxford University Press, 1979, pp.135-141.

(34) Crabb, Cecil and Pat Holt, *Invitation to Struggle: Congress, the President, and Foreign Policy*, Congressional Quarterly, 1980, pp.75, 80.

(35) *Washington Post*, April 18, 1997, p.A10 ; Washington Post, April 25, 1997, p.A19.

(36) Brewer, Thomas L., *American Foreign Policy: A Contemporary Introduction*, 4th ed., Prentice-Hall, 1997, p.123.

(37) Meron, Theodor, The Treaty Power : The International Legal Effect of Changes in Obligations Initiated by the Congress, in Thomas M. Frank, ed., *The Tethered Presidency*, New York University Press, 1981, pp.103-140.

(38) Scheffer, David, Nouveau Law and Foreign Policy, in *Foreign Policy*, Vol.76, 1989, pp.44-65.

(39) Johnson, Loch and James M. McCormick, Foreign Policy by Executive Fiat, in *Foreign Policy*, Vol.28, 1977, pp.117-138.

(40) Crabb, Cecil V. Jr. and Levin V. Mulcahy, *Presidents and Foreign Policy Making From FDR to Reagan*, Louisiana State University Press, 1986, p.28.

(41) *Ibid.*, pp.599-600.

(42) Schlesinger, *op. cit.*, p.104.

(43) *Congressional Quarterly Weekly Report*, August 2, 1975, p.1713.

(44) Schlesinger, *op. cit.*, p.201.

(45) *Congressional Quarterly Weekly Report, op. cit.*, p.1712.

(46) Davis, James W., *The American Presidency*, 2nd ed., Praeger, 1995, pp.250-251.

(47) Nathan, James A. and Richard L. Oliver, *Foreign Policy Making and the American Political System*, Little, Brown, 1983, p.115.

(48) Kegley, Charles W. Jr. and Eugene R. Wittkopf, *American Foreign Policy: Pattern and Process*, 2nd ed., St. Martin's, 1982, p.418.

(49) *New York Times*, April 17, 1975, p.E2.

(50) *Congressional Quarterly Weekly Report, op. cit.*, p.1714.

(51) Treaties and Other International Agreements: The Role of the U.S. Senate, Congressional Research Service, Library of Congress, 2001.

(52) Gilligan, Michael, *Empowering Exporters*, University of Michigan Press, 1997.

(53) Rogowksi, Ronald, Political Cleavages and Changing Exposure to Trade, in *American Political Science Review*, Vol.81, No.4, 1987, pp.1121-1137.

(54) Bueno de Mesquita, Bruce and Alastair Smith, A Political Economy of Aid, in *International Organization*, Vol.63, Issue 2, 2009, pp.309-310.

(55) Bennett, Douglas, Jr., Congress in Foreign Policy: Who Needs It, in *Foreign Affairs*, Vol.57, No.1, 1978, pp.40-50.

(56) *Washington Post*, February 17, 1990, p.A23.

(57) Rosati, *op. cit.*, pp.345-346.

(58) Kegley, Jr. and Wittkopf, *op. cit.*, p.325.

(59) Hilsman, Roger, *The Politics of Policy Making in Defense and Foreign Affairs*, Harper & Row, 1971, p.82.

(60) Crabb, Jr. and Holt, *op. cit.*, p.246.

第5章 大統領と議会のせめぎ合い

1── 問題の所在

「権力分立の原則は権力の専制的な行使を避けること」とブランダイス最高裁判事がかつて述べたように、アメリカ合衆国憲法の目的は対立の回避ではなく、三権を分立させ、そこから生じる対立により国民を専制から守ることにある。したがって、合衆国憲法は権力の分立とともに権力の共有を定めている。

合衆国憲法起草者の1人であるジェームズ・マジソンが提案した考えは次のようなものであった。行政権、立法権、司法権は他の権力を支配できないように、それぞれ独立させる。したがって、権力分立では議会が法を制定し、大統領が法を施行、執行し、裁判所が法を解釈する機能を持たせた。政府の三権はそれぞれ独立しているが、互いに共同して統治を行うチェック・アンド・バランス（抑制と均衡）のシステムとした。例えば大統領は議会の法案に対し拒否権を持つ。最高裁判所判事は大統領の任命と上院の同意が必要となる。[1]

合衆国憲法では第1条で議会、第2条で大統領、第3条で司法の権限と役割を定め、その三権力分立を明示している。とくに、合衆国憲法は対外関係に関し一定の権限を大統領に、そして一部を議会に与え、どちらが最終権限を持つかを明記し、チェック・アンド・バランスの機能を持っている。したがって、よくいわれるように合衆国憲法の持つチェック・アンド・バランス

の機能の有り様は、常に大統領と議会の争いの誘因となっている。行政府としての「大統領」と立法府としての「議会」の抗争は、終止符を打つことがない。

2—— パートナーはライバル

大統領が政策を実行するためには、議会とパートナーを組む必要がある。歴代の大統領は議員出身者を含め、議会との関係を大きなストレスと感じてきた。米国の政治システムは三権分立を念頭に設計されており、大統領と議会の間に常に緊張関係があるようになっている。行政府、立法府にはそれぞれ独立した権力が与えられており、いずれかが権力を行使すれば他方の意思が抑制されるというライバル関係にある。

大統領も議会もそれぞれ異なる責任を担い、異なる圧力を受ける。立場が変わると、物事を非常に違った立場で見ることにもなる。リンカーンは議員時代にジェームズ・ポーク大統領がメキシコとの戦争に踏み切ったときに権力の濫用と批判したが、大統領になると憲法の制約を超えて頻繁に権力を行使した。ニクソンは下院議員時代の 1950 年に大統領が外国元首と行政協定を結ぶことを阻止する議会決議を支持したが、大統領になると頻繁に行政協定を結び、行政協定を結ぶ大統領権限を制限する議会法案に拒否権を行使しようとした。ニクソンは、ハリー・トルーマンが行政特権を行使して議会委員会に情報開示を拒否した後にそれを憲法上許されないと非難したが、大統領になった後は歴代のいかなる大統領よりも秘密保持のための行政特権を行使した。⁽²⁾

議会の構造自体も、議会の協力を得るのを困難にしている。議会は上下両院からなるが、委員会もまた立法プロセスで大きな権限を持つ。立法過程の中心は、ウッドロー・ウィルソン大統領が「小さな立法府」と呼んだ委員会なのであり、上下両院とも委員会の委員長は全て多数党議員が占める。委員会審議では最も重要な役割を果たす委員長は、再度ウィルソンの言葉を借用すると、「ほとんど独裁的な支配力を行使する」ことができる権限を与えられ

てきた。連邦議会では、委員会の果たす役割の重要性から、委員会制度がきわめて発達している。[3] 2009 年時点で下院だけで諸委員会の下に 101 の小委員会があるが、1973 年に民主党は「小委員会権利の章典」を実施し、小委員会の権限と独立性を大幅に拡大した。この結果、立法における議会のパワーセンターが大幅に増加した。

　小委員会の増殖により議会の権力分散化が一層進み、それがさまざまな効果を持つに至った。第 1 は、行政府は全ての議員の外交政策に対する見解に、これまで以上の注意を払わねばならなくなった。ある政府高官が述べているように、「かつては委員会の議長と 2、3 人の有力メンバーと交渉しさえすればよかったのが、いまや 435 人全部の議員に加えて 100 人の上院議員と交渉しなければならなくなった」。[4] 第 2 に、法律の制定には複数の委員会が関与する傾向が強くなったことである。トーマス・ブリューワーは 102 の上院委員会が対外経済政策に関係し、50 近くの小委員会が第 3 世界の外交政策に関係していることを明らかにした。[5] 別の研究によると、下院軍事委員会は 103 を超える省庁を統括し、102 の立法分野にまで及んでいる。上院の同委員会は 10 省庁と 101 の立法分野を掌握している。[6]

　法案によってはいくつもの委員会、小委員会が管轄権を持つ。そのうえ議会の規則は権力をさらに分散させている。上院の場合、1 人の議員でもフィリバスター（議事妨害）で法案への表決を阻止できる。フィリバスターの活用は 1967 年以降増加しており、2006 〜 07 年には過去最高の 62 回フィリバスター封じの表決が行われ、半分は多数派が 60 票を確保できずそれを封じることに失敗した。[7]

　議員は再選の可能性を高め、議会における影響力を拡大し、好都合な国民政策を捻りだし、新たな経歴を加えるために委員会に奉仕する。委員会で目立ったパフォーマンスをすれば、こうした目標の助けとなるかもしれないが、再選は何といっても選挙民への奉仕にかかっている。選挙区への奉仕をはっきり示すには、選挙区民の利益と密接に関わる委員会への割り当てを獲得することが肝要である。各委員会は専門別の小委員会、個人グループに細分化

される。専門家の決定は同僚議員の承認を得なければならないが、たいてい
の場合、ひと通りの検討をするに過ぎない。全議員が、全ての問題をそれぞ
れ新鮮な気持ちで徹底的に再吟味することは、とうてい不可能である。そし
て議員同士の助け合いを通して、さまざまな地域的利益の擁護者が相互支援
連合を形成していく[8]。こうした誘因そしてその誘因を助長する行為があれ
ば、議会の外交問題への関心はしばしば、はかなくかつ表層的になる。当然、
「限られた利益や短期的目的のために、国政全体の持続性と一貫性を犠牲にす
ることは、……行き着くところ政治的計算であり、その計算が議会の決定策
定を支配するのは避けられない[9]」。こういう状況で、大統領が法案を議会に
提案し、それに対する支持を醸成するのは至難である。

　さらに大統領は全米、議員は州や選挙区をベースに選挙されるので、それ
ぞれ全米、州などの選挙区の利害を代表する[10]。このため、法案をそれぞれ違
う利害関係から見るため、見方が大きく異なっている。そこには当然、利害
の対立が起こる。

　下院議員 435 人全員は、上院議員全員 100 名の 3 分の 1 とともに、2 年ご
とに改選される。再選が常に念頭にあって、それが国際問題より国内問題に
身を入れさせる圧力を生むことになる。この圧力は下院でとりわけ強い。
1994 年の選挙期間中に下院共和党が打ち出した「アメリカとの契約」の 10
項目のうち、外交政策に関する項目が 1 つしかなかった。大統領の選挙区が
国全体であるのに対し、上下両院 535 人の全議員はその選挙基盤がはるかに
狭く、したがって選挙区の利益は限定的である。冷戦が終結し、特定のエス
ニック団体への好みを表に出しやすくなったために、この傾向が一層激化し
ている[11]。

　連邦政府樹立に先立ち 13 州からなる連合体が存在していた。その合意に
よって州の利益を調和させる形で連邦議会が設けられたため、上下両院議員
とも全国民の代表というより上院議員は州代表、下院議員は地域代表である
とする地域主義的な意識が伝統的に強い。このいわば偏狭主義は行政府には
当てはまらない。なぜなら行政府は原則として一地方選挙区民の受託者とい

うより、むしろ一国家の受託者だからである。したがって行政府は、議員に比べて地域よりむしろ国家を斟酌（しんしゃく）して行動しているように考えられ、それがまさに外交政策の求めるところである。[12] 全国区の大統領は外交問題に対する視野もずっと広い。大統領は選挙による報復を気にすることなく、地域的あるいは限定的な利益を、たとえば保護貿易規定の支持を拒むことによって排除することができる。また大統領は上下両院議員とは異なり、当座よりむしろ長期的に物事を考えることに対して報酬を得ている。

　カーターもジョージ・W・ブッシュも大統領として全米の水利プロジェクトの予算をめぐり議会と激しく対立した。ブッシュの場合は任期7年目に同プロジェクト予算への大統領拒否権が初めて覆された。[13] オバマは上院議員を務めた3年間は選挙区であるイリノイ州のために7億4,000万ドルの選挙区向け助成金の予算を要求したが、大統領に就任数週間後には選挙区向け助成金の予算は許容しないと公言した。[11]

　一般的に大統領の議会に対する影響力は、任期の後期よりも任期初めの方が大きい。古くからいわれてきたように、大統領は任期初期には選挙の勝利の波に乗り、議会も大統領に敬意を払い協力するハネムーン（蜜月）期間を通過する。議会では大統領の政策決定への不満が徐々に蓄積していき、2期目の終わりには議会からの支持が目立って弱まり、大統領は議会への説得力をほとんど失ってしまう。[15] いわゆるレームダック（死に体）期間である。このため通常、大統領は任期1年目に最も重要な政策課題の法案を議会に提案する。ケネディからカーターまでの大統領が就任後の1月から3月までに提出した法案の平均72%が議会で承認された。しかしその年の後半には法案承認率は25%に下落した。[16]

3── 立法プロセスへの関与

　国家的危機の時には、時間との闘いのなかで決断力あるリーダーシップが求められ、大統領は議会による支持の協力を得やすい。大恐慌、第二次世界大戦の時に大統領を務めたフランクリン・ルーズベルト、ケネディ大統領暗

殺という国家的悲劇の直後に就任したジョンソン、9・11テロの危機に対処したブッシュ、金融危機を引き継いだオバマはその例である。また一般国民から支持を得ている大統領は、議会に対してより説得力を持つ。クリントンは1993年に医療保険改革法案を推進したが、94年に廃案になった。失敗の要因は、改革内容が複雑すぎて国民に説明し支持を得られなかったこと、反対派の強力なロビー活動、さらに大統領の支持率が94年には任期8年間で最低だったことなどである。ブッシュは9・11の余波で最初の2年間支持率が高まり、民主党議員は大統領との対立を意図的に避けた。⁽¹⁷⁾

　大統領が立法提案を達成するには、立法プロセスに関与し、議員に優先課題を知らせ、議員の支持を拡大する努力をする必要がある。トーマス・ジェファーソンは対議会で最も成功した大統領で、議会会期中は毎晩のように少数の議員を晩餐会に招待し、親交を深めたため、与党議員の幅広い支持を達成した。トルーマンはスタッフの一部に議会対策を担当させ、アイゼンハワーは大統領府に議会対策部を設置した。アイゼンハワーは性格的に党派政治を嫌い、議会対策への関与を避けた。ケネディは逆に立法のリーダーシップには政党のリーダーシップが不可欠と考え、党派政治、下院議事運営委員会の構成を含め議会対策に積極的に関与した。ケネディは議員に過去あるいは将来の支持に対して報奨を与えたが、あまり親しい関係を結ぶよりも適切な関係を心がけた。

　近来の大統領のなかでは、リンドン・ジョンソンが8年間の民主党上院院内総務を含む23年の議員経験を通じて得た議会の理解を活用し、立法プロセスに魅了され、議会に強い関心をもち、対議会関係で最も技能を発揮し、エネルギーを投入し、成果を得た。法案作成に議員を参加させ、議員の意見を法案に反映させるためにスタッフに協議させ、議員に圧力を行使するなど、議会の支持獲得のため大変な努力をした。

　これに対し、ニクソンは自身の議員経験が快いものでなかったこともあり、立法プロセスに無関心で、議会を邪魔者扱いした。ニクソンの側近ハルデマン、ジョン・エーリックマンもワシントン経験がなく、大統領と議会のデリ

ケートな関係への理解もなかった。長年の支持者である与党議員を含め議員はニクソンへのアクセスを得るのに大変苦労した。ニクソンは国内政策などで議会の支持を確保する努力もしなかった。議会との関係は対立的で、頻繁に法案に拒否権を行使し、議会を非難した。

　カーター政権時代には議会における政党統制力が弱まり、力の分断状態が深まり、利益団体の影響が強まっていたこともあって、カーター大統領はケネディ、ジョンソンに比べ議会対策で成功を収めることができなかった。ワシントン・アウトサイダーとしてワシントン入りしたカーターも、カーターが任命した議会対策スタッフも、議会との繋がりが弱く、議員への配慮や根回しは皆無に等しく、それも大きな限界になった。カーターは議論を呼ぶ数多くの法案の優先順位を明示しないまま事前協議や根回しなしで議会に提出したため、ほとんどの法案は不成立に終わった。カーターがワシントン式のコネや便宜を腐敗したものと見ていたことも災いした。カーターは後になってこうした弱点を改善し、議員との事前協議やフォローアップに努めるようになったが、最も立法上の成果を上げやすい就任直後の貴重な機会を失ってしまった。

　これに対して、レーガンは政治的勘と政治スタイルに秀で、就任直後から議会との協力の姿勢を推進した。レーガンはまた議会対策のベテランを議会担当スタッフに起用した。レーガンとスタッフはカーターよりもはるかに就任直後数カ月の対議会における戦略的重要性を理解していた。このため就任早々にレーガンは優先順位の高い歳出削減、減税法案を議会に提案した。レーガンは法案への支持獲得のため議員への個人的ロビー活動、議員への演説などを駆使した。レーガンの対議会関係の技量にもかかわらず、大統領の法案成立率は 1 年目の 82% から 8 年目の 47% へと低下するのを回避できなかった。⁽¹⁸⁾ただ有能な議会対策スタッフのお陰で法案成立率の低下はかなり抑制され、大幅減税、歳出削減、国防力増強、税制改革などの主要法案の成立に寄与した。

　ブッシュ（父）は元下院議員で議会の知識やノウハウには習熟しており、

議会への配慮や関係構築にも積極的であり、その議会対策スタッフもベテランだったが、ブッシュ自身が国内政策を信念をもって進めようとする姿勢を示すことができなかった。そのためか、ブッシュの立法における成功率は平均51.9%とそれまでの40年間で最低だった。⁽¹⁹⁾

　クリントンは議会との関係構築への取り組みを示し、議会との交渉、取引に積極的に関与した。一方、クリントンは過半数に満たない43%の支持で大統領に当選するという弱いマンデートと、同じ民主党の上院議員、下院議員数が縮小した状態で議会対策を開始しなければならなかった。クリントンは当初、同性愛者の軍入隊、中国との関係、対ボスニア政策などで議会の反対に遭遇し、妥協したり、政策を覆したりした。この結果、ワシントン界隈の多くがクリントンの信念を疑った。

　クリントンはワシントンでの経験がなく、対議会関係で不利になった。クリントン政権のホワイトハウス管理のずさんさの結果、クリントンは統治能力を欠いているという印象を生み、議会での信用も損なわれた。1994年中間選挙ではクリントンの最初の2年間の政治への厳しい審判が下され、共和党が1953年以来初めて上下両院の主導権を制した。しかし共和党の過激で非妥協的な態度はクリントンが中道寄りに政策の焦点を定めるのを助け、クリントンを利することになる。クリントンは3、4年目には14回も法案に拒否権を行使し、共和党と対決し、ホワイトハウス管理を強化し、経済改善にも助けられて再選を獲得した。クリントンが最初の2年の挫折から教訓を学び、変化する戦略的環境に機敏に適応したことが功を奏した。

　ジョージ・W・ブッシュは米同時多発テロという国家的危機に助けられて、高い支持率を獲得し、共和党議員も共和党下院院内総務に統率されて大統領に従ったため、当初は議会にそれほど配慮しなかった。しかし5年目、ブッシュの支持率は再選直後の大統領としては過去50年間で最低になり、共和党下院院内総務も2006年にスキャンダルで辞任し、ブッシュは共和党議員から配慮不足と議会無視の傲慢を批判されるようになった。ブッシュはこの結果、議員をホワイトハウスに招待し、頻繁に議員と交流するようになった。

しかし一般国民の厭戦ムード、大型ハリケーン・カトリーナへの対応の不備などのお陰で大統領人気が低下し、対議会関係も改善しなかった。議会はブッシュの移民法改革法案を否決し、大統領も幹細胞研究への政府補助法案に拒否権を行使した。

　大統領にとって、立法のリーダーシップを発揮するうえで最も有利になる要因は、自分の政党が議会の多数派を支配することである。リンドン・ジョンソンの1964年、65年の立法上の大いなる業績はジョンソン自身の対議会の技能よりも、民主党が上下両院の多数派を強固に確保していたことによる。ニクソンの議会関係の破綻は、ニクソン自身のリーダーシップのスタイルゆえに、議会との関係が劣悪だったこともさることながら、共和党が上下両院いずれの多数派も支配していなかったことによる。クリントンの立法成功率は、民主党が議会多数派を維持していた1994年以前は86％だったが、多数派を失った94年中間選挙後には36％まで下落した[20]。ブッシュも共和党が議会多数派を支配していたときは立法成功率は78％だったが、2006年に中間選挙で民主党に議会多数派を奪われた後の2007年には立法成功率は38.3％に下落した[21]。

　ただ自分の政党が議会の多数派を占めているからといって、大統領が自動的に立法で成功を保障されるわけではない。1994年に民主党が議会上下両院の多数派を占めているとき、クリントンが最優先で推進した医療保険改革法案は、上下両院それぞれ本会議で審議される前に廃案になった。また財政赤字削減法案も議会に僅差で承認されるには、その中心要素だった新エネルギー税（BTU税）を放棄しなければならなかった。またクリントンは北米自由貿易協定（NAFTA）の議会承認を勝ち取りはしたが、下院民主党の半数以上が反対に回った。

　議会の政策への参与を述べたが、議会を構成する議員としてはどうであろうか。法案に対する議員の態度や考え方を左右するのは上下両院ともに、それぞれの議員の思想や選挙区の利害関心である。共和党であろうと民主党であろうと、所属政党が議員のこうした考慮に優先することはないといってい

いほどである。例えば、共和党レーガン政権時代の 1983 年、下院予算委員会に所属していた民主党のフィル・グラム下院議員（テキサス州）は、レーガン大統領の予算案、減税案に賛成し、民主党政策運営委員会の決議で予算委員会から外された。グラム議員は直ちに議員を辞職し、補欠選挙では共和党候補として立候補し、当選している。

　かつて、大統領選挙で共和党候補を支持する下院議員が出るなど、党の方針に服さない議員の問題に直面してきた民主党は、特定問題について議員総会が党の態度を決め、この党議に反した議員に制裁を加えるという案を検討したことがある。しかし、これは個々の議員の独立性を損なうとの反対が強いため実現していない。議員は自己の哲学や勘、選挙区の利害を度外視して自党の大統領を支持することを普通はせず、支持しなくても再選が左右されるわけではないので、失うものは大きくない。しかし、過去 50 年間には政党の支配が強まり、とくに共和党指導部は重要な法案で党の路線から逸脱する議員に対して委員長ポストの否定や選挙での代替候補の擁立などで制裁を加える傾向が強まっている。1964 年から 2006 年までの期間に、平均して下院現職の再選率は 93%、上院現職の再選率は 81.5% と高く、2014 年は上院82%、下院 95% と再選率は近年さらに高まっている[22]。その分、議員は政治的利害を超えてまで大統領を支持しない傾向がある。

4──法案提案者としての重要性

　近年、大統領と議会の関係における重要な変化として、大統領の法案提案者としての重要性が高まっていることが挙げられる。米国憲法は大統領が一般教書演説を通して議会に緊急かつ必要な立法課題を提起することを規定している。しかし米国史初期には、法案は議会が提案し承認するもので、大統領はそれを執行するという役割が定着していた。ジェファーソン、ジャクソン、リンカーンは法案を提案する役割を果たしたが、それは例外だった。とくに南北戦争から 30 年間は議会が立法アジェンダを独占した。セオドア・ルーズベルトの時にこれは変化し始め、同大統領は積極的に法案を提案した。

ウッドロー・ウィルソンは法案を提案しただけでなく、議会に出向いて法案を説明した。トルーマンになると、議会の各会期の初めに、議会に法案のパッケージを提案し、法案の提案者としての大統領の役割が強まった。議会もこの大統領の役割拡大を受け入れ、アイゼンハワーの時には議会は法案作成を大統領に期待するようになった。1935年から96年までの期間に、重要法案の約3分の1が大統領から、約3分の2が議会から提案された。議会提案の法案の25%しか法律化されなかったのに対して、大統領提案の法案の97.6%が立法アジェンダとして議会に受け入れられ、42%が法律化された。⁽²³⁾

　この変化の理由としては、20世紀には国内、国際で多くの危機が続発し、大統領がそれに対処する中心的役割を期待されたこと、大統領を強力なリーダーシップを発揮しようとする人物が務めていたこと、課題が複雑になり、それに対処するには大統領の持つ情報と知識が要求され、限られたスタッフしか持たない議員はそれを備えていなかったことなどがある。

　1970年代以降は、行政府に比べて議会が保持するコンピューターなどの情報技術や分析ツールははるかに少なかった。議会はツールが乏しいため、大統領提案の法案の対抗法案あるいは代替法案を提案する能力も限られた。議会は大統領の予算教書に反応するだけで代替予算を提示することはなく、議会の委員会も予算の関連部分だけは分析しても予算全体の分析はできない。大統領は予算の分析では600人以上の専門家スタッフとコンピューター設備を擁する行政管理予算局（OMB）の支援を受けることができる。

　議会は1974年、議会予算法として知られる議会予算及び執行留保統制法（Congressional Budget and Impoundment Control Act of 1974）を承認し、上下両院各々に予算委員会を設置し、連邦予算の主要21分野で歳入見積もりと勧告する歳出上限を設定するようになった。同法はまた予算案を分析する能力を議会に与える議会予算局（CBO）を設立し、現在CBOは200人以上のスタッフから構成されている。

　予算分析を4月15日までに完了し、議会は4月15日までに第1次予算決議案を承認し、さらに細かい予算額を主要分野に割り当てた第2次予算決議

案を9月15日までに承認しなければならない。第2次予算決議案が歳出上限を上回っている場合、委員会が歳出を削減することにより各分野の歳出予算が上限に合致するよう調整が行われる。

　保守派は歳出が抑制されていないと同法を批判し、リベラル派は国家の優先課題を設定する組織的アプローチに欠けると批判してきた。また予算決議案の承認はほとんど常に遅れてきた。さらに同法は、議会が大統領の予算案により独立的アプローチをとる保障を与えてこなかった。

　レーガン大統領の1982年予算案は、250以上の連邦歳出プログラムで360億ドルの歳出を削減するものだった。大統領の予算案は具体的な歳出の削減内容をすでに規定したもので、議会の委員会が歳出削減により歳出上限を達成する裁量権を大幅に制限するものだった。共和党が多数派を占める上院では大統領の予算案がまず承認され、民主党が多数派を占める下院では十分な審議なしで保守的な南部選出の民主党議員が予算を支持することにより予算案が承認された。この予算案は十分に吟味する時間を議会に与えず性急に承認されたと批判された。これは議会が大統領の予算案に独立的アプローチをとれなかった例である。とはいえ、これは法律自体の問題ではなく南部民主党下院議員らの自主的選択の問題である。議会予算及び執行留保統制法は予算承認における議会の権限を大統領に対して強化するものであり、最も重要な政府改革の1つであり、1921年予算会計法とともに米国史上最も重要な予算法とされる。

　CBOとコンピューターの本格的導入により議会の予算評価能力が大幅に高まり、独自に予算を評価できるようになっている。CBOはクリントン大統領の1993年の予算案で614億ドルの赤字削減案が歳出削減の根拠を欠いていることを発見し、それをもとに保守派民主党議員は大統領に追加歳出削減を受け入れさせることに成功した。

　1970年代以降、議会は学会の支援を得て、スタッフ増員を含む独自の政策立案、分析能力を向上させる努力を開始した。その結果、1993年には議会のスタッフは上院が9,405人、下院が7,409人に増え、それを1万7,840人の

スタッフが支援した。コンピューターも拡充され、1985年までには総額⁽²⁴⁾
7,500万ドルを掛けて7,500台のコンピューターが導入された。過去20年間⁽²⁵⁾
に行政府の科学技術能力は急速に拡充されてきたが、議会の科学技術能力や
評価能力の整備はそれに比較すると遅々として進んでこなかった。とはいえ、
CBOの分析により、議会の予算評価能力は大きく向上してきた。オバマ政権
になってからも、CBOはオバマ大統領の予算案で行政府の見通しよりも2兆
3,000億ドル分余計に政府借り入れが必要になることを推計し、オバマ予算
案反対派に論拠を与えた。⁽²⁶⁾

　大統領は歴史的に、議会が承認した歳出であっても、状況の変化やインフ
レ抑制などを理由にその歳出を一時的あるいは恒久的に留保するということ
をやってきた。この歳出予算は大統領により議会が当初意図しなかった目的
に支出される場合がある。議会は国防分野などで大統領に承認された歳出資
金の支出を留保する権限を付与する場合もある。ほとんどの大統領による歳
出留保は一時的で部分的だったが、ニクソンの場合は自分が反対していた
180億ドルもの歳出を恒久的かつ全面的に留保した。ニクソン政権の司法長
官はこれが憲法上正当化させる根拠を欠くと助言したが、ニクソンはそれを
実行した。建国の父たちは三権分立の一環として国民に一番近い議会に資金
の権限を与えたが、ニクソンの歳出留保はこの憲法の精神を侵害するものだ
った。また非常に傲慢な態度で議会に通告された。

　こうした場合、裁判所が司法府として行政府の措置を違憲とし、資金の歳
出を命令する。この場合、議会は1974年に議会予算及び執行留保統制法を
承認することにより、議会承認の歳出の大統領による留保を制限した。同法
第10条は、大統領が歳出留保の意図を事前に書面で議会に通知すること、
歳出延期の場合は上下両院のいずれかが決議案の歳出を求める場合は歳出し
なければならないこと、議会が承認した歳出を取り消さない限り大統領は歳
出を取り消さないことなどを義務づけた。実際には、議会は歳出延期を歳出
の効率改善措置としてほとんどは承認し、歳出取り消しは議会の意図を変更
する措置として否決してきた。1974年から92年3月まで大統領は歳出取り

消し要求を 947 回、635 億ドル分行ってきた。[27]

　大統領は議会の立法アジェンダを提起するが、議会がそれを承認するという保障はない。議員はそれに哲学的相違から反対したり、あるいは無関心であったりする。また選挙区や利益団体からの圧力のゆえにそれに反対する場合もある。議会がそれを支持するよう大統領は説得をする必要があり、それには必要なツールや戦術がある。大統領職は米国の政治制度のなかで大変重要なステータスを持つ。また議員は政治家としてのエゴを持つ。大統領は自分のステータスを議員のエゴを満足させるために活用し、貸しを作り、影響力を行使する。大統領との写真撮影の機会、議員の協力への感謝状や感謝の電話、ホワイトハウスでの食事会への招待などが、そのツールになる。ケネディ大統領はこうしたツールを重要な議員に頻繁に活用した。

　また、大統領は議員が重要視している法案を支持する便宜を与えることで、現在あるいは将来大統領が推進する法案への支持を得ようとする。法案支持の便宜は、法案署名の約束、法案の議会による承認に向けての支援、特定議員の希望に応えるよう大統領提案の法案の修正などの形態を取り得る。また大統領は特定の議員の選挙区を利するよう経済支援、軍事基地などの軍事プロジェクト、連邦契約、ダムなどの公共事業、雇用などのツールを活用することにより、特定の法案や政策に議員の支持を得る方法がある。また大統領は行政府の 3,500 の役職、140 の大使職、523 人の連邦判事を含む 6,700 の連邦政府の地位に人を任命する権限を持っており、それを議員の便宜を図るように活用できる。[28]さらに再選に向け苦戦を強いられている議員の選挙を応援することで、法案などへの議員の支持を得ることもある。

　さらに大統領は議員の頭越しに、特定の政策や法案について国民に直接アピールし、国民の支持を高めることにより議員に圧力を加える戦術を活用できる。レーガンは予算削減法案への議会承認を獲得するため、フォード元大統領、副大統領、6 人の閣僚を全米各地に派遣して演説させることで、国民の支持を高め、議員に影響を与えようとした。大統領が全米向けテレビ演説で国民に訴えることもツールである。グレート・コミュニケーター（偉大な

意思疎通者）と呼ばれたレーガンは大幅減税などの政策を推進するために、この手を効果的に活用した。

　議会で承認されただけでは、法案は法律になることはできない。大統領が署名する必要があるが、大統領は憲法により大統領拒否権（Veto）を与えられており、支持できない法案には拒否権を行使して廃案にすることができる。議会の両院がそれぞれ法案を可決すれば、法案は大統領に送付され、大統領がそれに署名すれば法案は法律として制定されることになる。もし大統領が法案の送付を受けて、平日日数で10日以内に署名せず議会に返付しない場合も、法案は自動的に法律になる。

　もし議会が閉会間際で法案を可決し大統領に送ったため、閉会まで10日間残っていない状況で、大統領が署名せず放置した場合は、議会が閉会して返付ができない状況になり法案は廃案になってしまう。これはポケット・ビトー（Pocket Veto: 握り潰し拒否権）と呼ばれている。

　また、大統領が10日以内に拒否権を行使して法案を葬り去ることもあり、その場合上下両院各々で3分の2以上の支持で法案が再可決されない限り、法案は廃案となる。議会は上下両院それぞれの3分の2以上の多数決で大統領拒否権を覆し、法案を成立させる力を持っている。これを拒否権のオーバーライド（Override）という。しかし両院それぞれの3分の2以上の票を確保することは2大政党制の下では至難であり、大統領は拒否権行使を示唆することにより、議会から法案の内容について譲歩を勝ち取ることができる。

　議会はこの大統領拒否権に対抗する手段として、財政赤字分を埋めるための国債発行限度額の拡大法案や各種歳出法案など、どうしても成立させる必要がある法案に、単一では拒否権行使の対象になりそうな法案を付帯条項（ライダーあるいはアメンドメント）として付け、中心法案とともに成立させるテクニックを使う。よく年度末に次の年度の歳出法案がぎりぎりで成立することがあるが、歳出法案には数多くの付帯条項が付けられ「クリスマス・ツリー」などと呼ばれるのは、この例である。

　また、法案への拒否権行使の脅しも、議員に影響を与える手段になる。こ

れに対して、議会は上下両院で3分の2以上の票を確保することで、大統領拒否権を覆せる。また上院議員の場合は、大統領が署名する可能性が高い法案に修正条項や付帯法案を付加することにより、自分の好む法案の承認を勝ち取る戦術を使うことができる。大統領はその付帯法案に反対する場合は法案全体に対して拒否権行使が必要になり、拒否権行使を躊躇させることになる。こういう事態を回避するために、大統領が法案の一部だけを取り出して拒否権を行使できる個別条項拒否権を求めてきた。予算審議過程において、議会に対する大統領の力が強化され、大統領自らの政策課題や政治目的を達成しやすくなる可能性があるとされた。個別条項拒否権は憲法違反という批判がありながら、議会は1996年にその権限を大統領に与える法案を承認し、1998年に連邦最高裁が違憲判決を下すまで一時期認められていた。

大統領は議会に承認された法案に署名し、法律にする際に、発言または演説を行い、その法律がどのように実施されるべきかについて指針を提供できる。また大統領が違憲と考える条項を明示し、または法律にテクニカルな修正を示すことができる。レーガン大統領は自分が違憲と考える点を法案署名の際の発言により指摘することを多く行った。これは法律の合憲性を審理する裁判所に影響を与えることを意図したものである。レーガン以前はこうした発言は少なかったが、レーガン以降はそれが増えた。ブッシュ大統領（息子）はこの法案署名の発言を大統領権限に抵触するような法律の条項には拘束されないという主張表明のために頻繁に活用し批判を受けたが、オバマ大統領はそれを踏まえてこうした発言を控えることを公約した。

5── 行政監視権と調査活動、弾劾

議会は、公共政策問題を監視、調査する権限も有している。これには、合衆国憲法で認められた、大統領が「法律が誠実に執行されるよう配慮する」（第2条第3節）のを保証する権利も含まれている。議会の監視とは、大統領および行政府が法律の条文と意図に従って政策を遂行するのを保証することだが、この議会の監視は、大統領権限および官僚機構に対する強力な抑制

として機能し得る。実際この権限は、議会が憲法上の役割を行使する際の最終手段になっている。立法府と行政府の対立は結果として政治的な大きな分岐を招きかねない分、微妙さと不確実さを伴うために、議会は、この監視権を行使して大統領に挑むことには、とくに抵抗を感じてきた。というのは、議会が権力の濫用を決意したら、大統領は「反逆、収賄、その他の重罪、軽罪で弾劾されたり、有罪判決を受けて、罷免」されかねない。⁽²⁹⁾

　ともあれ、議会は行政監視権を持っており、国民の目として国に代わって政府の権力濫用を監視する役割を担っているという意識を、伝統的に持っている。したがって委員会あるいは小委員会は、例えば外交問題に関して公聴会を開いて、国務長官や国防長官などの外交・安保閣僚、担当官僚を召喚して証言を聴取することができる。またシンクタンクや大学の専門家、企業関係者など民間の関係者を証人として召喚して、意見を聴取することが可能である。

　議会の主要な責任の１つは行政府の活動を調査することにある。その目的は、議会が承認したプログラムの効果の査定、法律が議会の意図通りに実施されていることの確認、行政府の権限濫用の監視などである。議会がこの責任を全うするには、行政府から必要な情報を得る必要がある。しかし大統領はある種の情報を開示することは公共の利益にならないという考えから、議会の情報開示要請に応じることを拒否する場合がある。大統領は情報の秘密保持についての大統領特権を主張し、情報開示を拒否してきた。大統領特権は米国憲法には明記していないが、初代大統領ワシントンの時代から大統領は憲法が行政府に付与した権限には大統領特権が含まれると主張してきた。大統領は過去に、外交政策、軍事機密、法執行関連の捜査情報、助言的性格の政府内通信などの秘密を保持するために大統領特権を主張してきた。⁽³⁰⁾大統領特権に関する考え方は歴代大統領により多少の違いはあったが、それをめぐり大統領と議会との間に対立が繰り広げられてきた。この対立は最終的には交渉と妥協により解消されてきた。

　ウォーターゲート・スキャンダルでは、米議会の下院司法委員会が弾劾手

続きの関連で、ニクソンとホワイトハウスから情報開示を求めた。下院司法委員会は司法府が弾劾手続きに関与する立場にはないと考えたため、大統領特権をめぐる対立を裁判所に持ち込むことはしなかった。しかし上院ウォーターゲート委員会は、行政府への監視権限を根拠に、大統領特権をめぐる対立を裁判所に持ち込んだ。連邦高裁は大統領の会話内容は大統領特権の対象になると判決した。また、ウォーターゲート事件の特別検察官は、ニクソンのテープ録音の開示を裁判所に持ち込み、下級審はテープの開示を判決したため、ニクソンは連邦最高裁まで上告した。連邦最高裁は 1974 年の判決で、大統領が大統領特権を保持していることを認め、この特権はニクソンが主張するような絶対的なものではなく、条件付きのものであると判決。刑事訴追手続きにおける情報の必要性が大統領の秘密保持の必要性に優先すると判断した。ただ最高裁は、大統領特権が外交、軍事、国家安全保障上の秘密保持の必要を根拠として主張されていれば判決は異なったものになったと述べた。[31]しかし、最高裁は議会への情報開示を拒否する権利については判断を要求されておらず、その判例は存在しないままになっている。

　クリントン政権では、クリントンのセックス・スキャンダルをめぐり、議会、独立検察官と大統領の間で情報開示をめぐる大統領特権に関係した対立があった。現在では、オバマ政権の国務長官を務め、2016 年大統領選挙の民主党最有力候補ヒラリー・クリントンの公務に使用した個人電子メールの情報開示をめぐり、行政府と議会が対立している。

　大統領と議会の間の究極的対立は、弾劾問題をめぐるものである。米国憲法は、「大統領、副大統領および連邦政府職員は、反逆罪、収賄罪または他の重大犯罪および非行行為によって訴追され、かつ有罪の判決を受けた場合は、その職を免ぜられる」と規定している。これまでに、大統領 2 人、閣僚 1 人、上院議員 1 人、連邦判事 12 人を含む 16 人の連邦職員が弾劾され、6 人の連邦判事だけが有罪と判定され罷免された。手続きとしては、米議会の下院司法委員会の勧告に基づいて下院が出席議員の過半数の同意により訴追を行い、上院がそれに基づいて弾劾裁判を行う。大統領の弾劾裁判は、最高裁長

官を議長として行われ、大統領の罷免のためには上院の出席議員の 3 分の 2 以上の同意が必要である。

　これまで大統領の弾劾では、1867 年にアンドリュー・ジョンソンが 1 票差で罷免を免れ、1974 年にニクソンがウォーターゲート事件で弾劾の対象になったが、下院司法委員会の弾劾調査開始後 9 カ月経って辞任し、1999 年にクリントンが下院では弾劾決議を受けながら、上院では大差で罷免を免れた例がある。ニクソンの場合は下院が弾劾決議する前に辞任したが、もし辞任しなければ下院訴追決議、上院裁判にさらに 6 カ月前後を要しただろうと考えられる。長い時間を要する上に、弾劾手続きの 1 年以上の期間、行政府、立法府を含む政府はマヒ状態に置かれることになる。ニクソンの大統領在任の最後の期間は、首席補佐官が大統領代行のような役目を果たした。(32) 有罪とされ罷免されなくても、弾劾の対象になった大統領は内政においても外交においても政治的リーダーシップを発揮できない状態に置かれる。弾劾対象の大統領は議会を導くことも国民から信頼を得ることもできない。

　弾劾は議会に与えられた強大な権限だが、滅多に使われないので、ウィルソン大統領は「空虚な脅威でしかない」とコメントした。ニクソンの首席補佐官は、ニクソンの弾劾調査中の精神状態について、「不安定であり、自己統制できない状態だ」と述べたが、その国政に与えるマイナスの影響は大きい。ニクソンの在任最後の週には、国防長官はニクソンの精神状態を懸念し、世界中の米軍司令部に国防長官が追認しない限り、ホワイトハウスからの直接の命令に従わないよう指示した。(33) より迅速な弾劾、罷免手続きの必要性も指摘されている。弾劾までいかない場合、議会が大統領に懲戒の手続きを適用することも主張されてきた。

　世論と現代政治情勢がどのように政策決定を形成していったかという文脈でニクソンとクリントンの弾劾危機を考えてみるとおもしろい。世論調査によるニクソンの支持率は史上最低を更新し、わずか 25% になった。自身の属する議会共和党ですら、ほとんどの議員がニクソン解任に票を投じるだろうと明言した。対照的に、クリントンの支持率は、クリントンが苦境に陥って

いる間も60%という高支持率を維持した。クリントンは大統領としての通常任務をこなしながら、共和党議員の非難に直接返答することは頑なに拒否した。民主党議員のほとんどがクリントンを支持し、下院の弾劾でも上院の大統領解任でも反対を投じた。クリントンは上院での問責決議をしのいだ後に、「世論に心から感謝する」といったとされる。

6── おわりに　─分裂政治のなかで─

　米国では政府の権限が大統領、上院、下院という別々に選挙された機関に分散されているが、それを1つに結びつけるものが政党である。この3つの権力が単一政党により占められている場合は、その政党の政策を中心に権力は調和して機能しやすくなる。ただ多くの場合、大統領、上院、下院の指導部が異なる政党により占められており、その結果、政策や行政をめぐる行政府と議会の対立、あるいは上院と下院の対立が深まり、よくいわれる「divided government（分裂政治）」が顕在化することになる。分裂政治は米国では決して珍しいことではなく、20世紀はしばしばこの現象が起こった。ちなみに1946年から2000年の間に大統領と上下両院の多数派が同じ政党なのは、民主党18年、共和党2年間の合計20年に過ぎない。1980年以降2000年までは2年間を除いて常に、大統領の政党と上下両院のいずれかの多数党は異なる政党である。分裂政治の場合、新しい法案や大胆な政策は打ち出されにくくなり、現状維持の傾向が強まる。

　三権分立、抑制と均衡のシステムは、大統領と議会の対立、闘争を不可避なものにしている。米国の政治は近年、ますます分裂政治の様相を深めている。重要な国家的問題に対処するうえで、行政府と立法府がタイムリーな合意に達することができない状態が普通になっている。重要な法案が時宜を得て成立しない状況が増えている。2大政党制の党派対立がその状況を助長している。議会の議員の間でも、政党への忠誠心が薄れており、それが行政府と立法府の協力をさらに阻害している。そして下院議員が2年ごとに改選されるという憲法上の規定は、党派対立と分裂政治をさらに深めることになっ

ている。

　憲法が分けた大統領と議会の権限を調和させるのを助けるのは政党であるが、政党はその効果を失いつつある。エネルギー法案や不法移民急増に対処する移民制度改革法案、財政赤字拡大に対処する法案などタイムリーな成立が必要な法案も分裂政治のお陰で成立が大幅に遅れてきた。この結果、多くの問題が未解決のまま累積し問題が複雑になり、分裂を生み出す状況がより顕著になっている。

　1980 年代以来、大統領の政党と議会を支配する政党が異なる状態が普通になっている。議会の多数派指導者が大統領と競い合い、大統領の信用を失墜させようとし、大統領は議会の多数派指導者を批判するという「分裂政治」の構図が定着している。[37] この状況で立法あるいは行政で大きな業績を成し遂げようとすれば、双方が妥協し超党派的な協力を推進するしかない。外交においても一貫した政策を進めるためには、超党派外交の追求が必要になってくる。しかし政党そのものの結束力が弱まっているため、議会の多数党指導者が同じ党の議員をまとめるのも容易ではなくなっており、ましてや超党派的政策、外交を推進するのは現実的に難しい状態にある。

　合衆国憲法の下では、大統領と異なる政党が議会の両院または 1 院を支配することが多い。1952 年から 1998 年までの約 50 年間の半分以上の期間、大統領は野党が両院を支配する議会に対峙してきた。19 世紀にそういう状況があったのは 12 年間に過ぎなかった。その理由は、大統領選挙で大統領と議会で別々の政党の候補者に投票する米国人が増えているためで、それ自体政党の重要性の低下を示している。また大統領は自分の政党の議員からの支持を当てにできなくなっていることも、分裂政治を助長している。

　議会の党派支配も拒否権行使の現実を説明する手助けとなる。分裂政治と統合政治について述べる際に、議会の党派支配がどのように大統領の立法発案の成功に影響を与えるかを見るのは重要である。予想にたがわず、大統領が重要法案で拒否権を行使する度合いは、統合政治下よりも分裂政治下の方がはるかに多いという研究結果が出ている。[38]

議会の委員長の権限の弱体化、議員の選挙における政党への依存の減少、特殊利益 PAC 政治活動委員会（スーパー PAC）の影響力増大などがその背景にある。このため大統領は法案を成立させるために、野党議員を含む超党派的支持基盤を造成しなければならない。さらに 2 年ごとに下院議員全員、上院議員の 3 分の 1 が改選されるシステムであるため、議員の関心事と大統領の関心事が一致することが難しいことも、分裂の要因になっている。分裂政治を解消し、大統領と議会の協力を促進するために、有権者に大統領と議員のパッケージに投票させる選挙制度改革により大統領の政党が議会の主導権をも獲得するようにする、そのため大統領も議員も一律任期を 4 年間とするなどの過激な提案が出されている。また議員を利益団体の影響から解放するために、選挙資金を公的資金だけで賄うといった提案も出されている。これらの提案は大統領の政党が議会をも支配することを保障するものではない。行政府と立法府の協力を阻害している最大の要因は分裂政治である。残る方法は選挙における政党の重要性を増大させることである。

（『武蔵野大学政治経済研究所年報』第 12 号、2016 年 2 月）

注・文献————————————————————————————————

(1) Schmidt, Steffen W., Mack C. Shelley II and Barbara A. Bardes, *American Government and Politics Today, 1997-1998 Edition*, West/Wadsworth, 1997, pp.46-47.

(2) Schlesinger, Jr., Arthur, *The Imperial Presidency*, Houghton Mifflin, 1973, pp.42, 151, 154.

(3) Wilson, Woodrow, *Congressional Government*, Meridian Books, 1956.

(4) Davidson, Roger H., Subcommittee Government: New Channels for Policy

Making, in Thomas E. Mann and Norman J. Ornstein, eds., *The New Congress*, American Enterprise Institute, 1981, p.130.

(5) Brewer, Thomas L., *American Foreign Policy: A Contemporary Introduction*, 2nd ed., Prentice-Hall, 1986, p.119.

(6) Smith, Steven S. and Christopher J. Deering, *Committees in Congress*, CQ Press, 1984, p.276.

(7) *USA Today*, December 20, 2007, p.2A.

(8) Sundquist, James L., Congress and the President; Enemies or Partners? in Henry Owen and Charles L. Schultze, eds., *Setting National Priorities: The Next Ten Years*, Brookings Institution, 1976, p.600.

(9) Blechman, Barry M., *The Politics of National Security: Congress and U.S. Defense Policy*, Oxford University Press, 1990.

(10) Davidson, Roger, *The Role of the Congressman*, Pegasus, 1969, p.131.

(11) Shain, Yossi, Ethnic Diasporas and U.S. Foreign Policy, in *Political Science Quarterly*, Vol.109, No.5, Winter, 1994-1995, pp.811-841 参照。

(12) Nincic, Miroslav, *United States Foreign Policy: Choices and Tradeoffs*, CQ Press, 1988, p.88-89..

(13) *Congressional Quarterly Weekly*, November 12, 2007, p.3411.

(14) *New York Times*, March 14, 2008, p.A18.

(15) Laski, Harold, *The American Presidency*, Universal Library, 1940, p.138.

(16) Light, Paul, *The President's Agenda*, Johns Hopkins University Press, 1982, p.45.

(17) Diclerico, Robert E., *The Contemporary American President*, Pearson, 2013, p.180.

(18) *Congressional Quarterly Weekly Report*, October 25, 1986, p.2687; *Congressional Quarterly Weekly Report*, November 19, 1988, p.3323.

(19) *Congressional Quarterly Weekly Report*, October 17, 1992, p.3247.

(20) *Congressional Quarterly Weekly Report*, December 21, 1996, p.3427; *Congressional Quarterly 1999 Almanac*, 106th Congress, 1st Session, Vol.LV, Congressional Quarterly Inc., 1999, p.356.

(21) *Congressional Quarterly Weekly*, December 15, 2008, p.3322.

(22) Reelection Rates over the Years.
http://www.opensecrets.org/bigpicture/reelect.php

(23) Edwards, III, George C. and Andrew Barrett, Presidential Agenda Setting in Congress, in Jon R. Bond and Richard Fleisher, eds., *Polarized Politics: Congress and the President in a Partisan Era*, CQ Press, 2000, pp.120, 122, 127.

(24) *Washington Post*, November 28, 1994, p.A23

(25) *Congressional Quarterly Weekly Report*, July 13, 1985, p.1380.

(26) *Washington Post*, March 21, 2009, p.A1.

(27) Schick, Allen, *Congress and Money: Budgeting, Spending and Taxing*, Urban Institute Press, 1981, p.405.

(28) Ripley, Randall, *Congress: Process and Policy*, W. W. Norton, 1975, p.229.

(29) Rosati, Jerel A., *The Politics of United States Foreign Policy*, 2nd ed., Harcourt Brace College Publishers, 1999, pp.336-339.

(30) Dixon, Robert, Congress, Shared Administration, and Executive Privilege, in Harvey Mansfield, ed., *Congress against the President*, Academy of Political Science, 1975, p.135.

(31) *New York Times*, July 28, 1974, p.E2.

(32) White, Theodore, *Breach of Faith*, Atheneum, 1975, pp.9, 13; Woodward, Bob and Carl Bernstein, The Final Days, Simon & Schuster, 1975, pp.323, 324.

(33) White, *op, cit.*, p.23.

(34) Kollman, Ken, *The American Political System*, 2nd ed., W. W. Norton, 2014, pp.219-220.

(35) Woodward, Bob, Shadow: *Five Presidents and the Legacy of Watergate*, Simon & Schuster, 1999, p.513.

(36) Schmidt, Shelley and Bardes, *op, cit.*, p.25 and p.403.

(37) Heineman, Robert A., Steven A. Peterson and Thomas H. Rasmussen, *American Government*, 2nd ed., McGraw-Hill, 1995, p.127.

(38) Cameron, Charles, *Veto Bargaining*, Cambridge University Press, 2000.

第6章 メディア、公衆から見た米大統領

1── はじめに

　米大統領が相互に影響し合う集団のなかで最も重要なのは公衆（一般大衆）である。上院による弾劾判決を除いては、大統領の在任、退職を決めるのは公衆であり、弾劾も公衆が支持しなければ起こり得ない。リンカーンは、「公衆の感情が全てだ。公衆の感情がともにあれば失敗することはなく、なければ成功することはない」と述べたが、公衆が支持する政策は反対を受けにくい。大統領の権限には憲法で制約が加えられており、議会の与党議員からの支持が常には期待できない状況で、公衆の役割が重要になる。議員は公衆により選挙されるので、大統領の打ち出す政策への公衆の支持に敏感にならざるを得ない。このため大統領は職務を遂行するために公衆に影響を与えようとし、その手段として報道機関を活用する。

　元来、米国は建国時代から公衆の意見を尊重する国である。トーマス・ジェファーソンが起草した独立宣言に「政府の正当な権限は、支配される者の同意に由来する」というくだりがある。この「支配される者の同意に由来する」という言葉は、ジョン・ロックの言葉をジェファーソンが使ったものである。ロックは誰が判断を下すのかという質問に対して、人民こそが判断を下すのであると答えた。この考え方が独立宣言に反映しているのである。独立宣言は「どのような形態の政府であっても、これらの権利を保障するという政府本来の目的を破壊するようになれば、いつでもその政府を改変もしく

は廃止して、人民の安全と幸福をもたらすのに最もよいと思われる原理に基づき、しかもそのような形態に権限を組織した新しい政府を創設することは、人民の権利である」と謳（うた）っている。

この独立宣言の思想が、アメリカ合衆国憲法にも反映し、その前文は「われれ合衆国人民は、より完全な連邦を形成し、正義を確立し、国内の平穏を保障し、共同の防衛に備え、広く全般にわたる福祉を増進し、われわれとわれわれの子孫に自由の恵沢（けいたく）を確保する目的をもって、アメリカ合衆国のためにこの憲法を制定する」とあり、「われわれ合衆国人民」がいわば、米政治システムの最初にして最後の力の源泉であることを謳っている。この「われわれ合衆国人民」こそが、ここでいう公衆なのである。

2—— 大統領職への支持

大統領は全国民により選挙される唯一の公職者であり、米国民のほぼ全員が知る最も認知された公職者である（1）。国民が最も重視する公職者であり、報道機関も最も中心的に焦点を当てる。

ウォーターゲート事件当時、公衆の大統領への支持率低下は議会、最高裁への支持率低下にも繋がり、大統領職の政府全体の象徴としての重要性が浮き彫りになった。またジョン・F・ケネディ大統領暗殺直後、多くの米国民が精神的、生理的異常を経験したが、それも大統領という存在の国民精神における重要性を示した。暗殺直後、成人の43%が食欲喪失、48%が不眠、25%が頭痛、68%が神経の昂（たかぶ）り、26%が心拍増加、17%が過剰な発汗を訴えた。米国民はリンカーン、ルーズベルト、マッキンリーなど他の大統領の死に対しても似たような反応をしてきた（2）。国民にとって大統領が政治システムの統合と安定の象徴としていかに重要な存在であるかを物語っている。

児童を含む米国民は、平時も戦時も大統領に対して信頼と尊敬といった好意的感情を抱く傾向がある。子供は幼少時には大統領に対して理想化した見方をする傾向が強いが、年齢が高まるにつれ否定的見方が強まり、白人より黒人の子供の方がより否定的見方が強い。また、貧困な地域の子供の方がよ

り富裕な地域の子供に比べて、大統領への見方はより否定的である。ただ全般的には、ウォーターゲート事件以前の米国の未成年の大統領への態度は信頼と尊敬の態度だった。成人した米国民の態度はより現実的で冷めたものになるが、それでも大統領は国のために懸命に働き、国のために賢明に最善のことをしてくれていると評価し、大統領を信頼している。

ギャラップ調査によると、1948 年から 1972 年までの 25 年間のうち 20 年間にわたり、米国の大統領は米国民が世界で最も称賛する人物のトップであり続けてきた。ビル・クリントンはスキャンダルにもかかわらず、少なくとも 1998 年まで 6 年間連続してトップだった。[3]

世論と現代政治情勢がどのように政策決定を形成していったかという文脈でニクソンとクリントンの弾劾危機を考えてみるとおもしろい。世論調査によるニクソンの支持率は史上最低を更新し、わずか 25% になった。自身の属する議会共和党ですら、ほとんどの議員がニクソン解任に票を投じるだろうと明言した。

対照的に、クリントンの支持率はクリントンが苦境に陥っている間も 60% という高支持率を維持した。クリントンは大統領としての通常任務をこなしながら、共和党議員の非難に直接返答することは頑なに拒否した。民主党議員のほとんどがクリントンを支持し、下院の弾劾でも上院の大統領解任でも反対票を投じた。[4]クリントンは上院での問責決議をしのいだ後に「世論に心から感謝する[5]」と言ったとされる。

米国民の大統領の権限についての態度では、政府内で議会の方が大統領より権限があるという見方が過半数で、大統領の方が権限があるという見方は少数派だった。1968 年のハリス調査によると、過半数が外交政策、経済政策、人種政策において大統領と議会の責任は同等であるべきだとの見方を示したが、それ以外の見方としては、3 分野いずれにおいても議会の方が責任を持つべきだとの見方が、大統領の方が責任を持つべきだとの見方を上回った。また大統領が誰でも自分の欲するように動かす権限を持つという見方は少数派だった。半面、大多数の米国民は抑制と均衡の原則を支持し、大統領

という一人の個人に過大な権限を許すことには消極的で、議会により大きな意思決定の権限を付与することを欲する。(6)

　合衆国憲法は、大統領と連邦議会それぞれに独自の役割と権限を付与しており、それが時によって権限上の対立を生み出してきた。1787年に独立13州の代表55人が集まって憲法制定会議が開かれたが、その際に独立前のイギリスによる独裁的統治、さらに独立後の13州の議会による個人の財産権への侵害を念頭に、統治者による独裁排除が大きな課題になった。この結果、合衆国憲法は統治権限を連邦と州、立法・行政・司法の三権、議会の上院・下院の間にそれぞれ分割し、チェック・アンド・バランス（抑制と均衡）を図るシステムを定めた。

　憲法起草者の1人であるジェームズ・マジソンが提案した考えは次のようなものであった。行政権、立法権、司法権は他の権力を支配できないようにそれぞれ独立させる。したがって、権力分立では議会が法を制定し、大統領が法を執行し、裁判所が法を解釈する機能を持たせた。政府の三権はそれぞれ独立しているが、互いに共同して統治を行うチェック・アンド・バランスのシステムとした。

　たとえば大統領は議会の法案に対し拒否権を持つ。アメリカ合衆国最高裁判所（連邦最高裁判所）判事は大統領の任命と上院の同意が必要となる。(7)大統領は就任宣誓式のときに、聖書に手を置いて合衆国憲法を守ることを宣誓する。このように憲法は大統領権限にとって中核的位置を持つ。

　米国の憲法制定会議で大統領職が生み出されたとき、強力な大統領職を置くことで意見の統一があったが、その強さの度合では意見の相違があった。大統領職の構造、権限、選挙の性格と方法でも議論があった。一人の行政府の長として大統領を置くが、その力は政府の他の機関を脅かすほどには強くすべきでないという結論になった。(8)

　最近の調査では、8割が物事を達成しにくいという欠点があるにせよ、大統領と議会は同等の権限を持つべきだとし、大統領の方がより大きな権限を持つべきだという意見は2割にとどまった。(9)別の調査では、56%が大統領が

下した決定に対しては、たとえそれが間違った決定でも支持すべきだとし、25% が大統領がすることは何でも支持すべきだとした。公衆は政策決定では大統領よりも議会により大きな権限と責任を与えることを欲するが、ひとたび決定されたことについては大多数が大統領を支持すべきだと考えている。また 3 分の 2 が危機時には大統領を支持すべきだとしている[10]。

　近年、大統領と議会の関係における重要な変化として、大統領の法案提案者としての重要性が高まっていることが挙げられる。米国憲法は大統領が一般教書演説を通して議会に緊急かつ必要な立法課題を提起することを規定している。しかし米国史初期には、法案は議会が提案し承認するもので、大統領はそれを執行するという役割が定着していた。

　ジェファーソン、ジャクソン、リンカーンは法案を提案する役割を果たしたが、それは例外だった。とくに南北戦争から 30 年間は、議会が立法アジェンダを独占した。セオドア・ルーズベルトの時にこれは変化し始め、同大統領は積極的に法案を提案した。ウッドロー・ウィルソンは法案を提案しただけでなく、議会に出向いて法案を説明した。トルーマンになると、議会の各会期の初めに議会に法案のパッケージを提案し、法案の提案者としての大統領の役割が強まった。議会もこの大統領の役割拡大を受け入れ、アイゼンハワーの時には議会は法案作成を大統領に期待するようになった。

　1935 年から 96 年までの期間に、重要法案の約 3 分の 1 が大統領から、約 3 分の 2 が議会から提案された。議会提案の法案の 25% しか法律化されなかったのに対して、大統領提案の法案の 97.6% が立法アジェンダとして議会に受け入れられ、42% が法律化された[11]。

　この変化の理由としては、20 世紀には国内、国際で多くの危機が続発し、大統領がそれに対処する中心的役割を期待されたこと、大統領は強力なリーダーシップを発揮しようとする人物が務めていたこと、課題が複雑になり、それに対処するには大統領の持つ情報と知識が要求され、限られたスタッフしか持たない議員はそれを備えてなかったことなどがある。

3── 大統領個人への支持

大統領の支持率は、公衆が大統領の職務遂行の仕方をどの程度支持するか
で図られる。1930 年末以来のギャラップ調査結果によると、大統領への支持
率は就任間もなくして低下していくパターンが存在する。大統領は自分の優
先課題を任期の初期に実行に移すことが望ましいのは、この理由からである。
過去 10 人の大統領のうち、ブッシュ親子を除く 8 人は任期 2 年目の支持率
が 1 年目より低下し、5 人は 3 年目に支持率がさらに低下した。3 年目に支
持率が上昇したのは、アイゼンハワーが 7% 上昇、レーガン、クリントンが
1%、父ブッシュが 13% だった。ブッシュの支持率上昇は、湾岸戦争を米軍
の犠牲と戦争負担が少ないなかで、43 日という短期間で勝利に導いたことが
評価されたものと見られる。任期 4 年目はジョンソン以外の大統領は再選の
年だったが、再選を勝ち取った 5 人のうち 3 人、ニクソン、レーガン、クリ
ントンはそれぞれ 13%、11%、7% の支持率の上昇を経験した。

10 人の大統領中、レーガン、クリントンを除く 8 人は選挙あるいは再選
後、支持率が年々下落していった。また 6 人の大統領は任期終了時の支持率
が就任時の支持率を大幅に下回った。レーガンと父ブッシュは就任時の支持
率が 51% と異例に低かったが、2 人の退任時の支持率がそれを大幅に上回っ
た（表 1 参照）。大統領は就任時には、選挙での当選を可能にした支持基盤
の連合による過半数の支持と、選挙では支持しなかったが大統領に対しては
支持する義務を感じる人を引きつける。

大統領と公衆のハネムーン（蜜月）期間は遅かれ早かれ終わりを告げ、支
持率の低下に繋がる。フォードの場合、就任後 1 カ月してニクソンを特赦し
て物議をかもし、支持率が 71% から 50% に急激に下落した。[12]

レーガンの場合、予算削減でハネムーンが終わろうとするときに大統領暗
殺未遂が発生して支持率が 7% 上昇し、ハネムーン期間が延長された。[13]

息子ブッシュの場合、2001 年の就任後半年間支持率が 50% 台半ばを低迷
したが、テロで支持率が一挙に 80% 半ばまで急上昇し、その高支持率が 2002

年 2 月まで続いた。9・11 テロ攻撃以前、8 つの主要調査の平均は 53% だった。テロ攻撃以後、支持率は平均 82% まで跳ね上がり、最高支持率は 90% を超えた。これは歴代のどの大統領よりも高い支持率である（**図 1 参照**）。

アイゼンハワー	68	69	66	73	72	62	58	64	61	59
ケネディ	72	76	71	62	-	-	-	-	-	58
ジョンソン	78	75	66	50	44	42	-	-	-	49
ニクソン	59	61	54	49	62	40	26	-	-	24
フォード	71	47	43	-	-	-	-	-	-	53
カーター	66	61	46	39	36	-	-	-	-	34
レーガン	51	57	44	45	56	60	60	47	52	63
ブッシュ	51	64	66	79	40	-	-	-	-	56
クリントン	58	48	46	47	54	58	63	63	62	67
G・W・ブッシュ	52	66	72	60	50	46	38	33	30	34
オバマ	68	57	46	45	48	46	43			

Source: George Gallup, *The Gallup Poll: Public Opinion* 1935–1971, Random House, 1972; www.gallup.com 参照

表1　大統領支持率

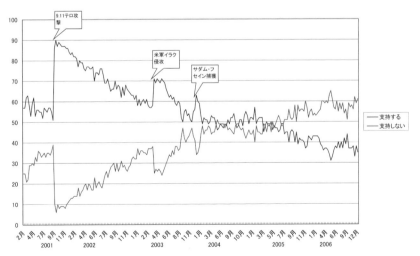

図1 ブッシュ大統領支持率の推移

大統領は物議をかもすような決定を避けることはできないし、物議をかもす決定は支持者の誰かを失望させる。それが重なるうちに、失望した支持者が増えて大統領に反対する「マイノリティーの連合」が形成され、支持率が悪化する。[14]

　レーガンの規制緩和は環境、消費者団体を反発させ、スト中の航空管制官解雇は労組を、ソ連への穀物輸出再開は保守派を反発させた。

　オバマの場合は、大規模な景気刺激策、主要金融企業救済措置、医療保険改革、グアンタナモ基地テロ容疑者収容施設閉鎖延期、アフガニスタン米軍増派などが物議をかもし、それぞれ反対派を生み出した。

　オバマ支持率は就任時の68%から8カ月のうちに50%台まで下落した。また大統領は選挙戦で一連の公約を打ち出すが、それは公衆の期待を非現実的に高め、それが実行されない場合は支持者の失望を生み出し、ハネムーンの中断に繋がる。

　果たされなかった公約の例は、レーガンの場合は中絶禁止法、学内祈禱復活法、エネルギー省と教育省廃止、連邦予算均衡化など、クリントンの場合は中産階級向け減税、軍の同性愛者解禁、ボスニア介入、ハイチ難民受け入れなどである。

　一般的に大統領の議会に対する影響力は、任期の後期よりも任期初めの方が大きい。古くからいわれてきたように、大統領は任期初期には選挙の勝利の波に乗り、議会も大統領に敬意を払い、協力するハネムーン期間を通過する。議会では大統領の政策決定への不満が徐々に蓄積していき、2期目の終わりには議会からの支持が目立って弱まり、大統領は議会への説得力をほとんど失ってしまう。[15]死に体と称されるいわゆるレームダック期間である。このため通常、大統領は任期1年目に最も重要な政策課題の法案を議会に提出する。ケネディからカーターまでの大統領が就任後の1月から3月までに提出した法案の平均72%が議会で承認された。しかしその年の後半には法案承認率は25%に下落した。[16]

　また公衆の大統領の人柄に対する期待の矛盾対立も、支持率低下の要因に

なる。一方で公衆は、優しさ、品位を大統領に求めるが、もう一方では力強さ、決断力を求める。決然とした道徳的リーダーシップを期待する半面、交渉と妥協を期待する。調和と統一を期待する半面、分裂を恐れない決断力、勇気を期待する。⁽¹⁷⁾

　大統領が自らの権限をどのように見ているかという大統領の個性で、決定スタイルも大きく違ってくる。自らの権限をどう見るかという基準で大統領の決定スタイルを見ると「強い大統領」と「弱い大統領」という2つに分類できる。この分類は定義そのものが曖昧であるが、しかし、単純明快であるためにしばしば使用される。

　リチャード・ニュースタットは著書『大統領の権力』のなかで「大統領の強さと弱さは、政府を構成する人々の行動に影響を及ぼす能力にかかっている。影響力は指導者の目安である」と述べている。⁽¹⁸⁾

　一般大衆の大統領への期待と大統領の政策実行能力の間にはギャップがある。このため大統領は公衆の期待を思う方向に形成し、政策アジェンダを打ち出し、議会にそれを承認させ、実行を確保することにより、公衆の期待を満足させることができる。大統領の政策アジェンダは当初、選挙での支持基盤にできるだけ広範にアピールする提案のリストだった。しかし1980年代、90年代、今日には、予算上の限界、財政赤字の結果、提案を大幅に制限しなければならなくなっている。その制限された提案が公共政策として実現しない場合は、大統領の名声が損なわれることになる。また公衆が重要だと考える課題が無視されやすくなり、失望に繋がりやすくなる。

　政策アジェンダは大統領だけが決定できるものではなく、多様な個人、団体がその決定に関与する。また特定のアイデアが具体的な政策として具現化するには数年の時間がかかる。政策アジェンダを実現するには、そのタイミングも重要な戦略的要素になる。議会選挙が近づいている時期や、大統領の任期終了を間近に控え、政治的影響力を失ったいわゆるレームダックになっているときは、党派対立が深まり大統領の影響力が低下するので、政策アジェンダの実現が困難になる。この時期に大統領は外交に力を入れ、大統領ら

しい象徴的イメージを作り上げるのに集中する傾向がある。

　大統領が米国を象徴して行動できる外交イニシアティブ、大胆な決断を要求する国際的危機などは、大統領への支持を高め、支持率低下を緩和するのを助ける。[19]国家的危機の時には、時間との闘いのなかで決断力あるリーダーシップが求められ、大統領は議会による支持の協力を得やすい。

　大恐慌、第二次世界大戦の時に大統領を務めたフランクリン・ルーズベルト、ケネディ大統領暗殺という国家的悲劇の直後に就任したジョンソン、9・11テロの危機に対処したブッシュ、金融危機を引き継いだオバマはその例である。ケネディのキューバ・ミサイル危機への対応、ニクソンの訪中、息子ブッシュの米同時多発テロへの対応などは、いずれも大統領への支持率を急上昇させた。大統領が危機対応に失敗する場合でも、支持率は高まる傾向がある。

　これに対して、米経済の悪化、景気後退などは大統領への支持を弱め、支持率低下を加速する。世論調査家ジョージ・ギャラップは「経済問題ほど大統領の支持率に壊滅的打撃を与えるものはない。トルーマン大統領への支持率は、主として公衆の経済問題への懸念ゆえに1945年半ばから46年半ばまでのわずか1年間で44%も下落した。……ウォーターゲート事件の間も公衆はウォーターゲートより経済にもっと懸念を抱いた」としている。[20]

　レーガンの最低支持率35%は1981年から83年までの景気後退期に記録され、失業率が1%増加する度に支持率は5%低下した。[21]父ブッシュも湾岸戦争で支持率が急増したが、経済が悪化するや急転直下、支持率も下落した。米国民は、経済が家計に与える影響に反応するとともに、経済状態が国全体にどのような影響を与えているかを評価し、大統領にその説明責任を問うている。

　また大統領が公的責任を遂行するうえでのインテグリティに対して国民は敏感で、国民は大統領に正直さ、誠実さを要求し、それが欠如している場合に大統領を信頼できなくなり否定的に反応する。[22]ニクソンの支持率は再選直後の1973年1月には68%だったが、ウォーターゲート・スキャンダルが原

因で辞任する直前には 25% にまで下落していた。この 43 ポイントの支持率下落はトルーマン時代以来最大である。クリントンの場合、1998 年 1 月にモニカ・ルインスキーとの不倫セックス・スキャンダルが表明化してから約 10 カ月後の弾劾まで、クリントンへの支持率は 58% 以上を維持し、弾劾決議直後には 73% にまで上昇した。まれに見る米経済の好況が幸いしたことと、スキャンダルの性格が公職に関係した問題でなく私生活に関することだったこと、社会全体が不倫やフリーセックスを容認する風潮になっていることが、クリントンへの支持率の急激な低下に歯止めをかける要因になった。弾劾をめぐる態度が党派によって明確に分かれたこともクリントンを助けた。

　1974 年には下院司法委員会がリチャード・ニクソン大統領を司法妨害、職権濫用、議会侮辱で弾劾する決議案を承認したが、下院本会議では議決に至らなかった。しかしニクソンは大統領を辞任し、フォード大統領により恩赦された。

　さらにビル・クリントン大統領もセックス・スキャンダルをめぐる偽証、職権濫用、司法妨害などで下院の弾劾審議の対象になった。クリントンのスキャンダルの根底にあったのは、道徳的リーダーシップの放棄だった。米憲法は弾劾の根拠となる「重罪と軽罪」を明瞭に定義しなかったため、弾劾は政治、世論に左右されることになった。「重罪と軽罪」が大統領の公務遂行における不正に適用されるにしても、クリントンの私生活における不正に適用されるかどうかも不明瞭である。

　クリントンの弾劾をめぐっては、民主党、共和党それぞれの異なる政治的思惑が交差した。世論は、党派的思惑よりも、クリントンが 21 歳のインターンと不倫し、保身のためにそれについて嘘をついたことで、罷免されるべきかに関心を持ち、経済状態、安全保障、社会の安定などの公的状況をより重視し、罷免する必要はないとの見方が大勢を占めた。クリントンの個人的イメージは悪化したが、公務への支持はあまり影響を受けなかった。議会は弾劾審議において、世論に政治的に影響を受けた。

4── 公衆と大統領

公衆の大統領個人への支持と大統領職への支持の間には関係がある。大統領個人の行動は大統領職に対する公衆の態度に影響する。半面、大統領個人への支持率が 30% とか 20% 台まで低下しても、公衆の大統領職への支持に支えられて、大統領は政府を運営し続けていくことができる。また公衆の大統領職そのものへの支持が低くなっている場合は、大統領が政策推進のために世論を動員することはより困難になる。

ウォーターゲート事件は明らかに大統領が辞任せざるを得ないほど大統領自身の名誉を失墜させた。事件は組織的な権力の濫用に大統領が直接関与していたもので、大統領職そのものへの公衆の態度に影響を与えた。

小学校 3 年から 6 年の生徒に対する世論調査で、大統領職に対する好意的見方がウォーターゲート事件の結果、大きな否定的影響を受けた。1962 年には生徒の 48% から 66% が大統領を最も好きだと答えていたのに、1973 年には生徒の 5% から 23% しか大統領を最も好きだと答えなかった。また 73 年には生徒の 47% から 64% が大統領は好きでないという否定的見方を示した。大統領が交代し、事件の影響が収まりかけた 1975 年にも、依然として 29% から 35% が大統領は好きでないという否定的見方だった。また生徒の多くが、大統領の愛着、善意、信頼性という資質に対しても否定的見方を示した。[23] 成人の場合も、1972 年には白人民主党員以外は大統領に対して議会、最高裁よりも信頼していたが、1974 年には全ての成人が大統領より最高裁を信頼し、無党派層以外は大統領より議会を信頼した。

人口の全てのサブグループで大統領への信頼が 50% 低下した。[24] 大統領府のパフォーマンス能力への信頼と大統領府に対する無力感が増大した。より長期的には、未成年も成人も大統領府に対する疑いから回復してきた。ポトマックアソシエイツの調査では、1974 年から 76 年の間に行政府に対して「かなりの信頼を置く」という人の割合が 29% から 46% に増大した。「あまり信頼を置かない」という人は 36% から 30% に減った。[25] ハリス調査では、1976

年には「ホワイトハウスの主人」に大きな信頼を寄せているという人が 20%
だったが、77 年には 31% に増えた。[(26)] ミシガン大学の高校 3 年生への意識調
査では、大統領府に対して「非常にいい」か「いい」と答えた高校 3 年生は
1975 年には 20% だけだったが、77 年末には 41% に増えた。[(27)] ハリス調査で
は、公衆で行政府に全く信頼できないという人が 1973 年には 34% だったが、
94 年には 18% に減った。[(28)]

　大統領も大統領府も公衆と信頼で繋がれている。確かに、指導者である大
統領と公衆の相互作用は国家の中枢としての重要性を持つ。大統領府への公
衆の信頼は米国の歴史のなかで培われてきたもので、そう簡単に損なわれる
ものではない。ウォーターゲート事件の結果、公衆のニクソンへの信頼はほ
ぼ完全に損なわれたが、大統領府への信頼も損なわれた。

5—— 世論形成の努力

　米国は典型的な民主主義国家であり、世論によって政治が動く。したがっ
て政策決定者は常に世論の動向に配慮しなければならない。それだけ世論が
重要視される国である。

　大統領の言動に対する公衆の反応、すなわち世論に影響を与えることが大
統領の職務遂行、再選のために必要になる。そのためには世論を理解する必
要があり、全国的世論調査会社、ホワイトハウスの世論調査担当、政府内外
の人脈からの情報を通して世論を理解できる。

　大統領はその政策や活動を公衆に知らせることにより、世論の支持を得よ
うとする。また大統領のイメージを強化し、公衆の好意を得るために、一般
市民と交流したり、著名人を認知したりすることもある。大統領は状況によ
っては、第二次世界大戦当時ルーズベルトがしたように、時とともに世論が
変化するのを待つ場合もある。

　ただ時を待つ余裕がないときには、ジミー・カーターがエネルギー危機に
関してしたように、大統領自らテレビ演説などを通して課題について公衆を
教育しなければならない。大統領は時には世論が反対する決断をしなければ

ならないが、それは最終的に決断の正しさが証明され世論が支持に変化することを期待してのことである。

　トルーマンのマッカーサー元帥解任、フォードのニクソン特赦はその例である。大統領は決断の前に、世論の反対が一時的なものか、その決断を実行するうえで世論の支持が不可欠か、憲法、法律の下での大統領の責任が何かを判断しなければならない。

　戦後の大統領リーダーシップ論のなかで最も影響力のあったといわれるリチャード・ニュースタットの『大統領の権力』で強調されていることは、大統領の政治的リーダーシップと大統領の権力は、職務的評判、公衆の信望、大統領としての選択、この３つの重要な要素により成り立つと述べていること⁽²⁹⁾である。そして大統領権力の鍵となるのは、政治的リーダーシップに属する機能である説得力である、というのがニュースタットの基本理論である。

　大統領の権限に関する概念と現実の間にはギャップがある。それを埋めるのは大統領の交渉力であり、交渉力には説得力が必要になる⁽³⁰⁾。大統領の説得力の基盤になるのは、ワシントンDCにおける評判と一般大衆の間の名声である。大統領がより広い大衆の支持を得ているほど、議会に対する説得力が比例して強まる。大統領は政策を批判する反対派議員に対して制裁を与えることがある。大統領という位置、資源などで大統領は有利な立場にある。

　大統領が議会で政策課題を推進するためには、政策課題と大統領の支持基盤の間に強い繋がりがなければならない。それがない場合、いくら大統領が高い支持率を得ていても、それが政策課題の推進に結びつかない。父ブッシュ大統領は1991年に湾岸戦争勝利で高い支持率を得ていたが、議会では国内政策への支持を確保することに失敗した。

　大統領は、一般国民向けテレビ演説、記者会見、タウンミーティング（市民対話集会）などを通じて、政策について直接国民に訴えかけることができる⁽³¹⁾。これにより、政策課題を大統領レベルに高め、大統領の人気を特定の政策課題により密接に結びつけ、説得力を増すことができる。

　半面、一般国民向けのアピールを多用しすぎると、失敗する可能性がある。

一般国民は政策についての知識が乏しく、世論は揮発性に富み変化しやすい。また国民は成果を求めるので、結果が出るのに時間がかかる政策について国民にアピールすると、成果が出る前に国民の不満が高まり、大統領に不利に作用する可能性がある。また一般大衆に直接アピールすることで、大衆の成果に対する期待を非現実的レベルまで高めることになりかねない。国民が失望すると、次に別の政策を訴えにくくなる。また大統領選での公約も、ジミー・カーターのように高い理想を掲げすぎると、国民の失望に繋がり大統領の名声を下げる。

　カーター大統領の場合、ワシントン通のウォルター・モンデールが副大統領だったものの、ワシントン政界には馴染まず、ワシントンに信頼できる友人やコネもほとんどなかった。また大統領のリーダーシップにナイーブな考え方を持ち、人間関係も下手で、結果的に議会、官僚に嫌われた。また外交面では、国際政治の現実を無視した理想主義的な人権外交を打ち出し、共産圏に対してもナイーブな対応をして、挫折してしまった。

6── メディアの活用

　大統領が世論を動かし、公衆の支持を得る媒体になるのは全国的メディアであり、「大統領の毎日の声の全国的拡声器」（ホワイトハウス補佐官）とされる。[32] 一般的にテレビ、ラジオはニュースの速報性という点で大きな特色がある。とくにテレビは速報性に加えて、視覚に訴えるという点で影響力が極めて大きい。だが、新聞も伝統的に影響力がある。メディアの政治への関わり合いは自由主義諸国でとくに著しいが、米国は世界のなかでは最も報道活動の自由が保障されている。

　そもそも米国は建国から報道の自由が尊重されてきたが、合衆国憲法修正第1条でも「報道の自由」が謳われている。トーマス・ジェファーソンは「報道の自由は自由を守る偉大な防波堤であり、これを制約するのは専制的な政治のみである」と、報道の自由をことのほか強調した。1968年3月、ジョンソン大統領の再出馬を断念させたのも、また1974年8月、ニクソン大統領

をウォーターゲート事件で辞任に追いやったのもマスメディアの多大な影響力によるものであった。

　報道機関がニュースの材料として受け取る情報の多くは、大統領と行政府が選んで公表する情報である。また大統領の活動そのものが活字メディア、放送メディアのニュースの材料になる。情報の公表は慎重な計画と計算により行われ、公表のタイミングと方法が選択される。悪いニュースは金曜日遅くに目立たない省庁から公表され、悪いニュースが政府外から公表される場合は、同じタイミングで重要な情報を公表したり重要な大統領演説や行事を行ったりして、悪いニュースの注目度を弱める。公衆が支持するような情報は、最もメディアと公衆に影響が大きくなるようなタイミングと方法で公表される。

　ベトナム戦争以降、大統領権限の矛盾や批判が高まるにつれ、大統領と政府役人は以前にも増して国民との関係を意識し、自分たちの政治的立場を補強するようなメディア報道の促進に懸命になっている。全ての大統領は公衆が自分をどうイメージしているかで頭がいっぱいといっても過言ではない。

　大統領の行動にニュース価値があると気づいて以来、肯定的なニュースを最大限報道し、望まれている情報やメッセージを伝えるために、大統領が公衆の面前に登場することがしばしば「演出」されるようになる。これにより歴史家ダニエル・ブースティンが呼ぶところの「演出された出来事 (pseudo-events)」を創造し伝達することに、次第に余念がなくなっていった。(33)

　ニクソン、レーガン両大統領のホワイトハウス・スタッフを務め、その後「US ニュース・アンド・ワールドレポート」の編集者になったデビッド・ガーゲンによれば、「ニクソン政権時代、われわれが公の行事を計画するにあたって、ある決まりがあった。それは、大統領のスケジュールを入れる前に、その行事についての大見出しがどうなり、どんな写真が掲載され、リード（前文）がどうなるかを認識していなければならない、という決まりである。つまり、そうした見地から行事を考え、満足な結果が得られないときには、その行事は［大統領］のスケジュール表には載らない、ということである(34)」。

　レーガン大統領が公衆の面前に登場するときも、大統領がどの位置に立ち、何を話すかまで、事細かに演出、振り付けされた。実際、「テフロン」大統領の異名をとったレーガン大統領は、協議事項や肯定的な世論を広めるためにマスメディア、とくにテレビ報道を最も巧みに利用した大統領であった。⁽³⁵⁾

　ニクソンは支持率が低下しているときに歴史的訪中を決定し、中国到着を生放送できるよう中国政府を説得し、中国到着とワシントン帰着がテレビの視聴者が最も多い米国のプライムタイムになるように手配した。テレビ・ネットワークはニクソン訪中の報道に 40 時間を割いたが、1 億人の米国民が少なくとも報道の一部を視聴した。ニクソン訪中は民主党大統領予備選の重要イベントがある時期に重なり、国民の民主党予備選への注目を減じるよう計算されていた。ニクソンのソ連訪問もそのすぐ後に同じようなメディアの関心のなかで実施され、その結果、ニクソンの支持率は大幅に改善した。⁽³⁶⁾息子ブッシュの広報部長ダン・バートレットは、「大統領の発言に特別に注意を払うだけでなく、米国民の目に見えるものにも注意を払う」と述べている。⁽³⁷⁾

7──リーク

　またホワイトハウスは、大統領の言動が公衆にどう受け止められるかを調べるために、一部の報道機関に政策のアイデアを情報漏洩（リーク）し、反応を見るという手を使うことも多い。フォード、カーターはガソリン追加税のアイデアが検討されていることを報道機関にリークし、強い反対が起こったのを見てそのアイデアを見送った。⁽³⁸⁾

　政府の政策立案者や公衆がメディアの情報に依存している半面、メディアは政府の情報に依存している。政府が外国への武力行使などで報道統制をしく場合は、メディアは政府の公式発表に依存せざるを得ない。また政府関係者からのリークを受ける場合でも、そのリークは政府や特定の政府官庁が外交政策や外交上の事実に対する世論の反応を見たり、ある政策見解を広めるために意図的に情報を流す場合が多い。その場合、メディアはそうしたリークを受け続けるために、情報をリークする政府関係者の要請や注文に応じざ

るを得ない。メディアが政府情報に依存しているという状況を利用して、政府が情報統制・操作を行い、政府が望む世論を形成しようとするパターンである。メディアは政府から継続的に情報提供を受けるために、政府の情報統制・操作に甘んじることになる。

　例としては、政府の軍事作戦や戦争などの状況において、政府が国家安全保障上の利益、あるいは米軍兵士の生命保護を理由に、情報統制を行う場合がある。1983年10月のレーガン政権のグレナダ侵攻作戦、89年のブッシュ政権のパナマ侵攻作戦、90年から91年にかけてのブッシュ政権の湾岸危機・湾岸戦争（砂漠の盾・砂漠の嵐作戦）などがその例である。⁽³⁹⁾

　行政府は国家安全保障上の理由から情報統制を行い、ニュースメディアや国民の情報へのアクセスを拒否することによって、「情報の機密扱い化を利用する」ことがある。したがって、大統領にとって秘密行動がしばしば魅力的な選択肢となる。情報をニュースメディアや国民から「隠し」続けられる可能性が最も高いからである。政府役人がよく使う別のメディアへの情報管理術は、一部の報道記者に機密扱いの秘密情報を「リーク」することである。

　ヘドリック・スミスが『パワーゲーム』のなかで指摘しているように、「ウォール街では、インサイダー情報を他人に漏らすことは起訴犯罪（重罪）である。しかしワシントンでは、パワーゲームにつきものの要素である」⁽⁴⁰⁾。政策の承認を得ようとする「支持者」と政策の失墜を狙う「対立者」の双方から、機密情報は定期的にリークされる。イラン・コントラ事件の公聴会で議会から機密情報漏洩の謗（そし）りを受けたオリバー・ノースは、レーガンの中米政策への国民の支持を得るために定期的に情報を漏らしていた。リークはワシントン社会全体に蔓延しているが、行政府内でより頻繁に行われている。そしてとくに秘密の度合いが高いものは大統領に繋がっている。⁽⁴¹⁾

　大統領は自分の言動が最大限取材されるようにオピニオンリーダーに影響を与えようとする。ジョン・F・ケネディはパブリッシャー作戦という名前で、毎月1回特定の州の新聞発行人を集めて2時間の非公式会合を行うという広報戦略を実行した。新聞発行人に質問させ、それに答える形で大統領は

政策を売り込むことにより、効果的広報を行った。息子ブッシュは共和党政権に批判的な大手マスコミを当初相手にせず、地方メディアにより関心を払ったが、イラク戦争などで批判が強まるなかで2006年に主要メディアの代表と政策に関する一連のオフレコの会合を行った。⁽⁴²⁾また大統領は懇意にしている有力ジャーナリストに独占インタビューなどの恩恵を与え、見返りに政策について報じさせることもある。

政治学者ベンジャミン・ページとロバート・シャピロが1969年から83年までの15年間に大統領、政府閣僚、与党関係者、野党関係者、利益団体、専門家、ニュース評論家などが公衆の外交・国内政策に対する見方に与えた影響を分析した調査（「合理的公衆—国の政策嗜好における50の傾向」）によると、公衆の政策への見解は基本的に安定しているが、公衆の見解に最も大きな変化を及ぼしたのは大統領でも政府閣僚でもなく、メディア、とくにニュース評論家であるという結果が出た。メディアは公衆の政策に関する世論形成で最も大きな影響力を持っているということになる。⁽⁴³⁾

8—— 演説・記者会見

大統領は定期的に記者会見して、国が直接行う課題について報道機関に質問の機会を与え、大統領自身の見解を直接説明する。大統領の定例記者会見はウッドロー・ウィルソンにより開始された。アイゼンハワーからは記者会見の録画が許され、テレビ放映されるようになった。ケネディは記者会見のテレビ実況中継を許可した。記者会見の実況中継を通して、ケネディはマスコミのフィルターを通さずに、直接米国民に訴える方法を見いだした。記者会見の頻度は大統領によってまちまちで、フランクリン・ルーズベルトは任期中に合計881回記者会見を行ったが、ニクソンは任期中に39回しか記者会見しなかった。最も頻度が少なかったのはレーガンで、8年間で46回だった。⁽⁴⁴⁾記者会見の多くは外国首脳との会談後の共同記者会見である。記者会見は選挙以外で大統領の説明責任を問う唯一の場ではあるが、大統領は会見の形式、質問者、質問手順、時間、議題、提供する情報を選ぶことができ、記

者会見での情報のコントロールという点では大統領が優位な立場にある。大統領は補佐官から事前にされそうな質問、適切な回答についてブリーフィングを受け、準備をして会見に臨む。また回答をさらに突っ込むフォローアップの質問は通常許されない。質問の9割は予測可能である。[45]

　カーターは、ラジオを通しての一般国民との電話対話を実施した。クリントンはラジオ、テレビを通してのトークショーで一般国民からの質問に答え、インターネットによるものも含め一般市民のグループとタウンミーティング形式の対話を行った。息子ブッシュ、オバマも全国テレビ放送により一般国民とのタウンミーティング形式の対話を行った。オバマはインターネットを介して何百万人もの一般有権者を選挙キャンペーンに動員した。これらはメディアを介さない一般国民への広報活動である。

　さらに大統領は議員の頭越しに、特定の政策や法案について国民に直接アピールし、国民の支持を高めることにより議員に圧力を加える戦術を活用できる。レーガンは予算削減法案への議会承認を獲得するため、フォード元大統領、副大統領、6人の閣僚を全米各地に派遣して演説させることで、国民の支持を高め、議員に影響を与えようとした。大統領が全米向けテレビ演説で国民に訴えることもツールである。グレート・コミュニケーター（偉大な意思疎通者）と呼ばれたレーガンは、大幅減税などの政策を推進するために、この手を効果的に活用した。

　レーガンは他のニュースが少なく報道されやすい土曜日に定期的に全米向けラジオ演説を行い、その時々の優先課題などについて見解を伝えた。土曜日ラジオ演説はレーガン以降の大統領の間で定着した。全米向け大統領演説は、大統領が国民に直接訴え、世論に影響を与える強力な武器である。

　フランクリン・ルーズベルトは全米向けラジオ演説の創始者で、その後テレビの登場とともにテレビ演説が行われるようになった。プライムタイムの3大テレビ・ネットワークを通してのテレビ演説で、大統領は7,000万人から8,000万人の聴衆に直接訴えることができる。

　就任演説と年始の一般教書演説を除くと、大統領が行った全米向けテレビ

演説はアイゼンハワー 32 回、ケネディ 11 回、ジョンソン 15 回、ニクソン 30 回、フォード 8 回、カーター 13 回、レーガン 38 回、父ブッシュ 12 回、クリントン 19 回、息子ブッシュ 17 回だった[46]。ニクソン、フォード、カーターは 1 回平均 4,880 万世帯、レーガン、ブッシュ、クリントンは平均 3,480 万世帯が大統領テレビ演説を視聴した[47]。

　テレビ演説を通して、大統領は国民からの支持率を向上させることに成功してきた。ニクソンの米軍のベトナムからの段階的撤収計画に関するテレビ演説により、米国民のベトナム政策支持が 49% から 67% に、カンボジア侵攻に関するテレビ演説により、カンボジアへの軍事介入の支持が 7% から 50% に増大した[48]。

　大統領はその職責ゆえに野党指導者よりも圧倒的に多く注目を集めることができるが、テレビ演説は大統領のその優位を大幅に増幅した。議会で一人の野党指導者が党全体を代表することはまれで、テレビへのアクセスも大統領と比べてあまりない。

　しかしここ数十年、テレビ、ネットワークは主要な大統領演説の後、野党代表に発言の機会を与え、評論家の論評を加えるようになった。また大統領の言動を批判的に論評するラジオ、テレビのトークショーが急増した。さらにケーブルテレビの発達により、ABC、CBS、NBC の 3 大テレビ・ネットワーク以外に視聴者の選択肢が大幅に拡大した。

　2003 年のイラク進攻の際、3 大ネットワークも高い視聴率をあげたが、CNN、MSNBC、フォックス・ニュースなどのケーブル・ネットワークの視聴率増加は過去最高を記録した（**表 2 参照**）。

ネットワーク	平均視聴者数	開戦以降の変化
Fox News	330万人	236%増
CNN	270万人	313%増
MSNBC	140万人	360%増

Source: Nielsen Media Research (www.nielsenmedia.com) 参照

表2　ケーブル・ネットワークとイラク戦争（2003年春）

この結果、大統領の全米向けテレビ演説を通じての世論に影響を与えるうえでの優位性はかなり打ち消されている。より最近の調査では、大統領のテレビ演説その他による公衆への訴えの効果はある程度はあるが、公衆のすでに形成されている考え方、意見を変化させる効果はごくわずかだという結果が出ている。オバマの医療保健改革に関する米議会上下両院合同会議での演説は、改革への反対を 47% から 46% に減らし、賛成を 41% から 45% に増やす効果しかなかった。

9── 政府とメディアの間の対立、軋轢

　歴代の大統領はジョージ・ワシントン以来、大統領の言動や政策を批判するメディアに強い不満を抱き、公衆に真実を伝えない歪曲報道を批判してきた。ニクソンは側近に、「覚えておけ、報道機関は敵だ」と忠告した。

　米メディアと政策立案者との関係は固定的なものではなく、状況に応じて流動的に変化する。メディアは事実を追求・報道し、公衆に伝達する、それにより利益をあげるという独自の利害を持っており、政策立案者は政策を立案しそれを円滑に運用し、公衆から支持を受けるという別の利益を持っている。互いの利益を促進するために、政策立案者は時には協調し、時には競合する。状況に応じて、メディアが世論形成の主導権を握って内政、外交政策に影響を及ぼすこともあれば、政府がメディアを効果的に利用して世論に影響を与え、政策に対する世論の支持を拡大することもある。一般的に、軍事問題や国家安全保障問題などでは政府が世論形成の主導権を握りやすく、人道問題や環境問題など人間の感情に訴えやすい主題では、メディアが世論形成の主導権を握りやすい傾向がある。

　もっとも、政府とメディアの間の対立、軋轢は存在し得ることである。それは、両者間のチェック・アンド・バランスおよびある種の対立関係に基づいた民主主義においては当然であるばかりでなく、健全なことでもある。むしろ、敵対関係が時として手に負えなくなり、その結果、チェック・アンド・バランスという健全なシステムではなく、対立、両極化、そして米国の政治

および外交政策の基盤をずたずたに引き裂く危険を生じるのではないか、という点である。

　自分と政権のイメージをよくするため情報を操作しニュースを管理しようとする大統領の利害と、情報操作に抵抗し大統領に不利なものを含め情報をありのままにできるだけ早く伝えようとする報道機関の利害は相反しており、大統領と報道機関の関係は基本的には衝突する関係にある。

　大統領によっては、大統領やその政策に批判的報道をするジャーナリストにホワイトハウスへのアクセスを制限した。また一部の大統領は政府関係者から報道機関への情報リークに対して報道関係者の電話盗聴を命じたり、刑事調査や放送免許の取り消しなどにより威嚇したりした。ニクソンは報道機関への威嚇をしたが、レーガンは報道機関の情報へのアクセスを制限する多様な措置を講じた。

　大統領は政府の長と国家の元首という2つの基本的役割を持つが、大統領はほとんどの意識を政府の長の役割に集中する。大統領が政府の長として成功するには、国内政策のアジェンダを設定、推進し、それへの支持を動員し、その実施を監督する能力が必要である。大統領が就任直後の名声や評価が高い時、国民の期待が大きくメディアの批判が少ないときに、できるだけ速やかに政策アジェンダを推進し、成果を得ようとする。

　1983年のグレナダ侵攻作戦においては、レーガン大統領はベトナム戦争の教訓をもとに、メディアの戦闘活動取材を徹底して制限した。メディア関係者には米軍部隊への同行を許さず、取材のため独自にグレナダに渡ったメディア関係者は強制的に帰還させた。(52) この結果、メディアは進攻作戦の進展状況を報道するために、もっぱら政府の公式発表に依存することになった。米軍の軍事作戦がグレナダのキューバ化、米国への脅威拡大を阻止するために実施されたという武力行使の理由、米軍兵士にはほとんど死傷者がない状況で作戦が成功したという結果が米政府の望むような形でメディアにより報道され、世論はグレナダ侵攻作戦を支持し、レーガン大統領への支持率も上昇するという結果を生み出した。これ以降、軍事作戦を含む重要事件の取材で

は、新聞、テレビ、通信社の代表記者が少数、政府により選ばれ、代表取材するという「プール制度」が活用されるようになった。これも政府の情報統制の一形態である。[53]

ロバート・パリーとピーター・コーンブラーは「イラン・コントラの語られない話」の秘密コントラ戦争についての議論のなかで、「国内でこの戦いに勝つために、ホワイトハウスはプロパガンダと脅しを混ぜ合わせた精巧な装置を作り上げ、米国民を意識的に欺き、同時に異議を唱える権利を踏みにじった」とまで主張している。政府の戦略はサンディニスタの脅威と悪弊を誇張し、その一方でコントラの脅威や悪弊を覆い隠すことで、記録を歪曲することであった。「なるほど、それまでの政権も、外交政策の不運を守る必要があるときには、とぼけたり、嘘をついたりしてニュースメディアに自分たちの意志を押しつけようとした」とパリーとコーンブラーは続ける。[54]「しかし、その過程を制度化したのはレーガン政権が最初である。近代的な国民対策という科学的方法および心理作戦という戦争で試験済みの技術を駆使して、レーガン政権は国家安全保障協議会と国務省に先例を見ない官僚機構を築き上げた。その意図するところは、ニュースメディアを横並びにさせ、相反する情報が米国民に届くのを禁じることであった」と述懐している。[55]

1991年の湾岸戦争では、国防総省はメディアの現地での取材、報道についての「基本原則」を設定し、軍事作戦にマイナスになるような報道を防止する措置を講じた。基本原則には、現地に派遣されている米軍あるいは多国籍軍の規模・位置、まだ実施されていない軍事作戦計画などの報道を禁じる内容が盛り込まれ、その他の報道規制が敷かれた。[56]結果的に、メディアにとって湾岸戦争の軍事作戦に関する情報源は、もっぱらサウジアラビアの拠点で毎日行われる米軍・多国籍軍将校によるブリーフィングだった。CNNも、主な情報源だったこのブリーフィングを重点的に世界に生放送した。これにより、視聴者の否定的感情を刺激するような戦争の破壊や殺戮といったテレビ・イメージは流されず、米政府側の見解が中心的に国民に伝えられることになった。[57]メディアは基本的に、米政府から米国民への情報伝達の媒介となった

だけである。

　ポスト・ベトナム時代、米軍がグレナダに進攻し、さらには湾岸、コソボおよびアフガニスタンで軍事作戦を展開した際、時の大統領および国防総省はベトナム戦争の経験から学び、メディア・コントロールの維持に努めたように思われる[58]。

　この間、メディアを自分の目的に利用することに堪能な大統領もいた。レーガン大統領はメディアの操縦にかけては名人芸で、レーガン自身が「悪の帝国」と名づけたソ連に対する強権政策への支持を得るためにメディアを利用した。このテーマは、2002年1月にイラク、イランおよび北朝鮮を「悪の枢軸」と表現したブッシュ大統領が引き継いでいる。

　メディアの大統領についての批判的報道だけでなく、新しく就任した大統領を美化する傾向も、大統領の好意的イメージを投射しようとする努力を難しくする。メディアの大統領に関する就任時の美化した報道は、米国民の新大統領への期待を反映したものだが、大統領への非現実的期待を生み出し、それが達成されないときに公衆の大統領への失望を生む要因になり、長期的には大統領と公衆の関係を難しくする。

10── メディアの立ち位置

　マスメディアとニュースの役割については強硬な持論を持つ識者も多く、とくに卓越した定形型の見解というものはない。むしろ、次のような3つの見解が肩を並べて米国社会に浸透している。

　保守派は、メディアが米国政治において強力な役割を演じており、米ニュースメディアはリベラルに偏向するきらいがある、と主張する。

　リベラル派は、メディアが米国政治において強力な役割を演じていると考える点では保守派と同じであるが、ニュースメディアは保守派寄りだと主張する。

　一方のジャーナリストはというと、メディアの力は過大に評価されており、ニュースメディアは事件や事実をありのままに報じることで現実を「映そう」

としているに過ぎない、と主張する。[59]

　この３つの主張の根底には次のような共通点がある。

　第１に、ニュースメディアは米国民にとって国内、国際問題についての主要な情報源である。したがって米政治において重要な役割を占めている。

　第２に、ニュースメディアは主要な情報源であるため、しばしばメディア報道が「政治的協議事項」、すなわち、どの問題が国民および政策立案者の注目を集め、あるいはどの問題が関心を引かないかに影響を及ぼすことになる。

　第３に、ニュースメディア報道は「世論」にも影響を与える。つまりニュースメディアは、米国民がどの問題を重要と見なすかを決定するだけでなく、そうした問題を国民がどのように考えるかまでも決定する。

　最後に、コミュニケーション・プロセスにおけるマスメディアの役割は群を抜いているため、個人、団体、政府役人、国家指導者、既成団体、対抗団体、社会活動家等を問わず、メディアの注目を集めメディアに近づくことに鎬を削っている。その目的は自分たちの問題を協議事項にし、その利益になるような世論を形成することである。要するに、シャント・イェンガーとドナルド・キンダーが述べているように、ニュースメディアは「問題となるニュース」を供給しているのである。[60]

　メディアに対して保守派はリベラルな偏向があると批判し、リベラル派は保守の偏向があると批判してきた。1960年代末、ニクソン政権は主要テレビ・ネットワークがリベラル派に支配され、大統領の保守的政策や米国民大多数の価値観にあからさまな敵意を抱いていると主張した。そしてリベラル派がその通信メディアへの独占的支配力を使って、意見を異にする者の信用を損ねようとしており、憲法修正第１条の権利をかざして偏向した独占を正当化し、公衆の政府への不信と敵意を煽っていると明言した。

　実際、ロバート・リクター、スタンレー・ロスマンが全国紙、雑誌、３大テレビ・ネットワークの240人のジャーナリストに行ったインタビュー調査によると、54％が自分を左派だと認め、右派だと認めたのは19％に過ぎなかった。また同僚が左派だと答えたのが56％、右派だと答えたのは8％だった。

また 8 割から 9 割が大統領選で民主党候補に投票していた。⁽⁶¹⁾ただ 1980 年代から 2000 年までの大統領選挙の候補者に対するメディアの報道姿勢に関する複数の調査は、リベラル派の反保守の偏向というよりも反現職の傾向を指摘している。

　活字メディアでは、ニューヨークタイムズ、ワシントンポストはリベラルの傾向があり、その他の新聞への影響が大きい。しかしウォールストリートジャーナルの発行部数はそれを上回っており、保守派である。⁽⁶²⁾また 3 大テレビ・ネットワークは公衆の多くにとって主要な情報源だったが、メディアの多様化により公衆の情報源も多様化している。保守派のラジオ・トークショーが拡散し、インターネットではあらゆる政治的傾向を代表するウェブサイトやプログが氾濫している。とはいえ、メディアは一般的に大統領に対して対立する傾向を強めている。またホワイトハウスが 3 大ネットワーク、大手新聞など大手メディアの記者により取材される傾向が強まっている。中小メディアはホワイトハウスの提供する情報に依存している半面、大手メディアはそれに依存せず独自に情報を得る能力を備えている。この結果、大統領とメディアの関係は、より不安定性が増大する傾向にある。この意味で、メディアの大統領やその政策に関する報道は、より批判的、否定的報道が増える傾向が強まっている。大統領がメディアを通して公衆、世論に影響を与えることは、より複雑で困難になっている。

11── おわりに

　大統領は職務を遂行するために公衆に影響を与えようとし、その手段として報道機関を活用する。大統領は全国メディアの大統領への否定的傾向が強まっていることを認識しており、その現実に対処する努力をしてきた。この努力において創造的に取り組んだのはレーガン政権で、レーガン大統領の視覚的イメージ、大統領がメディアにどの程度接触するかについて細心の注意を払い、ワシントン DC 外の地域メディアによる取材、報道を重視した。レーガン政権の最初の 3 年間にホワイトハウスは約 150 回、ワシントン外のメ

ディアに対するブリーフィングを行った。(63) またホワイトハウス付記者を迂回して、報道発表やラジオ、ビデオテープを直接ワシントン外の地域メディアに供給した。

　レーガン政権では、レーガン大統領は大企業の CEO のように、細かい行政権限を閣僚や補佐官に委任し、自らは全体を統括するという統治スタイルをとった。しかしシュルツ国務長官、ワインバーガー国防長官、アレン国家安全保障担当大統領補佐官などの間で対立が深まり、アレンが補佐官を辞任した後には、後任選定をめぐり政権内の対立が先鋭化した。政権の政策立案プロセスの混乱は、ベーカー、ディーバー、ミースといった大統領補佐官がホワイトハウスを去ったあと一層深刻になった。この結果、レーガン政権2期目には政権の政策運営管理プロセスはほとんど管理されていない状態になった。イスラム過激派による欧米人拉致問題を解決するため、過激派に影響力があるイランとの関係改善が模索された。イラン・イラク戦争で苦境に立ったイランに武器を売却することを代償に、人質解放に向けてイランの協力を得るシナリオが検討され、大統領補佐官を含む政権の政策立案者の間で大きな見解の対立が表面化した。レーガン大統領はこうした状況下で、イランへの武器売却・人質解放への強い意思を持ち、それを実行するためにホワイトハウス、国家安全保障会議、CIA という大統領が最も影響力を行使できる機関に依存した。この結果、国家安全保障会議の権限が強まり、イラン・コントラの政策はもっぱら国家安全保障会議のポインデクスター大統領補佐官、オリバー・ノース NSC 軍政部次長などにより、かなりの部分秘密裏に進められることになった。

　第41代ブッシュ政権では、ブッシュ大統領はスコウクロフト国家安全保障担当補佐官、スヌヌあるいはスキナー大統領首席補佐官、ベーカー国務長官、チェイニー国防長官、パウエル統合参謀本部議長らからなる「小さい非公式の諮問プロセス」に依存した。これらの側近は、大統領への忠誠心、静かなチームワークを重視した。これは、シュルツ国務長官、ワインバーガー国防長官の対立などが継続したレーガン政権とは対照的だった。

　さらにブッシュ大統領は、こうした主要閣僚の非公式諮問体制を中心に、国防総省、国務省、国家安全保障会議、その他の省庁などをまたぐ国家安全保障会議の省庁間委員会が公式の外交政策立案、調整メカニズムを形成した。具体的には、スコウクロフト補佐官を中心にした閣僚レベルのNSC長官委員会（PC）と国家安保担当次席補佐官を中心にしたNSC副長官委員会（DC）が、政策調整の責任を担った。PCとDCの下に、一連の省庁間ワーキング・グループ（別名、政策調整委員会、PCC）が政策オプションの形成、政策実施の監督・調整のほとんどの実務をこなした。これらのワーキング・グループ（WG）は、地域別と機能別に組織され、地域別WGは各地域担当の国務次官補により、機能別WGは国防、財務などの次官補によりそれぞれ統括された。これらのメカニズムは、大統領の外交政策への統制力を強化するためのものだった。

　クリントン政権の場合、クリントン大統領は中心的な外交政策顧問の非公式会合に外交政策決定を大幅に依存した。とくに政策決定上重要だったのは、国家安全保障担当補佐官の大統領への早朝外交政策ブリーフィング、外国元首・首脳との会合後の側近補佐官との協議、毎週水曜日のホワイトハウス・ウェストウィング（大統領執務室があるウィング）での外交政策担当閣僚との昼食会だった。また公式の政策調整メカニズムとしては、ブッシュ政権の場合とほぼ同じで、閣僚レベルの非公式諮問プロセス、国家安保担当補佐官を中心にした閣僚レベルのNSC長官委員会（PC）と国家安保担当次席補佐官を中心にしたNSC副長官委員会（DC）、省庁間ワーキング・グループ（IWG）が、各レベルにおいて政策調整を行い、国家安全保障会議が中心となって大統領の統制権を主要省庁に及ぼした。しかしレイク国家安全保障担当補佐官はコンセンサスに基づく助言を大統領に提供しようとするあまり、政策助言・決定プロセスが極めて緩慢になった。また閣僚間で意見の対立がある場合は、一貫した国家安全保障政策を策定するのが難しくなった。

　クリントン大統領は、国内政策、とりわけ経済政策を優先する基本姿勢を維持し、経済問題での戦略立案のため国家経済会議（NEC）を創設した。ク

リントン大統領はとくに２期目の末期には、歴史的業績を残したいという願望が強く、海外における危機や機会に反応して国家安全保障問題に注意を払うことを余儀なくされた。その例としては、中東和平交渉、北朝鮮との関係正常化交渉などがある。[64]

メディアは政府のウォッチドッグ（監視役）として重要な役割を担い、また政府の腐敗や権力濫用を防止する役割も持っている。この役割はウォーターゲート事件で明らかに示された。政府の欠陥を指摘するだけでなく政府の成果、前向きの業績を明らかにすることもメディアの役割だが、メディアの政府に対する否定的見方が強まる結果、シニシズム、ネガティビズムが拡大している。この状況下で、大統領、政府が成功を収めること、その成功を正当に評価されることが難しい環境が生み出された。

そして、21世紀に入り、息子ブッシュ政権時代に国民的な支持を得た「テロとの戦い」によって政府のウォッチドッグとして担うべきメディアの役割が低下した時期があった。その後、オバマ政権以降は、メディアの本質に関連する憂慮すべき傾向が顕在化してきたことに懸念を抱かざるを得ない。政府のウォッチドッグとして担うべき役割の低下や批判的見方、党派性が強まるといったレベルの問題ではなく、メディアの「表現の自由」に対して「表現しない自由」と揶揄されるように、報じるべき情報の取捨選択、必要十分な取材、情報の評価において、メディア利用者、公衆への責任である公平性を失い、その結果、メディアは不公平で偏向しており、信頼できないというイメージが定着しつつあることだ。

米国メディアはもともと党派性を特徴としてきた。大統領選挙において支持する候補者を明らかにしてきたのはよく知られている。それは民主主義社会では、新聞も１つの法人として自分の立場を持つ権利があり、それ故に立場を明確に示す義務もあるというものだ。

ところが、オバマ政権のころから、メディアが公平を装いながら、支持する政治勢力に不利な情報を意識して無視し、主張を情報に優先させることが目立つようになってきた。典型的な例は、オバマ大統領のノーベル平和賞の

受賞に関する報道である。黒人大統領、核軍縮、ノーベル平和賞、民主党と
いういわゆるリベラルメディアが好む要素を備えたニュースを主要メディア
は無批判に報じ続けた。さらに「テロとの戦い」以降、リベラルメディアは
リアリズムの政治的視点よりも、犠牲者、被害者という人々の主観を重視し
たテレビ報道に加え、社会が「分断」されているとして、いずれを支持する
かを善悪で判断し、弱者の立場に立つとして、現実には反共和党プロパガン
ダ化してきたのだった。とりわけバイデン政権に入り、メディアにおける米
政治の揺り戻し現象が顕著である。[65]

　この傾向はとりわけ社会の「分断」という主張によって正当化され、共和
党のドナルド・トランプ氏が大統領選で当選を果たした2016年を、「分断」
が一層激しくなった契機として捉え、一方的にトランプ政権の政策を正確に
評価することなく、同大統領を批判することが常態化した。例えば、ラテン
アメリカからの不法移民流入に対する強硬な姿勢については、批判するだけ
で、移民の本国が腐敗を促進する安易な資金援助ではなく、実質的に経済成
長を促進して雇用を増やすための援助を進めるという対策はほとんど無視さ
れ、評価されなかった。

　民主党の指導者をめぐっては、逆の現象が起きる。2021年の大統領選挙で
は、ジョー・バイデン候補をめぐる報道は、子息のハンター・バイデン氏の
犯罪行為の証拠が出始めていたにもかかわらず、報道されず、バイデン候補
の当選を助けることになった事実がいまや明らかになってきた。バイデン政
権下では、黒人青年の死亡を契機にした警察予算の削減と、その結果として
の都市部での治安悪化は保守系のメディアを除けば問題視されず、事実上の
違法移民の無制限受け入れを人道的立場からとして支持するなど、民主党政
権への無批判的、迎合的ともいえるメディアの報道は、メディアの役割につ
いての「新しい時代」を迎えたことを明白に示している。

　メディアにとっては自殺行為であった。実際、バイデン政権も後半に入る
と、政策の揺り戻し現象が起き始めている。有権者は、インターネット上で
情報を得て、現実を認識し、リベラルメディアへの不信感を強めているので

ある。2024年の大統領選挙ではトランプ前大統領が優勢とされ、地方選挙での民主党への支持離れが顕著であることも、大統領選挙をめぐる報道機関の役割について、新たな視点から取り組む必要を示している。

本稿の論述はこうした新しい現象についての考察まで及んでいない。民主党対共和党、バイデン対トランプという対立軸で、メディアの偏向を論じることは「陰謀論」として片づけられる可能性があった。しかし、ようやくリベラルメディアもその危険性に気づき始め、報道姿勢を修正しつつあるようにうかがわれる。

2024年11月に大統領選挙を控え、米国のメディアがどこまで自浄作用を発揮できるかについて注視しなければならない。だが、それ以上に、インターネットが普及し、SNSが主要なコミュニケーションツールとなっている今、世論に影響を与える情報はネット上にあふれている。メディアの役割が小さくなる一方、大統領選挙を観察する視座にネット上の情報の流れを無視するわけにはいかず、新たな研究アプローチ、広い視点と情報収集が必要となっている。これについては稿を改めて論じることにしたい。

（『武蔵野大学政治経済研究所年報』第23号、2024年2月）

注・文献

(1) Fred Greenstein, "Popular Images of the President," in Aaron Wildavsky, ed., *The Presidency*, Little, Brown, 1969, p.290.

(2) *Ibid.*, p.228.

(3) *Gallup Report*, No.231, December 1984, pp.4-5.

(4) Ken Kollman, *The American Political System*, 2nd ed., W. W. Norton, 2014,

pp.219-220.

(5) Bob Woodward, *Shadow: Five Presidents and the Legacy of Watergate*, Simon & Schuster, 1999, p.513.

(6) Robert E. Declerico, *The Contemporary American President*, Pearson, 2013, p.162.

(7) Steffen W. Schmidt, Mack C. Shelley II and Barbara A. Bardes, *American Government and Politics Today, 1997-1998 Edition*, West/Wadsworth, 1997, pp.46-47.

(8) Sidney M. Milkis and Michael Nelson, *The American Presidency: Origins and Development, 1776-1993*, 2nded., Congressional Quarterly, 1994, pp.1-69.

(9) John R. Hibbing and Elizabeth Theiss-Morse, *Congress as Public Enemy*, Cambridge University Press, 1996, p.59.

(10) Samuel Kernell, Peter Sperlich and Aaron Wildavsky, "Public Support for Presidents," in Aaron Wildavsky, ed., *Perspectives on the Presidency*, Little, Brown, 1975, p.153.

(11) George C. Edwards III, and Andrew Barrett, "Presidential Agenda Setting in Congress," in Jon R. Bond and Richard Fleisher, eds., *Polarized Politics: Congress and the President in a Partisan Era*, CQ Press, 2000, pp.120, 122, 127

(12) *Gallup Opinion Index*, September 1977, p.3; *Gallup Opinion Index*, November 1974, p.19..

(13) *Washington Post*, May 28, 1981, p.A12.

(14) John Mueller, "Presidential Popularity from Truman to Johnson," *American Political Science Review*, Vol.64, March 1970, p.20.

(15) Harold Laski, *The American Presidency*, Universal Library, 1940, p.138.

(16) Paul Light, *The President's Agenda*, Johns Hopkins University Press, 1982, p.45.

(17) Thomas Cronin, "The Paradoxes of the Presidency," *Skeptic*, No.5, September/ October 1976, pp.20-23, 54-57.

(18) Richard E. Neustadt, *Presidential Power: The Politics of Leadership from FDR to Carter*, John Wiley, 1960, p.4.

(19) Michael B. MacKuen, "Political Drama, Economic Conditions and the Dynamics of Presidential Popularity," *American Journal of Political Science*, Vol.27, May 1983, pp.187-188.

(20) George Gallup, "Public Attitudes, Youth, and the Presidency," in John Hoy and

Melvin Bernstein, eds., *The Effective President*, Palisades, 1976, p.84.

(21) George Edwards, "Comparing Chief Executives," *Public Opinion*, Vol.8, June/July 1985, p.54.

(22) Mervin Field, "Public Opinion and Presidential Response," in Hoy and Bernstein, *op. cit.*, p.63.

(23) Christopher Arterton, "Watergate and Children's Attitudes toward Political Authority Revisited," *Political Science Quarterly*, Vol.90, Fall 1975, pp.485-486.

(24) Arthur Miller, Jeffrey Brudney and Peter Joftis, "Presidential Crises and Political Support: The Impact of Watergate on Attitudes toward Institutions," Paper presented at the Annual Meeting of the Midwest Political Science Association, Chicago, IL, May 1-3, 1975, pp.27-28.

(25) Francis Rourke, Lloyd Free and William Watts, *Trust and Confidence in the American System*, Potomac Associates, 1976, p.22.

(26) *Washington Post*, March 14, 1977, p.C9.

(27) *Ibid.*, January 5, 1978, p.A8.

(28) Everett Ladd, "The Polls: The Question of Confidence," *Public Opinion Quarterly*, Vol.40, Winter 1976-1977, p.546.

(29) Neustadt, *op. cit.*

(30) Richard E. Neustadt, *Presidential Power and the Modern Presidents*, Free Press, 1990.

(31) Samuel Kernell, *Going Public*, 2nd ed., Congressional Quarterly, 1993.

(32) Joseph Califano, *A Presidential Nation*, Norton, 1975, p.102.

(33) Daniel J. Boorstin, *The Image: A Guide to Pseudo-Events in America*, Atheneum, 1961.

(34) Hedrick Smith, *The Power Game: How Washington Works*, Ballantine, 1988, p.401.

(35) Jerel A. Rosati, *The Politics of United States Foreign Policy*, 3rd ed., Wadsworth/Thomson Learning, 2004, p.501.

(36) Newton Minow, *Presidential Television*, Basic Books, 1973, p.67.

(37) George C. Edwards III, *Governing by Campaigning: The Politics of the Bush Presidency*, Pearson Longman, 2007, p.42.

(38) Michael Grossman and Martha Kumar, *Portraying the Presidents: The White House and the News Media*, Johns Hopkins University Press, 1981, p.173.

(39) Charles W. Kegley, Jr. and Eugene R. Wittkopf, *American Foreign Policy: Pattern and Process*, 5thed., St. Martin's Press, 1996, p.327.

(40) Smith, *op. cit.*, p.80.

(41) Rosati, *op. cit.*, p.502.

(42) *New York Times*, March 28, 2006, p.A12

(43) Benjamin I. Page and Robert Y. Shapiro, *The Rational Public: Fifty Trends in Americans' Policy Preferences*, The University of Chicago Press, 1992, pp.341-347.

(44) Lyn Ragsdale, *Vital Statistics on the Presidency*, Congressional Quarterly, 1996, pp.167-168.

(45) *New York Times*, March 11, 1977, p.A25.

(46) Ragsdale, *op. cit.*, p.164
　クリントンとジョージ・W・ブッシュについては
　Martha Kumar, *Managing the President's Message: The White House Communications Operation*, Johns Hopkins University Press, 2007, pp.10-11..

(47) George C. Edwards III, *On Deaf Ears: The Limits of the Bully Pulpit*, Yale University Press, 2003, p.191.

(48) Denis Rutkus, *A Report on Simultaneous Television Network Coverage of Presidential Addresses to the Nation*, Library of Congress, 1976, Appendix, pp.i-v.

(49) Edwards III, *On Deaf Ears*, pp.74 and 238.

(50) *Wall Street Journal*, September 23, 2009, p.A2.

(51) O'Heffernan, "A Mutual Exploitation Model of Media Influence in U.S. Foreign Policy," in Lance Bennett and David Paletz, eds., *Taken by Storm: The Media, Public Opinion, and U.S. Foreign Policy in the Gulf War*, The University of Chicago Press, 1994, pp.232- 240.

(52) David C. Newsom, *The Public Dimension of Foreign Policy*, Indiana University Press, 1996, p.86.

(53) Johanna Neuman, *Lights, Camera, War*, St. Martin's Press, 1996, pp.207-208.

(54) Robert Parry and Peter Kornbluh, "Iran-Contra's Untold Story," *Foreign Policy*, No.72, Fall, 1988, p.3.

(55) *Ibid.*, p.16.

(56) Pete Williams, "Ground Rules and Guidelines for Desert Shield," in Hedrick Smith, ed., *The Media and the Gulf War*, Seven Locks Press, 1992, pp.4-12.

(57) James M. McCormick, *American Foreign Policy & Process*, 3rded., F. E. Peacock Publishers, 1998, pp.531.

(58) M. Rosenblum, *Who Stole the News?*, Wiley, 1993; P. M. Smith, How CNN Fought the War, Birch Lane, 1991.

(59) Rosati, *op. cit.*, p.482.

(60) Shanto Iyenger and Donald R. Kinder, *News That Matters: Television and American Opinion*, University of Chicago Press, 1987.

(61) Robert Lichter and Stanley Rothman, "Media and Business Elites," *Public Opinion*, Vol.4, October/November 1981 p.43.

(62) https://en.wikipedia.org/wiki/List_of_newspapers_in_the_United_States_by_circulation

(63) Smith, *The Power Game*, pp.406 and 409.

(64) 拙著『アメリカ外交の政治過程』勁草書房、2007 年、74–77 頁。

(65) 拙稿「顕在化する米政治の揺り戻し」毎日新聞、2022 年 2 月 10 日朝刊、11 頁。

第7章 ホワイトハウスの意思決定

1——問題の所在

　米大統領は米国の政治システム（制度）においては、外交政策決定者、立法者、党指導者、経済運営者、平和の保護者、軍最高司令官などの機能を担っており、その機能を果たすためにはさまざまな難題について不十分な情報をもとに決定を下さねばならない。大統領は決断を回避することはできず、行動するにせよしないにせよ意思決定しなければならず、決定の結果に責任を持たねばならない。

　とりわけ大統領は国家元首、行政府の長、軍最高司令官を兼ねており、その権限ゆえに政府のあらゆる部署の情報に自由にアクセスすることができる。大統領の権限は強大であるが、権限の行使は三権分立に基づく民主的なプロセスのなかで行わなければならない。ハリー・トルーマン大統領は座右の銘 "The buck stops here.（責任は俺がとる）" という言葉が書かれていたプレートを執務室の机に置いていた。

　戦後の米大統領リーダーシップ論のなかで最も影響力のあったリチャード・ニュースタットによると、トルーマンは生粋の軍人である「アイク」の名前で親しまれたドワイト・アイゼンハワーを大統領職に推すことを考えていたとき、「彼はここに座って、言うだろう。これをしろ、あれをしろと。何も起こりはしない。可愛そうなアイク。ちっとも軍隊のようではない。彼は非常な挫折感を味わうだろう」といった。[(1)]

2—— 内閣

　大統領は大統領執務室で決断を下すにあたり、内閣や閣僚、関係者から決定に必要な情報（インフォメーション）、助言（アドバイス）を求めることができる。アメリカ合衆国憲法は内閣樹立を規定していないが、初期には内閣は司法省、国務省、戦争省、財務省の4省の長官を閣僚として構成された。現在、内閣は行政府の15省の長官で構成され、副大統領、米国連大使も閣僚と見なされる。ロナルド・レーガンは、ホワイトハウス首席法律顧問、中央情報局（CIA）長官、行政管理予算局（OMB）長官、通商代表にも閣僚のランクを与えた。閣僚には能力を発揮し名声を保持することが期待されるが、現実には大統領の期待に沿わない場合も多い。

　アンドリュー・ジャクソンは内閣に依存せず、就任直後閣議を開く慣行を無視し、「キッチン・キャビネット（台所内閣）」という独自の顧問グループを作り、エイブラハム・リンカーンは奴隷解放宣言を含め主要政策決定に内閣の助言を仰がなかった。ウッドロー・ウィルソンは第一次世界大戦中、主要政策決定に内閣を含めなかったし、フランクリン・ルーズベルトも内閣を信頼しなかった。トルーマンは内閣を、政策決定のためよりも決定された政策の調整目的に活用した。

　ドワイト・アイゼンハワーは内閣を積極的に活用し、重要政策課題を閣議にかけた。ただ閣議の議題は議論を呼ぶ内容ではなく、閣僚も閣議に準備して臨まなかったため、閣議の成果は乏しかった。[2] ジョン・ケネディとリンドン・ジョンソンはいずれも就任当初、閣議を重視して定期的に実施したが、すぐに不満を募らせ、政策課題ごとに少数の閣僚と協議するだけになった。ジョンソンの場合は、指示事項を伝えるためだけに閣議を召集した。[3] リチャード・ニクソンは内閣の重要性を誇示するため、内閣の宣誓就任式をテレビで実況中継させ、各閣僚の資格と業績を紹介した。しかしニクソンは最後には、他の大統領以上に閣僚を軽視した。ビル・クリントンが閣議を開く頻度は少なく、それも討議のためではなく、専ら閣僚への非公式の情報伝達のた

めに使った。⁽⁴⁾

　歴代大統領は助言を得るために内閣に依存することはまれだった。重要議題は秘密に検討する必要があり、秘密保持のためには討議に参加する人数を制限する必要があり、15 人以上が参加する閣議はそれに適しなかった。リーク（遺漏）の危険性に繋がる。また、大統領は政治的な理由で選定されることが多い閣僚よりも、信頼できる個人的な知り合いに重要事項を相談する傾向がある。ケネディは個人的に親しかったハーバード大学教授マクジョージ・バンディを国務長官に指名したかったが、結局政治的配慮から個人的繋がりがないディーン・ラスクを国務長官に指名し、バンディは国家安全保障担当大統領補佐官としてケネディに助言した。逆にそれが補佐官の地位を高めたといわれる。ニクソンも、閣僚の出身地の地理的バランス、思想的バランス、利益団体への配慮などをもとに閣僚を指名した。

　こうした理由から、大統領は閣僚に全幅の信頼を置かない場合が多かったし、閣僚も大統領に全面的に忠誠心を持たない場合が多かった。閣僚は大統領に反論することを控え、率直な助言を行うことを躊躇する傾向が強い。閣僚は大統領への敬意から、大統領の主張を無条件に支持しそれに迎合する傾向が強く、閣議では活発な議論が起こらない。また行政府の内政を代表する農務、商務、労働、教育、内務、保険・社会福祉各省とその長である閣僚は議会に影響力を持つ強力な利益団体の影響を受けやすく、ともすれば大統領の政策に合致しない立場に立ちやすい。この結果、大統領の目には、閣僚は議会寄り、あるいは忠誠を尽くさないように見えることが多い。この理由から、ニクソンは2期目の初めに閣僚2人の辞任を要求し、他の2人を配置換えした。ジミー・カーターは就任時には閣僚に政策策定・実施の中心的責任を付与することを約束したにもかかわらず、政権半ばで全閣僚に辞表を出させ、うち閣僚5人の辞表を受諾し、大統領の政策を十分支持しなかったことを理由に辞任させた。こうした要因から、内閣、閣僚の大統領への影響は限定されたものになる。

　半面、閣僚でもその能力、忠誠心、人柄が大統領に気に入られる場合は、

大統領のインナーサークル（側近）への仲間入りを許され、かなりの影響力を発揮できる。アイゼンハワー大統領のジョージ・ハンフリー財務長官の重用、ケネディ大統領のロバート・マクナマラ国防長官、ダグラス・ディロン財務長官、ニクソン大統領のジョン・コナリー財務長官の重用はその例である。ジョンソン政権ではラスク国務長官、マクナマラ国防長官が大統領の信任を得て、外交政策に大きな影響力を発揮した。

　また大統領の個人的信任とは別に、国務長官、国防長官、財務長官、司法長官はインナー・キャビネット（閣内内閣）と呼ばれ、大統領にとって重要性の高い政策分野を担当しており、その分大統領へのアクセスの度合いも大きい。それ以外の省の長はアウター・キャビネットであり、大統領へのアクセスの度合いは低く、一貫しない。またアウター・キャビネットの省は国内の利益団体の影響を受けやすく、大統領から信任されにくい[5]。

　大統領も人間であり、1人が効果的に管理できる人数は限られている。また大統領は限られた時間内に政策決定をしなければならないが、その時間内に目を通すことができる情報も限られてくる。必然的に大統領は、権限を部下に移譲しなければならない。大統領から外交政策上の権限を移譲される補佐官のなかで最も影響力を持つのは、国務長官、国防長官、それに1969年以降は国家安全保障担当大統領補佐官が加わるようになった。戦後、通商、金融問題の外交政策における重要性が高まるにつれ、商務長官、財務長官、通商代表の補佐官としての役割も増大してきた。これらの閣僚は大統領の意向を傘下官庁に伝達する役割を担うとともに、監督する省庁の要望を大統領に売り込む役割も果たす。大統領と補佐官や閣僚との協議は、大統領特権の名の下に秘密保持され、議会や裁判所への開示義務から免除されている。

3―― 大統領府

　1936年にフランクリン・ルーズベルトは行政府の行政管理手続きを評価するために大統領行政管理委員会を設置し、その評価を実施した[6]。委員会は大統領への支援が必要と結論を下し、それに基づいて1939年に3つの諮問機

関と 6 人の行政補佐官から構成される大統領府（Executive Office of the President; EOP）が大統領命令により設置された。大統領府は一連の危機に対応して規模が拡大し、カーター政権発足時には 1,991 人の常勤スタッフが大統領府に勤務した。外交危機に対応して国家安全保障会議（NSC）が設置・拡大され、経済危機に対応して経済政策委員会、エネルギー資源委員会などが設置された。また産業社会の複雑化に伴い、経済諮問委員会（CEA）、科学技術局（OST）などが設置された。カーター政権以降、大統領府の職員数を縮小する試みが行われ、1998 年には常勤スタッフ 1,015 人、出向スタッフ 170 人まで縮小された。[7]

　大統領府を構成する機関には、経済諮問委員会、環境品質会議、国家安全保障会議・国土安全保障会議、科学技術政策部、通商代表部、副大統領部、管理部、行政管理予算局、国家麻薬取締政策部、ホワイトハウスなどがある。

　1857 年に議会が連邦政府雇用の大統領個人秘書を認めたことで、ジョージ・ワシントン以来、大統領が自ら郵便物を取りに出たり返事を書いたりする時代は終わりを告げた。ウィルソン大統領は数人の秘書がいたにもかかわらず、ほとんどの手紙を自分でタイプした。大統領在職期間の長いフランクリン・ルーズベルト時代も、就任当初のスタッフは全部で 37 人だった。大統領スタッフが相当な規模になるのは、ニュー・ディール時代から第二次世界大戦以降である。[8] ルーズベルトは 1932 年に大統領に当選したが、大恐慌や第二次世界大戦に対応するため、国内政策、外交政策の大きな変更を必要とした。大統領府の設置は、変更を好まない行政府官僚機構のなかで大統領が意図する変化を容易にするという考えのもとで行われた。

　巨大化した大統領の職務を補佐するために、1939 年、ルーズベルト大統領によって創設された大統領府は、大統領が合衆国政府機関をうまく管理、調整することを目的としていた。以来大統領府の規模、責任はかなりの変遷を見たが、それは個々の大統領の政策決定スタイルの違いからきている。また大統領府は大統領自身の助言者としてスタッフを構成するために、大統領が代わると大統領自身の好みに合うように変更された。さらに他の政府機関の

肥大化が起こり、その調整のため大統領府の規模や責任が増大した。今日、大統領府には官僚機構を管理し国を統治するにあたって通常、大統領が最も頼りとする人員および組織が配置されている。すなわち以下に述べていくようにホワイトハウス事務局（WHO）、行政管理予算局（OMB）、国家安全保障会議（NSC）、国家経済会議（NEC）などがある（図1参照）。

図1　行政府

出典：Jerel A. Rosati, *The Politics of United States Foreign Policy*, 3rd ed., Wadsworth, 2004, p.107.

　大統領府は当初、3つの戦時局、予算局、ホワイトハウス事務局の5つの独立機関で構成されていた。しかし大統領府は年々、その規模、責任、権限が拡大し、やがては大統領諮問会議を含む12の部局と2つの官邸を有し、約1800人の職員を抱え、2億5,300万ドルの予算を持つまでになった。そのなかでも規模と権限が大きいのはOMBとWHOである。[9]1933年と1999年の大統領府を比較すると（図2）になる。歴代大統領は大統領府構成機関を随意変更してきたが、クリントン大統領を中心にNECの所属を明確にした大統領府は（図3）になる。これらのなかでもOMBは、大統領府のなかでも最大規模であり、同長官は広範な諸問題について大統領や助言者と密接な関係を保っている。大統領への意見具申、法律案の再検討、政府機関全般の行政管理などを行うのが目的である。OMBの起源は財務省に置かれた予算局である。1939年にフランクリン・ルーズベルトによって財務省から分離さ

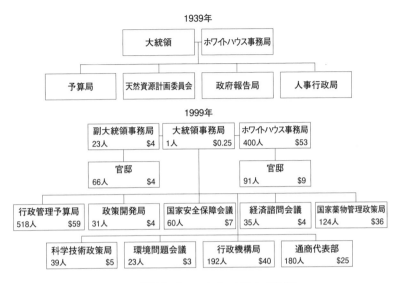

図 2　大統領府（1939 年と 1999 年の比較）

出典：*Budget of the United States Government, Fiscal Year 1999*, Government Printing
Office, 1998.
（枠内の数字は、専任スタッフ数と年間予算／百万ドル）

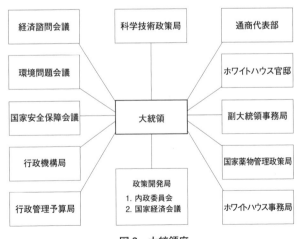

図 3　大統領府

出典：*U.S. Government Manual*, Government Printing Office, 1997-1998, pp.90-108.

れ、大統領府内に移された。ニクソン大統領時代に行政各部の調整機能が追加され、現在の名称に変更された。大統領が議会に毎年1月に提出する連邦予算案を作成する。原則として全ての機関は必要な予算をOMBに提出する義務があるので、OMB長官は連邦予算案の計画や見積もりに関して幅広い権限を持っている。[10]

　政策内容が専門知識を要する度合いが強まるにつれ、専門家、コンサルタント、政策顧問の政策立案における役割が重要になってくる。大統領の任期は1951年に批准された憲法修正第22条により、最高2期8年間に制限された。この結果、大統領が専門知識を深めることは時間的に難しく、スタッフや顧問の助言への依存度が強まる。

（1）国家安全保障会議（NSC）

　大統領の外交政策立案にとって不可分の関係にあるのはNSCである。アメリカの外交政策立案、実施における大統領府、特にNSCの役割がここ数十年増大してきた。NSCは、内政、外交、軍事、情報活動など国家の安全保障に関わる諸問題を検討し、大統領に助言する会議であり、第二次世界大戦直後のトルーマン政権下で、1947年国家安全保障法により、「国家安全保障に関わる国内、外交、軍事政策の統合に関して大統領に助言する」目的で設立が決められた。

　これは、大戦後のアメリカの軍、情報機関の再編の延長としての措置であった。国家安全保障法は、NSCとともにNSCの監督下に中央情報局（CIA）設立も規定した。これは、現在のアメリカ政府における国家安全保障機構の基礎を据え、戦後のアメリカ外交におけるNSC、情報機関、国防総省などの役割が増大する出発点となった。NSCを中心とする指揮態勢は、歴代大統領の行政命令に基づいて多少の変化をとげてきているが、CIAが独立機関でありながらNSCの監督下に置かれるという基本的構図は維持され続けている。

　NSCは国家安全保障問題で多様な関係を大統領に提供することが期待された。NSCの法定構成員は大統領、副大統領、国務長官、国防長官だが、議会はNSCに対する法定顧問として、統合参謀本部議長、CIA長官、軍備管

理軍縮局長官を指定した。また大統領は独自に NSC 構成員を指定でき、レーガンは財務長官、司法長官、首席補佐官を NSC に加えた。通常、歴代の大統領は独自の裁量でこれ以外の閣僚、補佐官を NSC に加えてきた。いわば NSC は内閣中の内閣のような役割を果たす。会議は大統領が招集する。

こうした NSC の基本的仕組みは発足以来変わっていないが、NSC のスタッフ規模は 1990 年代以降拡大した。スタッフ数は 1980 年代のレーガン政権までは NSC 開設以来ほとんど同じで 20 ～ 25 人だったが、ブッシュ（父）政権下に湾岸戦争、冷戦終結後の多極世界出現等を受けて 50 人に増えた。その後ホワイトハウスに外交・安保政策策定権限が集まり出しクリントン政権で 100 人に増え、「9・11（対米テロ攻撃）」後アフガニスタン、イラク両戦争を遂行したブッシュ（子）政権時代に 200 人に倍増した。そしてオバマ政権下で 2 期目の 2013 年末までに 400 人を超す大所帯に膨れ上がった。

オバマ・ホワイトハウスの NSC スタッフ急増は、①ホワイトハウスの別組織だった国土安全保障会議（9・11 後ブッシュ前政権が新設）を NSC に統合した　②国家安保担当筆頭次席補佐官職を新設し、その下に次席補佐官職を 2 つ作り次席 3 人体制にした（戦略広報、国土安保、国際経済各担当）③NSC に 5 つの地域別、機能別担当グループを新設し計 16 グループ体制にした、が主因である。

2013 年 7 月に就任したライス国家安保担当補佐官は NSC スタッフ削減を進め、2015 年末までに約 10% 減らしたが、オバマ NSC は依然として 360 人以上と NSC 史上最多のスタッフを擁している[11]。

トルーマン、アイゼンハワー、レーガンは最も NSC を活用した大統領で、アイゼンハワーは毎週 NSC を招集した。ただアイゼンハワー政権において外交政策形成を主導したのは、NSC ではなくジョン・フォスター・ダレス国務長官だった。アイゼンハワーは NSC に国際情勢の日常的変化への対応よりも長期的政策に取り組むことを期待した[12]。

ケネディもジョンソンも国家安全保障政策の決定には、NSC よりも少数の信頼できる側近との協議を好んだ[13]。ニクソンも就任当初の 2 年間は NSC 会

合を重視したが、その後国家安全保障担当補佐官だったヘンリー・キッシンジャーの影響力が増大し、より少数の側近顧問が重視されるにしたがって、NSCの重要性が後退した。

カーターは、ブレジンスキー国家安全保障担当補佐官を長として、NSC構成員、ホワイトハウス補佐官などから構成される特別調整委員会により、外交危機に対処した。レーガンはNSCをかなり重視し、第1期目には225回のNSC会合に出席した。重要課題は、外交、軍事・国防、情報の上級グループのいずれかがまず検討し、その後NSC全体会合で討議された。危機に対しては副大統領を議長とする危機管理グループで対処した。クリントンの関心が国内政策に置かれ、NSCの比重は低下し、非公式の側近グループとの協議がより重視された。

NSCスタッフは当初、政権が交代しても継続勤務するキャリア・スタッフとして想定されていた。ケネディは国務省に失望し、外交政策策定の役割をホワイトハウスに移行させ、NSCスタッフがそれを補佐した。ケネディはこのため、NSCスタッフを拡充し、ホワイトハウスにシチュエーションルーム（緊急対応室）を設置して、国務省、国防総省、CIAに送られてくる全ての電文を受け取れるようにした。シチュエーションルームは1961年、ホワイトハウスの即時対処能力の欠如によるピッグス湾事件の失敗を契機に設置された。2011年5月、オバマ大統領やヒラリー・クリントン国務長官らが、ウサマ・ビンラディンの殺害計画の実行の様子を見守ったのが、このシチュエーションルームである。

ニクソンの最大の関心事は外交であり、NSCスタッフの長だったキッシンジャーの外交知識、官僚政治手腕が卓越していたことから、NSCスタッフの役割が拡大した。キッシンジャーの役割拡大は、国務長官職がないがしろにされるとか、米外交に関して混乱したシグナルが送られるといった批判を呼び、批判はカーター政権で頂点に達した。

カーターはバンス国務長官を外交の中心的スポークスマンにすることを公約したが、実際にはブレジンスキー国家安全保障担当補佐官が米外交で主導

的役割を果たした。国務長官が国務省の利害を意識するのに対して、国家安全保障担当補佐官は大統領に仕えることに専心できる立場にあり、大統領に接する機会もはるかに多い。このため、大統領は国家安保担当補佐官により依存しやすい。レーガンはそれまで大統領に直属していた国家安全保障担当補佐官の役割を縮小し、ミース首席補佐官の下に置いた。国家安保担当補佐官の役割が縮小した結果、国務省と国防総省の意見の対立が表面化し、ホワイトハウスの政策調整機能に支障が生じた。このため、レーガンは再び国家安全保障担当補佐官を大統領に直属させ、その役割を強化し、信頼の厚いウィリアム・クラーク国務次官補をそのポストに指名した。

　レーガン政権のロバート・マクファーレン、ジョン・ポインデクスター国家安全保障担当補佐官の下で、NSCスタッフは単なる政策スタッフの次元を超えて、秘密工作活動にも関与した。この結果、レーガン2期目のイラン・コントラ・スキャンダルが表面化することになった。マクファーレン、ポインデクスターの暗黙の了解により、NSCスタッフがイランへの武器売却益を含む外国、民間からの資金を集め、ニカラグア反政府ゲリラ（コントラ）への軍事支援を調整した[17]。レーガン大統領はその詳細は知らない状況で、この秘密工作活動が遂行された。イランへの武器売却は米国人人質の解放、帰還を勝ち取るためでもあり、レーガン大統領は一般的にこれを承認していた。

　このスキャンダルがもとで、ポインデクスターは辞任し、代わってフランク・カルーチ、コリン・パウエルが国家安全保障担当大統領補佐官になった。8年間のレーガン任期中、国家安保担当大統領補佐官は6回交代し、ワインバーガー国防長官、ウィリアム・ケイシーCIA長官は長年のレーガンの友人で頻繁なアクセスを許されていたことから、国家安保担当大統領補佐官の影響力は限られたものになった。レーガンの外交政策運用権限を閣僚などに委任する消極的管理スタイルもそれに寄与したが、そのスタイルゆえに国家安保担当補佐官が大統領の正式な承認なしで自らの裁量により秘密工作活動に関与することになった。

　ブッシュ（父）政権では、ブレント・スコウクロフト国家安保担当大統領

補佐官は重要な外交政策プレイヤーではあったが、キッシンジャーやブレジンスキー並みの影響力は持たなかった。ブッシュの親友で、官僚政治に長けたジェームズ・ベーカー国務長官が外交でより大きな影響力を持った。

クリントン政権の国家安保担当大統領補佐官だったアンソニー・レイク、サミュエル・バーガーはともに控えめな存在で、あまり外交での影響力はなかった。

ジョージ・ブッシュ（息子）政権では、国家安保担当大統領補佐官コンドリーサ・ライスは、政府におけるベテランで個性も強いコリン・パウエル国務長官、ドナルド・ラムズフェルド国防長官、ディック・チェイニー副大統領と影響力を競わねばならなかった。イラク戦争をはじめ外交政策をめぐる意見の相違が表面化し、ライスはそれを調整するだけの威厳や影響力を欠いていた。結論として、政権内の国家安全保障担当職としては閣僚である国務長官や国防長官と並んで政府の最重要ポストの１つであるが、国防・外交問題の大統領最高顧問である国家安保担当大統領補佐官が最も影響力を持つのは、外交に積極的な大統領、おとなしく弱い国務長官、積極的な大統領補佐官という条件が揃うときである。

（2）大統領経済諮問委員会（CEA）

CEA は、雇用、税制、インフレなどの経済政策で大統領は専門家の助言を必要とするということから、トルーマン大統領在任中の 1946 年連邦雇用法の条項により設立された。多くの経済政策を大統領に提示する。ルーズベルトは幾人かのエコノミストから経済に関する助言を受けていたが、助言の内容は議会には知らされなかった。

CEA は３人の経済専門家からなり、大統領が指名し、上院が承認しなければならない。経済政策に関する大統領への助言は、CEA 以外に財務長官、商務長官、労働長官、農務長官などの閣僚、ホワイトハウスの国内政策顧問、行政管理予算局（OMB）長官、クリントン政権時に設立された国家経済会議（NEC）議長も提供する立場にある。

レーガン政権１期目には、ストックマン OMB 長官、ドナルド・リーガン

財務長官が、2 期目にはジェームズ・ベーカー財務長官が経済政策で中心的役割を果たし、CEA の役割は二次的なものにとどまった。

　オバマ政権では NEC のラリー・サマーズ議長の影響力が強かったが、深刻な金融危機に直面していたこともあって CEA の役割は従来に比べて増大した。過去には米連邦準備理事会（FRB）のバーナンキ議長や、グリーンスパン前議長なども委員長を務めていたことがある。

（3）行政管理予算局（OMB）

　OMB は予算局として 1921 年に設立され、財務省内にあったが、1939 年に大統領府に組み込まれた。ニクソン政権下の政府機関再編で、1970 年に OMB になった。

　OMB は、予算策定支援、各省予算の大統領政策目標との整合性確認、大統領のプログラム運用の経済性・効率性確認などの役割を担っている。毎年 2 月初めに議会に送付する予算教書を作成する。ニクソンは特に、OMB のプログラム評価、調整の役割を重視した。カーターは政府管理の改善を重視し、OMB の管理任務を強調した。レーガンは国内政策で予算と減税に焦点を当てたため、OMB の役割が特に重要だった。デービッド・ストックマン OMB 長官は予算問題では比肩するものもない才能を示し、レーガン 1 期目の大減税に中心的役割を果たした。レーガンは OMB に政府機関が提案する全ての規制を分析、評価させた。クリントンはホワイトハウスが省庁の活動に介入することを嫌い、OMB の規制評価を重要な影響がある規制だけに限定し、評価期間を原則 90 日以内とし、定量分析だけでなく定性分析も重視するよう指示した。[18]

（4）国内政策会議（DPC）

　DPC はニクソン政権時に発足した国内評議会がベースになっており、NSC の国内版と見られている。DPC の構成員は、ニクソン政権下では、大統領、副大統領、経済機会局長、さらに財務長官、国防長官を除く全閣僚で、ジョン・エーリックマン特別補佐官が指揮するスタッフを擁していた。

　実際には構成員の規模が大きすぎて有効な議論は期待されず、滅多に会合

は持たれなかった。ただ DPC のスタッフは国内政策優先順位の決定など国内政策形成で重要な役割を演じた。検討課題ごとに、関連閣僚からなる内閣委員会、関連省庁代表からなるタスクフォースが組織された。タスクフォースの構成を主導したのはエーリックマンやそのスタッフで、その勧告は内閣委員会や大統領に直接送られた。DPC スタッフの役割増大の結果、ホワイトハウスの官僚機構が肥大し、ニクソンはそれを抑制するため天然資源、人的資源、地域開発を中心とする国内政策策定、調整の責任を 3 人の信頼できる閣僚に移行した。しかしこの体制は成果を生まず、ウォーターゲート事件の影響もあって活動は停止に近い状態になった。フォードは限られた国内政策構想しか追求せず、DPC をロックフェラー副大統領の監督下に置いたが、DPC もスタッフも有効な国内政策の役割を果たせなかった。

　カーターは国内政策策定、運営では、非公式のグループによる助言を好んだため、DPC は解消され、国内政策担当大統領補佐官を中心にしたスタッフに置き換わった。国内政策補佐官により国内政策課題の定義、課題に対処する省庁長官や次官からなるアドホック調整委員会、主導省庁を定めた覚書が作成された。国内政策スタッフはこれに基づき、主導省庁やその他の省庁から出された意見や勧告を要約し、大統領に上申した。[19] 大統領が承認すれば、調整委員会で議論がされ、主導省庁が勧告をまとめて大統領に提示した。これは幅広い省庁を代表する閣僚を国内政策に参加させ、大統領が多様な省庁の意見を聴取できるようにしたものである。しかしカーターの閣僚参加への熱意が冷めるにしたがい、国内政策スタッフの国内政策策定における役割が増大し、ジョージア州出身のインナーサークルの一員だったアイゼンスタット国内政策担当補佐官が国内政策の中心的スポークスマンとなった。

　レーガン政権では国内政策スタッフは政策開発局（OPD）に改称され、継続した。しかしレーガンは閣僚評議会をより重視し、OPD のスタッフは縮小され、閣僚評議会のスタッフの役割を果たすにとどまった。[20] レーガン 2 期目には外交政策の比重が増し、国内政策顧問が頻繁に交代した結果、OPD の役割が限定されたものにとどまった。クリントン政権は国内政策重視で、OPD

は国内政策評議会を復活させた DPC と新設された NEC により構成された。
DPC は国防、財務両長官を除く全閣僚、環境保護庁（EPA）長官、OMB 長官、麻薬・エイズ対策責任者、4 人の上級国内政策大統領顧問を含む 20 人以上で構成された。[21] その役割は大統領の国内政策アジェンダの策定、実施、関連省庁の間の調整だったが、実際にはうまく機能しなかった。しかし、財政赤字、北米自由貿易協定（NAFTA）は NEC、政治改革と犯罪は法務局、医療保険改革はクリントン夫人といった具合に他の組織が個別アジェンダを担当し、閣僚も独自のプログラムを推進しようとしたため、クリントンの目標と必ずしも一致せず、DPC は重要なプレイヤーになることができなかった。[22]

（5）国家経済会議（NEC）

　NEC は、国内・国際経済分野でも NSC に相当する機関が必要だと考えたクリントンにより大統領府の重要機関として設立された。[23] NEC は、財務、商務、労働各長官、CEA 議長、OMB 長官、米通商代表から構成され、大統領への経済に関する助言、行政府の経済政策全般の調整と実施を役割とする。クリントンの国家経済顧問ロバート・ルービンの手腕のお陰で、NEC は重要な役割を果たした。1995 年にルービンが財務長官になって以降、NEC の重要性が低下した。

　I・M・デスラーが指摘しているように、NEC システムに問題がないわけではなかった。「省庁間の調整は非常に困難である。それが経済問題に関する調整で、しかも大統領のやり方が自由奔放で必ずしも予測できない場合はなおさらである[24]」。それにもかかわらず、デスラーは NEC の存在を次のように評価している。

　NEC は、ロバート・ルービン（経済担当大統領補佐官）が大統領の最優先課題に対し並々ならぬ手腕を発揮したことにより、力強いスタートを切った。NEC は非公式な関係が最上であるとした。そして、NEC スタッフとともに、NEC の手順のなかで働くことの利益をあらゆる重要なプレイヤーに説くことから始めた。NEC は本質的には、明示された政策領域内における中心的機関になったといえる。多少とはいえ、無視できない程度には、政策の事実上

185

の一管理者であった。⁽²⁵⁾

　すなわちデスラーは、大統領がアメリカ経済政策の策定をコントロールする一助として、NEC は全体的にそれなりの成功を収めたと評価している。それにしても、NEC の創設と発展が、外交政策の支配と統合をより円滑に行おうとする大統領の努力の反映として、ホワイトハウスを中心に政策策定が行われているという時代の趨勢を象徴しているのは明らかである。⁽²⁶⁾NEC は大統領命令で設置されたもので、NSC 創設のように立法命令によって生まれたものではないが、NSC とて、真の影響力を獲得したのは、ケネディ大統領が行政命令によって支援スタッフを規定してからだったことを忘れてはならない。⁽²⁷⁾

　オバマ政権初期ほど、NEC が影響力を享受できた時代はおそらくないだろう。急激な経済不振がこれを後押しし、また経済問題の世界的権威であるサマーズが NEC 委員長に選ばれると、サマーズが発言すれば誰もが耳を傾ける、という構図ができあがった。⁽²⁸⁾

4── ホワイトハウス・スタッフ

　大統領の日常業務にとって最も重要な大統領府組織はホワイトハウスのスタッフ（事務局）であり、国家安保担当、国内政策担当、広報担当、法務担当大統領補佐官、法律顧問、首席補佐官、報道官など多くの顧問が勤務している。

　ホワイトハウス・スタッフは、大統領に直接のアクセスを持っている点で重要であり、その意味で政府のなかでは最も強力な立場にある。スタッフの大半は大統領就任以前から側近として長年の付き合いがあり、大統領から長年培ってきた個人的な信頼を得ていることも、直接アクセスを強める要因になっている。トーマス・ジェファーソンが第 3 代大統領だったときには、スタッフは秘書 1 人、メッセンジャー 1 人だけで、第一次世界大戦当時のウッドロー・ウィルソンの時代も、スタッフは 7 人だけだったが、レーガンのときにはスタッフは 83 人にまで増加した。ただ側近スタッフそれぞれを支え

る常勤の実務スタッフを含めると、レーガンの時のホワイトハウスの総人員数は 371 人だった。それに加え、他の省庁からの出向者もいるので、それを含めると人員はさらに多い。

　大統領は省庁が思い通りに動かないため、ホワイトハウス・スタッフに政策立案をさせる傾向が強まってきた。閣僚は各省庁の長官として業務の総括をしており、そのため省庁内の業務に忙殺され、そのうえ議会にもしばしば出席しなければならない。それに反してホワイトハウスのスタッフはそうした雑務もなく、また議会に出席する義務もない。それだけ国家の任務に集中できる。大統領が高度に政治的な問題について直接指示を与える場合、それにかかりきりになっていればいいという点でもプラスである。ニクソン以降、大統領は麻薬、国境管理、規制、技術、兵器など政策課題分野で、「ツァー」と呼ばれる政策調整担当の補佐官を任命し、その分野の政策を統括させるようになった。オバマはエイズ、テロ、アフガニスタンなど 22 の政策課題で専らその分野を総括するツァーを任命した。[29]

　ツァーは、省庁が大統領の政策を実施しているか監視する役割も担う。しかし政策立案、政策実施監督に必要な専門知識と技能を持っているのは省庁の官僚であり、ホワイトハウス・スタッフが大統領の名前を使って権力を濫用するリスクも高まることから、ホワイトハウスに政策立案・実施の活動が集中することに懸念も表明されてきた。また、ホワイトハウスのスタッフは、省庁の長のように上院の指名承認を必要とせず、議会に対して報告義務を負っていないことも、懸念の材料になってきた。こうした懸念から、レーガンはホワイトハウス・スタッフの規模を縮小し、政策立案・実施における内閣の役割を増大させる努力をした。クリントンも行政府の 10%、ホワイトハウスを 25% 縮小する公約を掲げたが、時間の経過とともに公約は放棄され、結局これらの努力は結実しなかった。

　（図 4）が示す通り、オバマのホワイトハウス・スタッフは上級顧問（シニア・アドバイザー）と首席補佐官からなる。オバマはホワイトハウス・スタッフとして総勢約 500 人のスタッフを抱えている。警備、料理担当、個人秘

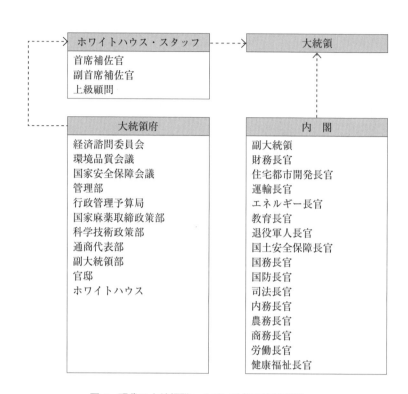

図4 現代の大統領職：オバマ政権の官僚組織

出典：Ken Kollman, *The American Political System*, 2nd ed., W.W. Norton, 2014, p.203.

書を除き、ホワイトハウス・スタッフのほとんどは大統領に直接政策アドバイスをする人々のために働いている[30]。

　ホワイトハウスのスタッフは、大統領が政府内外の助言にアクセスできるよう保証し、そのために助言の優先順位を判断し、大統領のアイデアや政府内外から出されるアイデアを評価する機能がある。また大統領が官僚機構、議会、マスコミ、公衆に意思を伝達する媒介の機能を果たす。その機能を果たせるかどうかは、ホワイトハウス・スタッフの組織、大統領への態度、大統領のスタッフへの態度に左右される。

　ルーズベルト、ケネディ、ジョンソンのスタッフは直接大統領に報告し、

命令系統を司る明確な組織はなかった。アイゼンハワー、ニクソンのスタッフは高度に組織化され、責任分野が明確に規定され、厳格な命令系統が敷かれていた。ニクソン政権では、総務担当の H・R・ハルデマンが首席補佐官としてスタッフを統括し、あとのスタッフは特定の責任分野を任された。スタッフが大統領執務室に入るにはハルデマンの許可を必要とした。ニクソンがスタッフと過ごす時間の 60％ はハルデマンとの会合だった。ニクソンに頻繁にアクセスできたのは、ハルデマン、内政問題担当のエーリックマン補佐官、国家安全保障問題担当のキッシンジャー特別補佐官の 3 人くらいで、ニクソンはスタッフから隔離されたような状態にあった。⁽³¹⁾ニクソン大統領の孤立がウォーターゲート・スキャンダルを引き起こす一因となった。

カーターは、ニクソン型ではなくルーズベルト型のホワイトハウス・スタッフの組織にすることを公言し、就任後 1 年間は、上級スタッフ 9 人、副大統領、内閣は大統領に頻繁なアクセスを与えられた。しかし、スタッフ活動の効果が上がらず、1978 年 1 月にカーターはジョージア州時代からの側近ハミルトン・ジョーダンにスタッフ活動を調整する権限を与え、その後正式に首席補佐官に任命し、スタッフ活動をより組織化した。

レーガンは詳細な政策決定には直接関与せず、権限を部下に委任し、政策の立案、遂行にわたって責任を分担させた。このためレーガンのホワイトハウスのスタッフは「会長型」大統領アイゼンハワーの型に類似した組織化されたものになった。レーガンはスタッフ監督の権限を、ジェームズ・ベーカー、エドウィン・ミース、マイケル・ディーバーの 3 人に与えた。しかし、イデオロギー志向が強いミースと実務派のベーカー、ディーバーの間で対立関係が表面化したが、全般的にその体制は機能した。⁽³²⁾

レーガン 2 期目にはメリル・リンチの最高経営責任者（CEO）だったドナルド・リーガンが首席補佐官に起用され、企業のヒエラルキー的な厳格な組織体制をホワイトハウスに持ち込んだ。リーガンは大統領への情報、スケジュールを統括し、大統領への直接アクセスを厳しく制限した。⁽³³⁾レーガンは政策決定プロセスに関与しない姿勢だったが、リーガンのスタッフ管理は大統

領をさらにスタッフから隔離させることになった。イラン・コントラ・スキャンダルはこうした状況のなかで起こった。

　一般的にアイゼンハワー型の厳格なスタッフ組織は情報の流通を阻害し、ルーズベルト型の体制は情報の流通が促進される。

　クリントンは決定を先延ばしする性癖があり、最初の2年半はホワイトハウス・スタッフも組織化されていない流動的な状況だったため、政策決定が遅延し、スタッフの入れ替わりも頻繁だった。スタッフの人選に十分な配慮をしなかったことも、スタッフ管理の問題を助長した。

　その後、クリントンはスタッフの統制、調整の必要を認識し、OMB長官だったパネッタを首席補佐官に起用した。パネッタは大統領執務室へのアクセスを厳選し、管理を強化し、ホワイトハウスの活動を効率化した[34]。ジョージ・ブッシュ（息子）とオバマは、クリントン政権初期の流動的スタッフ体制も、ニクソン型の厳格なスタッフ組織も避けた。ブッシュは大統領への自由なアクセス権を10人、オバマは5人の信頼できるスタッフに与え、スタッフの役割を厳格には規定しなかった。

　大統領へのアクセスを維持するために、スタッフは大統領への反論を控え、お世辞を言い、大統領を不快にするような情報を持ち込まない傾向がある。これは率直な助言を阻害する。一般大衆やマスコミは大統領職を尊重し、畏敬の念を持って対する傾向が強い。大統領専用の航空機、乗用車、ボディーガード、携帯電話、住宅が準備され、大統領は最大限の敬意を持って対応される。大統領というポストの持つ威厳は、大統領になる人物にも影響を与え、大統領は最高の待遇に陶酔する傾向を生む。この結果、大統領はスタッフの賛同やお世辞を受け入れ、奨励し、反論や挑戦を嫌悪する傾向がある。これは、スタッフが批判的な助言を大統領にしないようにする傾向を一層強める。この傾向は、ジョンソン、ニクソン政権で顕著だった。ジョンソン政権では、ベトナム戦争方針に反論するスタッフは、大統領へのアクセスを制限され、解任された。カーター大統領が就任後3カ月して、ジョージア州時代からの側近ハミルトン・ジョーダンは極秘メモをカーターに提出し、スタッフが大

統領が何を聞きたいかを予測し、率直な助言ではなく大統領が聞きたいことを報告する傾向があることを指摘した。フォード、レーガンは強いエゴを持たず、賛同、称賛を求める心が他の大統領に比べてあまりなかった。

　大統領は外部顧問からも情報と助言を受ける。外部顧問は多くの場合、元政府関係者である。ジョンソンは、トルーマン、アイゼンハワーから助言を受けた。カーターは 1979 年に、キューバの駐留ソ連軍についての意見を、15 人の元政府関係者を招集して聞いた。ブッシュ（息子）はイラク戦争に関する見解を、民主、共和党政権の元国務長官から聴取した。大統領はまた、長年の信頼できる友人、特定分野の専門家、専門家からなる非公式のタスクフォース、公式の諮問委員会から助言を得ることも多い。政府に直接関与していない信頼できる一般人からは率直な意見が出される可能性が高く、大統領にとってこうした助言は有益である。

5—— おわりに

　20 世紀の大統領、とりわけフランクリン・D・ルーズベルト以降の大統領は、内閣に代わるさまざまな情報源や助言の源を有してきた。そして次第にホワイトハウス・スタッフや EOP 職員が、内閣や内閣の構成員に代わって、大統領へのプログラマティックかつ政治的助言の主要供給源になっていった。

　過去の問題、特にベトナム戦争時やイラン・コントラ・スキャンダルでの経験から、大統領への情報の流れを最大限にし、情報源を増やす多くの提案が出されてきた。大統領の意思決定における情報（インフォメーション）と助言（アドバイス）の問題である。提案に共通しているのは、大統領への諮問委員会の設置である。最終的には採択しなかったが、建国の父たちも上下両院議長、最高裁長官、閣僚を含む諮問委員会の設置を考慮した。

　1975 年には 2 つのグループが、外交問題で知見のある一般市民からなる大統領諮問委員会の設置を提言した。イラン・コントラ・スキャンダルの後には、やはり外交問題に関して大統領に助言する賢人会議の設置が提案された。⁽³⁵⁾ジョージ・ケナンは憲法修正により大統領と議会に助言する諮問パネル

の設立を提唱した。[36] グラハム・アリソンとピーター・スザントンは外交と内政の連関がますます強まってきている現実を反映し、NSC を廃止して、代わりに国務、国防、財務、保健厚生、労働または商務各長官から構成されるイクスカブ（ExCab; Executive Committee of the Cabinet）と呼ばれる政策統合を目的とする諮問会議を設置することを提案した。[37] 同提案の諮問機関は内政、外交、経済への関心、懸念事項を結びつける主要な政策課題へのハイレベルな評価と決定を目指す最高フォーラムにあった。

ただ、これらの提案には弱点もある。大統領の意思決定のスタイルはその個性を反映したものであり、諮問委員会を設置しても大統領がそれを活用するとは限らない。さらに政府外の賢人会議は政府と利害関係を共有していないため客観的に外交を見ることができるが、それを諮問機関として正式に組織化すれば、こうした客観性が失われ得る。

外交においては、国内政治に通じた専門家も含め情報源を新たに拡大することは有益であるが、すでに存在する情報源を効果的に活用することも重要である。[38] 大統領は単一の情報源に依存すべきではない。大統領は政策決定の初期段階では、自分の見解を明らかにせず、議論には直接加わらないようにした方がいい。ただ議論の内容は顧問から詳細に報告を受けるべきである。議論においては、反論を含め率直に意見が出される雰囲気を作り出す努力が必要である。ホワイトハウスで事実や多様な見解を客観的に報告するスタッフと提案を行うスタッフは区別されるべきである。

また、大統領が定期的に議会に出向き代表質問を受けることも、大統領の寄りつきがたいイメージや、大統領孤立化のリスクを減らし、議員との協議を促進するうえで有益である。大統領と上下両院 535 人の議員との協議は難しいので、共和、民主のバランスが取れた 40 人くらいの代表議員との月 1 回の協議の方が好ましい。半面、こうした協議を公式化するには憲法修正が必要になり、現実的な実現可能性は低い。このため、少なくとも大統領の意思決定上の問題を識別し、それを大統領が認識することが必要である。

ホワイトハウス・スタッフの構成がどうであれ、その職務は大統領が決定

を下すのに必要な人材と情報を収集し、適宜大統領に提供することである。一方、大統領に必要なことは、決定を求められている問題を知ること、可能な選択肢を知ること、上級顧問や内閣アドバイザーの意見が異なるときは特にそれらの意見に注視すること、そして決定を下した場合どのような反応パターンが起こり得るかを知ることである。そしてホワイトハウス・スタッフは、最終的には、大統領が大統領の決定とその決定理由を省庁、議会、メディア、世論の担い手であるオピニオンリーダー、公衆に伝える機能を果たさなければならない。[(39)]

（『武蔵野大学政治経済研究所年報』第 13 号、2016 年 10 月）

注・文献

(1) Neustadt, Richard E., *Presidential Power and the Modern Presidents,* Free Press, 1990, p.10.

(2) Hardin, Charles, *Presidential Power and Accountability,* University of Chicago Press, 1974, p.38.

(3) Cronin, Thomas, *The State of the Presidency,* Little, Brown, 1975, p.186.

(4) Barnes, Fred, Cabinet Losers, in *New Republi*c, February 28, 1994, p.22.

(5) Cronin, *op, cit.,* pp.191, 197, 198.

(6) Rossiter, Clinton, *The American Presidency,* New American Library, 1956, p.122.

(7) *New York Times,* Februry 10, 1993, p.A10; *Washington Post,* March 13,1997, p.A21.

(8) Schmidt, Steffen W., Mack C. Shelley II and Barbara A. Bardes, *American Government and Politics Today, 1997-1998 Edition,* West/Wadsworth, 1997, pp.457-458.

(9) Wayne, Stephen J., G. Calvin Mackenzie, David M. O'Brien and Richard L.

Cole, *The Politics of American Government*, 3rded., Worth Publishers, 1999, p.514.

(10) Schmidt, Shelley II and Bardes, *op. cit.*, p.461.

(11) *Washington Watch*, Vol.951, May 30, 2016, pp.1-4.

(12) Destler, I. M., National Security Advice to U.S. Presidents, in *World Politics*, Vol.29, Issue 2, January 1977, pp.147-148.

(13) Clark, Keith and Laurence Legere, *The President and the Management of National Security*, Praeger, 1969, p.60.

(14) *Washington Post*, February 26, 1980, p.A1.

(15) *Washington Post*, October 31, 1993, p.C7; Campbell, Colin, Management in a Sandbox: Why the Clinton White House Failed to Cope with Gridlock, in Colin Campbell and Bert Rockman eds., *The Clinton Presidency: First Appraisals*, Chatham House, 1996, pp.75-76.

(16) *Washington Post*, November 13, 1979, p.A19; Destler, I. M., A Job That Doesn't Work, in *Foreign Policy*, No.38, Spring 1980, pp.80-88.

(17) U.S. Congress, U. S. Senate Select Committee on Secret Military Assistance to Iran and the Nicaraguan Opposition, U.S. House of Representatives Select Committee to Investigate Covert Arms Transactions with Iran, *Report of Congressional Committees Investigating the Iran-Contra Affair*, Senate Report No.100-216, House Report No.100-433, 100th Cong., 1stSess., 1987, pp.3-22x.

(18) West, William F., and Andrew W. Barrett, Administrative Clearance under Clinton, in *Presidential Studies Quarterly*, Vol.26, No.2, Spring 1996, p.527.

(19) Presidential Domestic Policy Review System, in *Weekly Compilation of Presidential Documents XIII*, No.38, September 19, 1977, pp.1343-1344.

(20) *National Journal*, December 10, 1983, p.2567; *National Journal*, April 4, 1987, p.825.

(21) Warshaw, Shirley Anne, *The Domestic Presidency: Policymaking in the White House*, Prentice Hall, 1997, p.194.

(22) *Ibid.*, pp.202-203.

(23) Weatherford, M. Stephen and Lorraine M. McDonnell, Clinton and the Economy: The Paradox of Policy Success and Political Mishap, in *Political Science Quarterly*, Vol.111, No.3, Fall 1996, p.419.

(24) Destler, I. M., *The National Economic Council: A Work in Progress*, Institute for International Economics, 1996, p.40.

(25) *Ibid.*, p.61.

(26) Rosati, Jerel A., *The Politics of United States Foreign Policy,* 3rded., Wadsworth/ Thomson Learning, 2004, p.264.

(27) Baugh, William H., *United States Foreign Policy Making: Process, Problems, And Prospects*, Harcourt College Publishers, 2000, p.131

(28) Declerico, Robert E., *The Contemporary American President,* Pearson, 2013, p.284.

(29) President Obama's 'Czars,' in Politico, September 4, 2009. http://www.politico.com/news/stories/0909/26779.html

(30) Kollman, Ken, *The American Political System,* 2nded., W.W. Norton, 2014, p.212.

(31) Paper, Lewis J., *The Promise and the Performance*, Crown, 1975, p.113.

(32) *Wall Street Journal,* March 3, 1983, p.1; *National Journal,* May 28, 1983, pp.1100-1103.

(33) Regan, Donald T, *For the Record: From Wall Street to Washington,* 1988, p.234.

(34) *Washington Post,* January 4, 1997, pp.A1 and A11; Washington Post, November 9, 1996, p.A1; *New York Times*, August 17, 1995, p.A12.

(35) Murphy, Charles, Eisenhower's White House, in Nelson Polsby, ed., *The Modern Presidency*, Random House, 1973, p.89.

(36) Colson, Charles, *Born Again*, Chosen Books, 1976, p.53.

(37) Buchanan, Bruce, *The Presidential Experience: What the Office Does to the Man,* Prentice Hall, 1978, Chap.4.

(38) Hughes, Emmet John, *The Living Presidency*, Coward, McCann & Geoghegan, 1973, p.143.

(39) Koenig, Lewis W., *The Chief Executive*, 6thed., Harcourt Brace, 1996, p.187.

第8章 オバマ米大統領の内政、外交、リーダーシップの評価

1——問題の所在

　米大統領の任期は4年、合衆国憲法上3選は禁じられている。1951年に批准された憲法修正第22条により、最高2期8年間に制限された。バラク・オバマ米大統領の任期が残すところ2年となり、オバマ治世のリーダーシップを評価する時期に入ったといえる。

　オバマ大統領は、2014年12月19日、ホワイトハウスで年内最後の記者会見に臨み、内政、外政にわたりリーダーシップを発揮してきたことをアピールした。[1] 同記者会見の冒頭に今年を含め、過去6年間のオバマ治世を総括し、「米国は大きく前進できるとの新たな自信を持って新年を迎えることができる」と強調した。外交でもオバマ大統領は「米国はいまや世界をリードしている」と明言、「過去6年間（オバマ在任中）に米国は再生し、国民生活は好転した。米国が向こう2年間進展するのは確実である」と強調した。

　確かに米景気が大きく回復するにつれ、米政府は、取り残されたと感じる多くの有権者をどう活気づけるかに腐心するようになった。

　その一方、現実には富裕層とそれを下回る層との資産格差は、広がり続けている。調査機関ピュー・リサーチ・センターが2014年12月に公表した報告書によると、13年の米国の富裕世帯の資産の中央値は中間所得層の7倍近くだった。この格差は30年前と同水準の大きさで、富裕層と低所得層との格差は70倍に達した。[2]

オバマ大統領は同記者会見で、残る任期を「在任最後2年間」との表現ではなく、「the fourth quarter」と呼んだ。在職8年間を2年毎に区切って、新年1月から退任時までをオバマ時代の「第4四半期」と位置づけた。大統領任期をこう区分した大統領はかつていない。

　大統領の影が薄くなり、引きこもる最後の2年ではなく、他の3四半期同様、やりたい政策の実現を目指す意気込み、闘争心の現れである。オバマは同記者会見で「私はレームダック大統領にはならない」と見得を切ったともいえる。レームダックは文字通り訳すと「脚が不自由なアヒル」であり、米国では任期が残り少なくなり政治的な影響力を失った大統領のことを指す場合にしばしば用いられる。

2── 説得する力

　リチャード・ニュースタットの『大統領の権力』は、戦後の米大統領リーダーシップ論のなかで最も影響力のある書物だとされるが、行政（政治）の中心、つまり指揮すべきときに先頭に立たなければならない人物としての大統領に焦点を当てている。クリントン・ロシターの言葉を用いると、まさに「大統領は行政府のリーダーである」大統領は行政府のリーダーとして行政に対する全般的指導と能率的機能を確保しなければならない。

　またセオドア・ローウィは、大統領は議会や政党を凌駕し、政治システムの中心になった、と主張している。

　ニュースタット はその著書中で、大統領の政治的リーダーシップと大統領の権力は3つの重要要素により成り立ち、その要素とは職務的評判（professional reputation）、大衆的信望（public prestige）、大統領としての選択（presidential choices）であるとしている。

　そしてニュースタットは、大統領の権力とは法律によって与えられているさまざまな機能ではなく、政治的リーダーシップに属する説得する力であり、それは取引する力であると述べている。とくに大衆的信望において、説得力は重要である。

　戦後の大統領で大衆に対する説得力を大きく発揮し、内政、外交を指導した例としては、グレート・コミュニケーター（偉大な意思疎通者）と呼ばれたロナルド・レーガン大統領がいる。レーガン大統領はサプライサイドの経済的考え方としてレーガノミックスを掲げ、議会の民主党議員の反対が強いなかで、大幅減税を議会に承認させた。また外交政策でも「強いアメリカ」を掲げ、ソ連の共産主義膨張政策を前に自由と民主主義を掲げ、国防力を大幅に増強した。これらの政策で議会の反対が強まると、レーガン大統領は全米国民向けのテレビ演説を行い、国民大衆に直接訴えかけることにより、大衆の支持を獲得し、その世論の力で議会の表決に影響を与えた。

　その鍵になったのが、レーガン大統領のグレート・コミュニケーターとしての説得力である。その説得力は確固とした思想的信念に基づくものであった。また冷戦時代におけるソ連・共産圏の脅威拡大という外的脅威の存在が国家緊急事態の意識を生み、その説得力をより効果的なものにした。またその国家緊急事態のなかで、大統領としての選択が演説の説得力を裏打ちし、国内外における大統領の信憑性を強める効果を生んだ。

　ソ連軍事拡張路線を前にした戦略防衛構想（SDI）推進の決断、カリブ海、中米における共産主義拡張に対抗するグレナダ侵攻作戦、ニカラグア反政府勢力支援、ソ連軍のアフガニスタン軍事介入・支配に対抗する抵抗運動勢力ムジャヒディーンへの支援、西ベルリンのディスコ爆破テロなどリビアの一連のテロ活動への関与、支援への報復としての1986年リビア爆撃などの決断はその例だ。

　ビル・クリントン大統領もレーガン大統領に比肩し得る説得力の持ち主として評価されている。ただクリントン大統領の場合、説得力はレーガン大統領の思想的信念とそこからくる理想主義に基づくものではなく、「相手の痛みを感じる」共感力、あるいはヒューマニズムに基づくものだった。どちらかといえば、かつてフランクリン・ルーズベルト大統領がラジオを通じて国民に語りかけた炉辺談話に近いものである。全米向けテレビ演説ではなく、タウンミーティング（市民対話集会）を通じての直接対話を得意とした。世論

をリードするというよりも、世論の動きを見て世論受けしやすい政策を打ち出し、支持率を維持あるいは向上させていくというものだった。

　バラク・オバマ大統領の場合も、演説巧者だとか、説得力ある演説を得意とするという定評がある。その演説はヒューマニズム的理想主義に基づくものだ。2009年4月にオバマ大統領がプラハで行った「核兵器のない世界」の演説はその例である。[8] 演説のなかでオバマ大統領は、「私は、米国が核兵器のない世界の平和と安全を追求する決意であることを、信念を持って明言する。私は甘い考えは持っていない。この目標は、すぐに達成されるものではない。おそらく私の生きているうちには達成されないだろう。この目標を達成するには、忍耐と粘り強さが必要だ」と述べた。この理想主義は、ロシアなどの相手国が国益その他の理由からそれに同調するときには、それなりの効果を発揮する。オバマ大統領は2009年12月に失効した1991年の戦略兵器削減条約（START）に代わる新START条約交渉を追求し、条約合意を達成した。同条約は2010年4月に調印された。これはオバマ政権1期目の主要外交成果となった。[9]

　しかし、相手国がその理想主義に同調しないとき、あるいはその逆の行動に出るとき、オバマ大統領は戸惑い、躊躇し、決断できなくなってしまうように見える。

　例えば、ロシアのプーチン大統領が2014年3月にウクライナのクリミア併合に踏み切ったとき、オバマ大統領は決然として行動を取ることができなかった。欧米が打ち出した資産凍結や渡航禁止などの制裁措置はロシアに大きな打撃を与えるものではなく、ロシアに無視されてしまった。ロシアはその後、ウクライナ東部でも力による介入の動きを強め、第2の冷戦時代の到来ともいわれる状況が生まれ始めているが、オバマ大統領はこれに対して軍事力を使った対抗措置は拒否し続けている。

　共和党はこれを、オバマ大統領の優柔不断、あるいは弱腰外交とか謝罪外交と批判している。これは、オバマ大統領の選択能力の欠如と見ることもできる。

3──判断力の欠如

　大統領のリーダーシップの要素である大統領としての選択は、外交政策の
優先順位の選択、具体的措置の選択、外交閣僚・スタッフの人事の選択など
で、大統領の判断力や決断力に深く関わっている。国民を指導し、説得する
能力は大統領の下した選択に属する機能であり、その選択に対する責任は大
統領だけにある。大統領が下す選択は、職務的評判及び公衆の信頼を左右す
る。言い換えると、大統領の選択はアメリカの外交政策という政治のなかで、
リーダーシップと権力を行使する手段である。

　オバマ大統領は一連の外交危機への対応のなかで、決断力に欠ける大統領
だという評価が定着している。国民を指導し、説得する能力は、大統領が下
した選択や決断を国民に納得させ、支持させる能力である。大統領は選択あ
るいは決断に対して、最終的責任を負わなければならない。オバマ大統領の
優柔不断とも取れる対応は、その責任の忌避とも受け止められている。大統
領の選択は、職務的評価や大衆的信望も左右する。

　「ワシントン・フリービーコン」のビル・ガーツ編集主幹は、オバマ大統領
や側近の外交安全保障政策における判断力を批判している。[10]ガーツは、オバ
マ政権は、グローバル化により国家間の違いがなくなり、ロシアなど外国も
米国と似たような考えや行動をするという想定で外交における判断を下して
いるとし、「今日の世界のパワー・ポリティックス（権力政治）や地政学的な
現実を完全に見誤っている」と指摘する。ガーツはクリントン政権時代、ワ
シントンタイムズの国家安全保障問題専門記者として、とくに国防総省や情
報機関当局者から頻繁に機密情報のリークを受け、ワシントン・インサイダ
ーの立場を確立していた。[11]

　オバマ大統領の外交政策における選択、選択の根底にある判断力の欠陥は、
イラク情勢、イラクにおけるイスラム国の勢力拡大で浮き彫りになった。オ
バマ大統領はイラクから米軍が撤収すればテロ組織が勢いづき、治安が急速
に悪化することが容易に予測できた状況下で、2011年末に米軍部隊を撤収し

た。案の定、イスラム教過激派テロ組織が復活し、2年後にはイスラム国がイラクの広大な領土を占領するに至った。いまや、イラクはかつてのアフガニスタン以上に危険なイスラム過激派組織の活動基地になっている。

この大統領の対イラク政策における判断、選択の誤りは、オバマ政権の閣僚経験者であるロバート・ゲーツ元国防長官、レオン・パネッタ前国防長官など内部からも批判されている。ゲーツ元国防長官は著書で、オバマ政権が政策を決定する際の中心的動機は、国外における米国の関与を終結させて安全保障への支出を削減し、その資金をオバマ大統領が得意とする国内政策に投じるということだ、と指摘する。⁽¹²⁾

オバマ政権で中央情報局（CIA）長官、国防長官を務めたレオン・パネッタは、『価値ある戦い── 戦争と平和のリーダーシップの回想録』と題する回想録を2014年10月7日に出版した。パネッタ氏は回想録のなかでオバマ大統領の政策を鋭く批判しており、オバマ大統領が過去3年間に行った決定はイスラム過激派テロとの戦いをより困難にしたと主張している。⁽¹³⁾

パネッタはオバマ大統領の過ちとして、

① 2011年のイラク駐留米軍撤収の前に2011年以降のより小規模な米軍駐留継続の前提となる地位協定交渉で、交渉妥結に十分な努力をせず、米軍残留を許可するようイラク政府に対して強く要求しなかった、それによりイラクに力の真空状態が生じ、イスラム国の伸長を許した。

② 2012年にシリアの穏健派反政府勢力に対して武器供与を行うべきだというパネッタ国防長官、クリントン国務長官（ともに当時）などの側近の助言を拒否し、シリアの反政府勢力支援をしなかった、それによりシリアのアサド政権と戦っている反政府勢力のなかの穏健派を見分ける機会を逸した。

③ シリアのアサド大統領に自国民に対して化学兵器を使用しないよう警告しながら、2013年にアサド政権が国内で化学兵器を使用したときに制裁の軍事行動を起こさなかった、アサド政権への空爆に議会の承認が必要だと言い議会の承認が得られなかったために空爆も実施しなかった、そ

れにより米国への国際的信頼が失われ、現在イスラム国に対する広範な
国際的連携を構築するうえで困難が生じている。

などの点を指摘している。

　パネッタはオバマ大統領の顕著な弱点として、「敵対者に立ち向かい、目的
のために支援を結集することにおいてのどうしようもない遠慮」を挙げ、「指
導者としての熱情よりも、法学教授の論理に依存することが多すぎる」、「闘
いと苦情を避け、機会を失ってしまう」としている。この対外的に遠慮がち
な態度、敵に謝るかのような姿勢は、共和党や保守派により1期目から批判
されてきた。パネッタはまた、オバマ大統領が「プロセスを考えて意気消沈
し、戦うことをやめてしまう」傾向があることを指摘している。また国内政
治においても、ワシントン政治の膠着状態には民主党、共和党両方の議会指
導者にも責任があるが、大統領がもっと関与し強力な指導力を発揮すれば、
議会指導者もそれについていくと強調し、オバマ大統領の指導力欠如を批判
している。パネッタの回想録は、オバマ大統領の判断力、職務遂行能力を含
むリーダーシップの欠如についての痛烈な内部告発である。

　2014年11月、オバマ政権3人目の国防長官ヘーゲルが辞意を表明した。
在任1年9カ月であった。米議会上院外交委員会の民主党スタッフによると、
ヘーゲル長官は11月に入り、少なくとも2回、オバマ大統領と差しで会い、
安保政策について意見具申している。同長官はシリア政策の混迷だけでなく、
ISIS空爆への地上軍派遣の緊要性、イラク軍訓練・支援の問題点、国防予算
大幅削減の見直し等、大統領側近と対立している政策路線について直訴した
とされている。[14]

4── イメージ、シンボリズム

　大統領の政治的リーダーシップのもう1つの要素である職務的評判は、ワ
シントンDC内外のさまざまな政治アクターが大統領の業務遂行能力をどう
評価するかということである。政治アクターには、官僚機構、議会、利益団

体、メディアなどが含まれる。オバマ大統領の側近である閣僚からも批判が相次いでいるのだから、他の政治アクターのオバマ大統領の職務的評価が低いことは推して知るべし、である。

　政治アクターの大統領の業務遂行能力への評価は、これらのアクターが国民の大統領支持のレベルをどう認識しているかに左右される。大衆的信望が高まれば、職務的評判も高まる傾向がある。また信望、評判にとって、イメージ、シンボリズムが重要である。これはいかに国民に対して、有能な大統領であるというイメージを植え付けるかという能力であり、権力のシンボルを操る能力である。権力のシンボルを操るという能力は、ワシントン政界においては実際の実務能力以上に重要である。

　レーガン大統領は、演説のなかにイメージ、シンボリズムを巧みに織り込み、説得力を高めた。強い大統領、頼もしい大統領というイメージ作りに非常に長けていた。国民から絶対的、肯定的なイメージを得ている大統領は強力である。

　オバマ大統領は、有能な頼もしい大統領というイメージ作りに成功しているとはいえない。職務的評判も低迷している。オバマ大統領への支持率は就任当初は、「米国史上初の黒人大統領」という歴史性、ユーフォリズム（高揚感）に助けられて極めて高い水準だったが、2013年9月以降は不支持率の方が支持率を上回るようになった。ギャラップ社調査では、2013年9月18～20日の調査で支持率、不支持率ともに45%になったが、以後2014年6月まで不支持率は上昇し続け、支持率は下落し続けた。[15] これは米経済の回復に手間取り、とくに失業率がなかなか改善しないという経済問題、なかなか生活が楽にならない現実への国民の苛立ち、不満が大きく反映していた。

　さらにオバマ大統領は1期目の国内政策の最大の成果として、米医療保険制度改革法（通称オバマケア）の制定を強調してきた。しかし2013年秋からの実施段階で、オバマケアのウェブサイトがうまく機能せず、そのつまずきがニュースで大きく報じられた。また2013年9月から10月にかけては、議会の共和党保守派のオバマケア反対の動きが高まり、オバマケア実施をめ

ぐる党派対立で連邦政府が一時閉鎖に追い込まれ、国民生活に支障が生じた。

　オバマ大統領は連邦政府閉鎖を回避するために最善を尽くすのではなく、連邦政府閉鎖を放置してその責任を専ら共和党に押しつけるという政治工作に集中しているという無責任イメージが強まった。大統領のイメージ作りどころか、イメージダウンが甚だしく、ギャラップ社調査では、2014 年 6 月 11 〜 13 日に支持率は 41%、不支持率は 54% と大統領の支持率が過去最低水準に達した。同調査では、景気や雇用の改善への好感などが幸いして、2014 年 12 月 27 〜 29 日には支持率、不支持率ともに 48% まで持ち直したが、1 年 3 カ月にわたって不支持率が支持率を上回り続けた。

　クリントン大統領は在任中の 8 年間、米国史上最も長期にわたる経済好況に助けられ、経済政策の運営に成功したというイメージを定着させるのに成功した。実際には、この経済好況の基礎は、その前のレーガン、ブッシュ政権を通しての減税、規制緩和など共和党が推進した政策により作られてきた。米経済が本格的に上向き始めたのは、1992 年前後、ブッシュ政権末期であり、クリントン政権はその恩恵を受けた。クリントンの政治的手腕は、それをあたかも専ら自分の政策の成功のように印象づけたイメージ作りにあったといえよう。

　オバマ大統領は、リーマン・ショックに始まる大恐慌以来ともいわれる金融危機、経済危機のなかで大統領に就任した。その負の遺産を背負って大統領になったことを考えれば、大型の景気刺激策で緩慢だったとはいえ、かなり経済を回復させてきた功績は評価しなければならない。しかし、その功績を政治的資産に転化するイメージ作りでは失敗してきた。失業率の改善、雇用市場の改善が遅れ、経済回復が一般国民の生活改善にすぐに結びつかなったなどの要因が、マイナスに作用したこともある。オバマ大統領は折あるごとに経済回復の実績を強調してきたが、経済回復を成し遂げた大統領というイメージを定着させることはできなかった。

　『パワーゲーム』の著者ヘドリック・スミスは、「過去、現在、未来を問わず、大統領は国民が想像しているほどの権力は持っていないものである。し

かし、よい結果を残す大統領は、権力を有しているように見え、問題となることの方はできるだけ表に出さず、あるかなしかの明確な勝利を高らかに吹聴することで、強い大統領という評判を得る」と指摘している。[18]

5―― レトリックの信憑性

　オバマ大統領の外交分野における優先課題は、イラク、アフガニスタンでの戦争の終結と米軍撤収、テロとの戦いの勝利に置かれてきた。この分野での顕著な成果は、2011年5月の米特殊部隊によるアルカイダの国際的指導者ウサマ・ビンラディンの暗殺を成功させたことである。ここにおいても、オバマ大統領はその成果をテロとの戦いを勝利した大統領というイメージに結びつけることができていない。

　もっともウサマ・ビンラディン暗殺の成功の準備は、オバマ大統領の功績というより、ブッシュ前政権においてなされてきた。ビンラディン暗殺の大前提は、パキスタンのアボタバッドの邸宅に密かに住んでいたその所在を突き止めるということにあった。これが最も難しい課題だったが、それを可能にしたのはオバマ就任前のブッシュ政権である。米中央情報局（CIA）は、ビンラディンの補佐だったアブ・アフメド・アルクウェイティ（実名イブラヒム・サイード・アフメッド、略称アブ・アフメド）の動きを辿ることによりパキスタンに潜伏していたビンラディンの所在を突き止めた。

　ニューヨークタイムズなどによると、アルクウェイティの動きをよく知っていたアルカイダ要員ハッサン・グルが、2004年1月に米国により拘束され、CIAはグルに対して過酷ともいえる尋問を行うことにより、アルクウェイティがビンラディンの伝令として果たしていた重要な役割を突き止めた。[19]ブッシュ政権下でCIAは、アルクウェイティに焦点を絞り、その動きを追跡できる態勢を整えた。その具体的成果は、ビンラディン暗殺という形で、オバマ政権になって実を結ぶことになる。経済政策の面ですぐ前の政権のやったことの恩恵を受けたクリントン大統領と似たような立場に、オバマ大統領は外交政策の面で立っていたことになる。

　オバマ大統領はビンラディン暗殺という象徴的事件をテロとの戦いの勝利として宣伝し、アルカイダはもはや壊滅寸前の状態にあるというイメージを作り出そうとした。

　ところが、そのレトリックに反するような出来事がその後次々に起こった。2012 年 9 月 11 日には、リビアのベンガジでアルカイダ系テロリストにより米領事館が襲撃され、クリストファー・スティーブンス米大使はじめ 4 人の米国人が殺害された。イラクでは米軍が 2011 年に撤収した後に、イラクのアルカイダ系組織から発達したイスラム国（ISIS）が 2 年間で急激に勢力を拡張し、イラク、シリアの広大な領土を占拠するまでになった。

　シリア、イラクはいまや 2001 年にアルカイダの拠点になっていたアフガニスタン以上に深刻な国際イスラム・テロ組織の拠点と化し、アルカイダ、イスラム国などの脅威は 2001 年当時のアルカイダ以上といわれるようになっている。この結果、オバマ大統領がビンラディン暗殺を契機に繰り返してきたテロとの戦いの勝利、アルカイダ壊滅のレトリックは全く信憑性のないものになってしまった。

　そればかりではなく、2012 年 9 月のベンガジ米大使館襲撃事件へのオバマ政権の対応が問題にされ、政治スキャンダルとして尾を引き、オバマ大統領の評価を大きく下げただけでなく、2016 年大統領選で民主党の最有力候補と見られているヒラリー・クリントン前国務長官の先行きにも影を投げかけている。2012 年は大統領選の年で、オバマ大統領は再選を控えていたが、投票日の 2 カ月前に起こったベンガジ事件は、テロとの戦いに勝利したというオバマ大統領の選挙戦における主張に反する出来事だった。

　そのためか、オバマ大統領やその側近はベンガジ事件直後には、同事件がテロリストによる攻撃ではなく、イスラム教の教祖ムハンマドを茶化した米国の映画に対する抗議行動がエスカレートしたものであるかのような説明を 2 週間にわたってし続けた。これはオバマ再選を有利に運ぶための政治的動機による事実隠蔽として批判され、オバマ大統領のイメージ、評判を大きく失墜させている。イメージ作り失敗の典型的例であるといえよう。

『フォーリン・アフェアーズ』の最新号で、外交問題評議会会長リチャード・ハースはこう書いている。「米政策の具体的選択は、とくに中東においては、米国の判断と米国の脅威と約束の信頼性について疑いを引き起こした」。オバマ政権がレトリックをそのごとく実行するのを怠った結果、「米国の影響力は減退した[20]」。

6── 関与外交の回避

　外交政策の分野では、オバマ大統領は世界の深刻な課題に対して、関与することを避けているような印象を与えている。オバマ大統領や側近は、自分たちが今後数十年間の国際関係の枠組みを形成する長期戦略を推進していると自負している。

　半面、現実の国際情勢はウクライナとロシアの対立、ウクライナ東部での民間旅客機マレーシア航空17便撃墜、シリア内戦混沌、イスラム国の勢力拡張など毎日のように混沌状態と危機が相次いでおり、オバマ大統領の理想主義と現実のギャップが大きくなっている。

　この結果、2014年8月には、ウォールストリートジャーナルとNBCニュースが実施した共同世論調査では、オバマ大統領の外交政策に対する米国民の支持率は36%と過去最低になった[21]。リチャード・ハースは「大統領が何を達成しようとしているか不明だ[22]」と述べているが、政治専門家や米国民も同様の印象を抱いている。ハースは、オバマ大統領は困難な状況を引き継いだとしながら、オバマ大統領の外交政策決定に関しては、率直な意見を表明した。

「短い答えとしては、あまりよくやっていない。中東では彼は困難な状況を引き継いだが、状況をはるかに悪化させた」という。ハースは、「何よりも、最も影響の大きい一連の措置はシリアに関するものだった」と述べた。「米国の信頼性について（中東地域）、さらにより広範囲な地域について根本的疑問を引き起こした。大統領としての彼の最善のアイデアはアジアにより強調点を置くというアジアへの回帰だったが、それをやっていない。米国は外交を

後退させた」。

これは明らかに、国民に対する説得力の欠如、イメージ作りの失敗である。また、米国外で、ロシア、中国、イスラム過激派グループなどが、米国に挑戦する動きをますます露骨にしていること自体、米国の影響力の低下というマイナスイメージが、世界的に広まっていることの表れといっていい。

オバマ大統領が世界の課題に対して、軍事力を含むハードパワーを行使することを忌避していることについて、ビル・ガーツは次のように述べている。「オバマ大統領はいわゆるソフトパワーによるアプローチをとっている。残念ながら、米国の敵対勢力はそのような姿勢を、米国にはハードパワーや軍事力を行使する意思がない、と判断した。

実際にオバマ大統領は、ハードパワーをほとんど使ってこなかったし、軍事行動を取る場合もリビアの例のように後方支援的行動に限定してきた。その結果、米国の同盟国や友好国は、外交や国際安全保障における米国の指導力に疑問を持つようになった。アジアや欧州、中東などさまざまな地域における米国の外交安全保障政策の失敗に対し、深い懸念を抱いている」。

ウォールストリートジャーナル電子版は2014年8月7日付で、こう指摘している。「大統領が日々の問題に巻き込まれることを避けているため、並行して起きていることの奇妙さを生じさせている。

マレーシア航空17便がウクライナ東部で撃墜された数時間後、オバマ大統領は共和党を批判した経済演説の冒頭で、撃墜について簡単なコメントをするにとどまった。デラウェア州の飲食店でハンバーガーを食べながら、食事に訪れた人と冗談を言い、その後民主党の資金集めのパーティーのためニューヨークに飛んだ。

イスラエルとイスラム原理主義組織ハマスの対立が急激に悪化していた時も、オバマ大統領は一連の民主党の資金集めのためカリフォルニア州に飛んだ。それが世間に伝えられ、ホワイトハウスに味方する人々の一部でさえも、大統領の対応に疑問を呈するようになった」。

ここから伝わってくるイメージは、深刻な国際問題に真剣に取り組むより

209

も、共和党への政治的攻撃や政治資金集めに汲々としているオバマ大統領の姿だ。

7── 深まるレームダック化

　こうした大統領のイメージの悪さゆえに、2014年11月の中間選挙では民主党議員、知事候補者は極力オバマ大統領と距離を置こうとした。中間選挙での民主党の惨敗、共和党の議会上下両院主導権の奪還の最大の要因は、オバマ大統領の不人気であった。中間選挙後、オバマ大統領は議会を主導することになる共和党との超党派的協力を進めることを約束した。

　ところが、その舌の根の乾かないうちに、オバマ大統領は、移民制度改革の議会審議でホワイトハウスと協力したいという共和党の意向を無視し、移民制度改革を大統領権限で一方的に進めることを表明した。これは、ヒスパニック系の歓心を買い、支持率を上昇させる政治的ジェスチャーとも見られている。

　これにより、議会の共和党指導部の態度は一挙に硬化し、2015年は早々からホワイトハウスと議会は対立ムードで始まった。オバマ大統領のレームダック（死に体）化が深まっているが、ホワイトハウスと議会の超党派協力で内政、外交の具体的成果が達成されるという見通しはますます遠のき、その後の2年間は党派対立、分裂政治が一層深まる展開になっていった。

　これは実質的課題の解決よりも、党派政治、政治工作を重んじるというオバマ大統領のマイナス・イメージが、一層強まる結果になっている。

　外交面では、オバマ大統領は2014年12月にキューバとの国交正常化交渉開始を一方的に発表したが、これも外交専門家から、カストロ兄弟を利するだけと批判を浴びている。13年間続いた米史上最長のアフガニスタン戦争は終わったと宣言しても、アフガンが第2のイラクになることを懸念する声も強い。

　大統領が優れた選択をし、リーダーシップを巧みに発揮し、権力を行使するためには、最終的には、大統領およびスタッフが、少なくとも次の3つに

秀でる必要がある。⁽²⁶⁾

　1つ目は、行政府および政策決定過程を管理する。

　2つ目は、ワシントン内外の他のプレイヤーと連携し、政治的に相互に影響しあう。

　3つ目は、地域社会と世界に、自分の優先順位と好みをシンボリカルに伝える。

　オバマ・ホワイトハウスの力量が問われ、評価が下される時期がきた。ISIS戦争の進め方を巡り、オバマ・ホワイトハウスと米軍首脳に意見の相違があるのは既に公然の秘密で、地上軍派遣の是非は最大の相違点とされる。

　米議会の共和党は、ワシントン内の重要な他のプレイヤーの1つだが、それとの連携は、破綻寸前の状態となった。ワシントン政治の機能不全は基本的に解消しそうにない。オバマ大統領のレームダック化を払拭するには程遠いといえる。

（『武蔵野法学』第 2 号、2015 年 3 月）

注・文献

(1) President Obama, Remarks in Year-End Press Conference, The White House, Office of the Press Secretary, December 19, 2014.
http://www.whitehouse.gov/the-press-office/2014/12/19/remarks-president-year-end-press-conference

(2) *The Financial Times*, US ponders inequality amid economic rebound, January 12, 2015.
http://www.ft.com/intl/cms/s/0/bf9b39ac-9a2f-11e4-96 02-00144 feabdc0.html?siteedition=intl#axzz3PWXNw8pq

(3) *Washington Watch*, Vol.880, December 22, 2014, p.6.

(4) Neustadt, Richard, *Presidential Power and the Modern Presidents: The Politics of Leadership from Roosevelt to Reagan*, Free Press, 1991.

(5) Rossiter, Clinton, *The American Presidency*, rev. ed., Harcourt, Brace & World, 1960, p.5.

(6) Lowi, Theodore J., *The Personal President*, Cornell University Press, 1985.

(7) Neustadt, *op, cit.*

(8) President Obama, Remarks in Hradcany Square, Prague, Czech Republic, The White House, Office of the Press Secretary, April 5, 2009.
http://www.whitehouse.gov/the-press-office/remarks-president-barack-obama-prague-delivered

(9) 拙著『戦後米国の国際関係』武蔵野大学出版会、2010 年、398 頁。

(10) ビル・ガーツ（インタビュー記事）「ハードパワー忌避のオバマ政権は地政学的現実を見誤っている」、『世界思想』、2014 年 7 月号、22 ～ 31 頁。

(11) 拙著『アメリカ外交の政治過程』勁草書房、2007 年、212~213 頁。

(12) Gates, Robert M., *Duty: Memoirs of a Secretary at War*, Alfred A. Knopf, 2014.

(13) Panetta, Leon (With Jim Newton), *Worthy Fights: A Memoir of Leadership in War and Peace*, Penguin Press, 2014.

(14) *Washington Watch*, Vol.876 , November 24, 2014, p.7.

(15) *Gallup.com*, Obama Job Approval, Presidential Job Approval Center.
http://www.gallup.com/poll/1249 22/Presidential-Job-Approval-Center.aspx

(16) *Gallup.com*, Weekly Obama Job Approval Dips to 41%, Near Personal Low, June 24, 2014.
http://www.gallup.com/poll/171914/weekly-obama-job-approval-dips-near-personal-low.aspx?utm_source=&utm_medium=&utm_campaign=tiles.

(17) *Gallup.com*, Obama's Job Approval Reaches 48 %, Highest Since August 2013, December 3, 2014.
http://www.gallup.com/opinion/polling-matters/180386 /obama-job-approval-reaches-highest-august-2013.aspx?utm_source=PRESIDENTIAL_JOB_APPROVAL&utm_medium=topic&utm_campaign=tiles

(18) Smith, Hedrik, *The Power Game: How Washington Really Works*, Ballantine, 1988 , p.56.

(19) *The New York Times*, Does Torture Work? The C.I.A.'s Claims and What the

Committee Found, December 9, 2014.
http://www.nytimes.com/interactive/2014/12/08/world/does-torture-work-the-cias-claims-and-what-the-committeefound.html?_r=1

(20) Haass, Richard N., The Unraveling: How to Respond to a Disordered World, in *Foreign Affairs*, Vol.93, No.6, November/December, 2014.
http://www.foreignaffairs.com/articles/142202/richard-n-haass/the-unraveling

(21) The *Washington Post*, Obama's polling sinks further, August 6, 2014.
http://www.washingtonpost.com/blogs/right-turn/wp/2014/08/06/obamas-polling-sinks-further/
世論調査結果の詳細は下記サイトを参照。
http://msnbcmedia.msn.com/i/MSNBC/Sections/A_Politics/1464 3%20AUGUST%20NBC-WSJ%20POLL.pdf

(22) Haass, Richard N. (Interview), Obama's Unclear Foreign Policy Path, The Council on Foreign Relations, May 28, 2014.
http://www.cfr.org/defense-strategy/obamas-unclear-foreign-policy-path/p33037

(23) Haass, "The Unraveling: How to Respond to a Disordered World," op, cit.

(24) ガーツ、前掲記事。

(25) *The Wall Street Journal*, Crises Undercut Obama's Foreign Goals, August 7, 2014.
http://www.wsj.com/articles/SB30001424052702304300404580075720834176394

(26) Rosati, Jerel A., The Politics of United States Foreign Policy, 3rd ed., Wadsworth, 2004, p.84.

第9章 第4四半期米オバマ政権の外交安全保障政策

1── 問題の所在

　オバマ大統領は 2014 年 12 月 19 日、ホワイトハウスで年内最後の記者会見に臨み、内政、外政にわたりリーダーシップを発揮してきたことをアピールした。[(1)]

　同記者会見の冒頭に、当年を含め過去 6 年間のオバマ治世を総括し、「米国は大きく前進できるとの新たな自信を持って新年を迎えることができる」と強調した。外交安全保障でも、オバマ大統領は「米国はいまや世界をリードしている」と明言、ISIS（イスラム国）掃討主導、ロシアのウクライナ侵略阻止への努力、中国との温暖効果ガス削減合意、キューバとの国交正常化合意等に言及、「過去 6 年間（オバマ在任中）に米国は再生し、国民生活は好転した。米国が向こう 2 年間進展するのは確実である」と強調した。

　オバマ大統領は同記者会見で残る任期を「在任最後 2 年間」との表現ではなく、「the fourth quarter」と呼んだ。米大統領の任期は 4 年、合衆国憲法上 3 選は禁じられている。95 年に批准された憲法修正第 22 条により、最高 2 期 8 年間に制限された。在職 8 年間を 2 年毎に区切って、2015 年 1 月から退任時の 2017 年 1 月までをオバマ時代の最終クォーターである「第 4 四半期」と位置づけた。大統領任期をこう区分した大統領はかつていないが、ワシン

トン・ウオッチは同記者会見を、「大統領の影が薄くなり、引きこもる最後の2年ではなく、他の3四半期同様、やりたい政策の実現を目指す意気込み、闘争心の現れである」と表現し、「私はレームダック大統領にはならない」と見得を切ったともいえた、と報じている。歴代米大統領が遭遇するとされる[(2)]レームダックに染まることなく、内政、外政にわたりリーダーシップを発揮することへの意気込みともいえる。

レームダックは文字通り訳すると「脚が不自由なアヒル」であり、米国では任期が残り少なくなり政治的な影響力を失った大統領のことを指す場合にしばしば用いられる。

2── 2014年中間選挙の結果

2014年11月4日の米中間選挙は、共和党の圧勝に終わった。選挙の結果、共和党は米議会下院では定数435のうち247議席を獲得し、共和党の議席数としては1947年の246議席を上回る戦後最多を達成した。また共和党は上院でも定数100のうち54議席を確保し、2006年選挙以来上下両院で多数党の座を獲得した。上院が民主党、下院が共和党と各院の支配政党が異なるこれまでのねじれ議会が解消し、共和党議会対民主党政権の対決構図が鮮明になった。

中間選挙は、オバマ大統領への信任投票といってもいい選挙だった。選挙結果は、共和党の政策や候補者の勝利というより、オバマ大統領への不信任投票と言っていい。当日は知事選が36州で行われ、共和党が常に、大統領選の動向を握るとされるフロリダ州とオハイオ州を守り、伝統的にリベラル州であるマサチューセッツ、イリノイ、メリーランドでも勝利している。州議会の70%以上を共和党が制し、知事・州議会選挙において共和党が大勝する結果となった。

オバマ大統領は選挙後、そうした事実を認識し、残り2年間の任期でできるだけ多くのことを達成するために、共和党との協力関係を模索するかに見えた。しかし、ホワイトハウスと共和党主導の議会との超党派的協力への期

待は、もろくも崩れた。

　オバマ大統領は 2014 年 11 月選挙直後に、対議会協力を謳う一方、移民制度改革を大統領命令により一方的に実行し、数百万人の不法移民に米市民権獲得への道を開く措置を講じる意向を公表した。[3] これは議会の共和党を反発させ、大統領と議会の対立の溝を一挙に深めた。移民制度改革をめぐっては、米国内に約 1,200 万人いるとされる不法移民に対する市民権付与を優先するオバマ大統領と、国境警備強化を優先する議会共和党指導部が対立し、移民制度改革法案の審議が難航してきた。

　それでも共和党は、ホワイトハウスとの協議と交渉を通して、国境警備強化と不法移民問題解決を含む法案の承認、制定を希望してきた。オバマ大統領の発表は、議会を通じての協議と妥協のプロセスを無視するものだった。

　この結果、2015 年 1 月の新議会は、大統領と共和党主導議会との対立の構図でスタートした。2016 年 1 月には米大統領選挙の予備選プロセスが開始され、同年 11 月の大統領選投票日まで米政界は大統領選挙、議会選挙を中心に動くことになる。

　2 期目の大統領は、宿命とはいえ、いやが上にも次第に脇道に追いやられていく。大統領選挙の年は、共和党、民主党それぞれが敵対政党に得点を与えまいとするため、特定の法案成立に向けての対話や妥協の可能性は遠のいてしまう。大統領選挙プロセスに突入するまでの 1 年間も派派対立ムードで始まったことから、国内政策、外交政策に関する議会措置で建設的成果は期待できないという見方が強い。

3── オバマ大統領の外交安全保障政策

　オバマ大統領は 2009 年 1 月に就任したとき、大きな内憂外患に直面する国家の運営を引き継いだ。ブッシュ前政権は、2001 年 9 月 11 日米同時多発テロ以来、テロとの戦いを外交安全保障政策の最優先課題としてきた。

　2008 年には、米国の投資銀行リーマン・ブラザーズが破綻したことに端を発し、続発的に世界的金融危機が発生した。その結果米国を襲った経済危機、

金融危機は、1930年代の大恐慌以来の深刻さだった。これを引き継いだオバマ大統領が国内の金融、経済の建て直しに否が応でも専念せざるを得なかったのは当然の成り行きといっていいだろう。国内経済再建のためには、イラク、アフガニスタンで継続する膨大な戦費を縮小することが喫緊の課題だった。オバマ大統領はこうして、テロとの戦いの終結をゴールに、外交安保政策の中心的目標として、イラク、アフガニスタンからの米軍部隊の撤収を打ち出した。また就任当日に、キューバのグアンタナモ米海軍基地にブッシュ前政権下で拘束したテロ容疑者を収容するために設置していた収容施設を就任後1年以内に閉鎖することを指示する大統領命令に署名した。

オバマ大統領が2009年6月4日にカイロ大学で行った演説「新しい始まり」では、「私は、米国とイスラムとのパートナーシップは、イスラムに対する誤った観念ではなく、イスラムの実態に基づくべきであると確信している。そして、イスラムに対する否定的な固定観念が発生したならば必ずそれと戦うことを、米国大統領としての責務の1つと考えている」と述べ、イスラム教世界とのパートナーシップの模索、中東和平の達成への努力強化を打ち出した。[(4)]

それに先立つ同年4月5日、オバマ大統領はチェコのプラハで演説し、「核なき世界」を追求すると宣言し、そのためにロシアとの新戦略兵器削減条約（START）、包括的核実験禁止条約（CTBT）批准、核拡散防止条約（NPT）強化、核安全保障のためのグローバル・サミットなどの構想を打ち出した。[(5)]これらの目標は達成されればいずれも歴史に残る業績になるもので、オバマ大統領が本当に取り組みたかった課題だったに違いない。

このためには、イラク、アフガニスタンでの戦争活動にできるだけ早く終止符を打つ必要があった。しかしオバマ大統領はあまりに事を急ぎすぎた。また2011年5月のアルカイダ国際指導者ウサマ・ビンラディン殺害という象徴的出来事をあまりに過大評価、誇大宣伝しすぎ、テロとの戦いを終結できると思い込んでしまった。イラク、アフガニスタンでは2011年の段階でもイスラム過激派による暴力的テロが激化していたが、オバマ大統領は2012

年大統領選を控え、アルカイダは壊滅状態に向かいつつある、テロとの戦いは終結しつつあるというメッセージを繰り返すようになった。2011年末にイラクから米軍部隊撤収を完了させ、厭戦ムードが強まっていた米国民の人気取りをし、再選に向けての政治的戦いを有利に運ぼうとした。イラクからの米軍撤収に関しては、現地の司令官から時期尚早と強い懸念が表明されていたが、オバマ大統領はそれを無視した。

　2012年9月11日、大統領選投票日まで2カ月を切った時点で、リビアのベンガジで米領事館襲撃テロが発生し、米大使はじめ4人の米国人が殺害された。オバマ大統領はそれがテロ攻撃であることを最初の1週間以上認めることをせず、側近も事件があたかもムハンマドを風刺した映画への反発による単なる抗議デモであるかのような発言をした。このためか、中東、アフリカ地域に展開されていた米国の軍事資産は対応に動員されなかった。この時点でイスラム過激派によるテロだと認めることは、テロとの戦いは終わりつつあるというレトリックと矛盾することになり、政治的にマイナスになるし、再選にも影響するのでテロと認定しなかったのではないか、という疑惑がいまだに残っている。安全保障上の現実よりも、政治的計算を優先させたことになる。

　シリアにおいても、オバマ大統領の対応は政治的計算優先だった。オバマ大統領は2012年に、シリアのアサド大統領が内戦で化学兵器を使用すれば、米国は軍事介入に踏み切ることを表明する「レッドライン」発言をした。

　アサド大統領は自国民に対して実際に化学兵器を使用したが、米国は軍事介入を躊躇し、ロシアが外交的解決を提案すると、渡りに船とばかりそれに同調した。これは米国の信頼性と威信を国際的に大きく損ねた。

　米国が軍事介入を回避し、シリアの内戦が長期化するなかで、反体制派のなかでのアルカイダなど過激派の勢力が拡大していった。オバマ政権で中央情報局（CIA）長官、国防長官を務めたレオン・パネッタの回想録『価値ある戦い — 戦争と平和のリーダーシップの回想録』によると、クリントン国務長官、パネッタ国防長官、デビッド・ペトレアス中央情報局（CIA）長官ら

が、シリアの反体制穏健派に武器供与する計画を支持し、推奨したが、オバマ大統領は逡巡し、行動を起こさなかった⁽⁶⁾。

4── 政治優先のオバマ外交安保政策のツケ

ロバート・ゲーツ元国防長官は回顧録『任務』で、オバマ政権が政策を決定する際の中心的動機は、国外における米国の関与を終結させて安全保障への支出を削減し、その資金をオバマ大統領が得意とする国内政策に投じることだ、と指摘する⁽⁷⁾。

オバマ大統領の安全保障よりも政治を優先させる態度は、過去3年間のシリア、イラクにおける安全保障環境の激変を見る目を曇らせた。2014年後半からそのツケが一挙にオバマ大統領に回ってくることになる。

シリアを拠点にアルカイダから進化し、シリア反体制穏健派を侵食する勢力に成長し、イラクでも急激に勢力を拡大したイスラム過激派勢力は、2014年6月、イスラム国樹立を宣言。指導者のアブバクル・アル・バグダディはカリフを自称し始めた。2011年にシリア内戦が始まり、米軍がイラクから撤収してから2年間余りのうちに、シリアはイスラム過激派テロリストの訓練基地と人員募集の地と化し、イラクはテロリストの新しい大拠点になった。

1979年にソ連軍がアフガニスタン侵攻を行い、1989年に撤収するまで、アフガニスタン紛争が10年間続き、ムジャヒディーンがソ連軍と戦った。世界からイスラム教徒の義勇兵がアフガニスタンに集まり、90年代にはそこで訓練されたイスラム教徒が過激化して、アルカイダが組織された。アルカイダはアフガニスタンを拠点に、2001年9月11日、対米テロを実行するところまで成長した。この20年間かけたプロセスが、シリア、イラクでわずか2年間に進行し、いまや両国はアフガニスタンをしのぐイスラム過激派テロの拠点になっている。その責任のかなりの部分は、政治を優先し、シリア、イラクの情勢変化に目を瞑ってきたオバマ大統領にある。

オバマ政権の6年間で、ゲーツ、パネッタ、ヘーゲルという3人の国防長官が辞任した。辞任の原因はかなりの部分、こうしたオバマ大統領の外交安

保政策への不満だ。ゲーツは回顧録『任務』で、オバマ大統領はアフガニスタンに関する自らの戦略に自信が持てず、最初から撤退したいと考えていたことを明らかにしている[(8)]。

　ウォールストリートジャーナルは、「ゲーツ氏は2人が政権幹部に上り詰めた後のある会議でのやりとりを、以下のように記している。クリントン氏はオバマ大統領に「（07年の）増派に反対したのは政治的理由からで、それは（大統領選挙の民主党候補を決める）アイオワ州の予備選挙で（オバマ氏と）対立していたからだと話した。（中略）大統領は政治的理由からイラクへの増派に反対したことを曖昧ながらも認めた。私の前でこれらを認める2人の話を聞き、驚いたと同時に失望した」と回顧録を引用している[(9)]。そして、「オバマ氏は増派に対するひどい判断をしていたにもかかわらず大統領になった。だが、戦争を主に国内政治として扱う習慣は執務室にまで持ち込まれ、彼自身の政策を台無しにした」と喝破している。

　パネッタは自分の回顧録で、「オバマ政権はイラクで米兵を残留させずに失敗した」と明言した。また教訓として、「もし米国がリーダーシップを発揮しなければ、他のどの国も代役はできない」、「政府も大統領も、世界のどの場所であろうと空白を放置できないことを認識した。放置すれば、そこはまもなく制御不能となり、わが国の安全保障を脅かす」と述べている[(10)]。

　シリア、イラクでまさしくパネッタが指摘している通りのことが起こってしまった。安全保障専門家は、現在米国がイスラム国（IS）から受けている脅威は、2001年当時、米国がアルカイダから受けていた脅威を上回るとする見方でほぼ一致している。

　パネッタはオバマ大統領の顕著な弱点として、「敵対者に立ち向かい、目的のために支援を結集することにおいてのどうしようもない遠慮」を挙げ、「指導者としての熱情よりも、法学教授の論理に依存することが多すぎる」、「闘いと苦情を避け、機会を失ってしまう」としている。

　この対外的な遠慮がちな態度、敵に謝るかのような姿勢は共和党や保守派により1期目から批判されてきた。パネッタはまた、オバマ大統領が「プロ

セスを考えて意気消沈し、戦うことをやめてしまう」傾向があることを指摘している。また国内政治においても、ワシントン政治の膠着状態には民主党、共和党両方の議会指導者にも責任があるが、大統領がもっと関与し、強力な指導力を発揮すれば、議会指導者もそれについていくと強調し、オバマ大統領の指導力欠如を批判している。[11] パネッタの回想録は、オバマ大統領の判断力、職務遂行能力を含むリーダーシップの欠如についての痛烈な内部告発である。

オバマ政権の国防長官は8年間で新任のカーターで4人になり、第二次世界大戦後では最多を記録する。しかもゲーツ、パネッタ元両国防長官は、退任後回顧録を出版したが、いずれも外交安保担当大統領側近との確執、ホワイトハウス批判を展開している。

5── 残り2年間、オバマ外交安保政策

オバマ大統領は、核なき世界、イスラム世界とのパートナーシップ構築、中東和平の実現、アジア太平洋地域へのリバランス（再均衡）など、外交上の理想と目標を掲げてきた。しかし、これらは机上の空論に終わろうとしている。

米国はロシアと核兵器削減交渉で合意したものの、ロシアはソ連時代を彷彿とさせるような膨張主義を強め、ロシアと西側との関係は冷戦時代に逆戻りするほど悪化している。ロシアはG8から事実上締め出され、ウクライナをめぐるロシアと米欧の対立は、一層深刻さを増している。

ロシアの態度硬化は、米欧諸国とイランの核問題交渉にも悪影響を及ぼし、交渉妥結の見通しを遠ざけてきた要因であり、一方、イランは高濃縮ウランの自国製造を継続している。北朝鮮はニョンビョン（寧辺）の原子炉再稼動の兆候が伝えられ、核兵器、弾道ミサイル開発を継続している。

イスラエル、サウジアラビアは米欧の交渉への不信を強め、イランの核問題の軍事的解決に傾斜している可能性がある。イスラム世界の一部の国々は米国主導の反イスラム国有志連合に参加しているが、イスラム世界は一層混

乱を深めており、中東和平の目処は全く立っていない。アジア太平洋地域への再均衡は内容を伴わないレトリックにとどまっている。

　こうしたなかで、オバマ政権は外交安保政策では、米国への差し迫った脅威となりつつあるイスラム国への対応に追われる状況になっている。これは1月20日のオバマ大統領の一般教書演説、2月に入ってから公表された予算教書、国家安全保障戦略に反映している。

　オバマ大統領としては6回目の一般教書演説は、ほとんどの時間を雇用改善など経済の回復ぶりや税制改革、中間層支援策など経済問題、内政にあて、外交安保問題はおまけのように最後の方で言及するにとどまった。⁽¹²⁾

　そのわずかな言及のなかで、オバマ大統領はイスラム過激派の問題に焦点を当て、「テロ組織を追い詰め、そのネットワークを解体する」と述べて、イスラム国掃討に関係国と協力して努力する決意を表明した。そして米議会に対して、「武力行使に関する権限を認める法案を通過させることで、われわれがこの任務において結束していることを世界に示すよう議会に求める」とし、イスラム国への武力行使に関する新たな権限の付与を求めた。

　また、キューバのグアンタナモ基地のテロ容疑者収容施設の閉鎖という公約実現を改めて強調した。キューバとの国交回復、イラン核協議、中国、サイバーセキュリティにも少しずつ言及したが、外交安保の中心メッセージはイスラム過激派テロ問題に関するものだった。

　オバマ大統領は、イランに関しては、「イランの核兵器保有を阻止するための全ての選択肢を保持する」と語り、「中東での新たな問題の発生を防ぐ」ためにも春までに包括的合意達成に向けて努力することを強調した。オバマ大統領はイランと核問題で包括的合意に達した後は、イスラム国対策でイランと連携できるようになることを期待しているからであり、イラン問題はイスラム国対策とも関係している。

　米議会でも喫緊の外交安保政策の課題は、テロとの戦いだという見方が多数を占めている。これは1つには、アルカイダ系団体が関与を認めたパリでの仏週刊新聞シャルリー・エブド襲撃（2015年1月7日）、オーストラリア・

シドニーのカフェでの人質・銃撃（2014年12月16日）、カナダの連邦議会議事堂での32歳男性による銃撃テロ（同年10月22日）など、イスラム国に刺激されたと見られる共鳴者による同盟国への攻撃が相次いでいるためだ。

　イスラム国には約90カ国から1万5,000人以上の外国人戦闘員が参加しているとされ、今後その数は増える見通しである。外国人戦闘員は帰国後、潜在的テロ要員になり、欧米人も多く混じっていることから米国への脅威は無視できない。米国の国土安全保障、テロ防止の観点からも、テロとの戦いはさらに強化せざるを得ない。ただテロとの戦いでは、イスラム国について地上戦に巻き込まれることなく、壊滅させると強調したものの、具体的措置としてはシリア反体制穏健派支援など従来の政策の域を出なかった。米議会が最も聞きたいテロ組織撲滅の具体的方策は見えていない。

　オバマ大統領は、イスラム国が米国人ジャーナリストを斬首（2014年8月）という残忍な方法で処刑した後に、イラク、シリアのイスラム国拠点への空爆に踏み切った。同大統領は2月10日、イスラム国が拘束していた米国人女性人質ケイラ・ミュラーさん（26）が死亡したと発表した。イスラム国は2月6日の声明で「ヨルダン軍の空爆により破壊されたシリア北部ラッカ近郊の建物で死亡した」と主張していた。ミュラーさんは2013年8月にシリアで難民支援活動を行っている間に誘拐、拘束された。イスラム国によるその処遇に米政府は密かに注目し、失敗に終わった2014年7月のシリア北部ラッカでの米軍による人質救出作戦でも、ミュラーさんの救出は視野に入っていたという。

　米政府はミュラーさんの死亡時期、死因には触れていない。しかしヘーゲル国防長官は声明で、ミュラーさんがイスラム国の「拘束下で死亡した」とイスラム国の責任を示唆しており、米政府は報復の意味でもイスラム国への攻勢を強化することは間違いない。ミュラーさんの死亡の状況についてはCIAが調査しているとされるが、その調査結果によっては米国民からも報復を求める声が強まる可能性がある。

　オバマ大統領は2月2日に2016会計年度予算教書を議会に提出した。[13]予

算教書は、連邦予算の歳出を強制的に削減する制度を廃止するとともに、海外展開する大企業や富裕層への増税で財源を捻出し、中間所得層対策を拡充する内容になっている。国防費とそれ以外の裁量的経費は、強制歳出削減が発動された場合の規模を7%上回る見通しである。オバマ大統領は就任以来、国防費は抑制基調を続けてきたが、ここに来て国防費抑制を緩めたのは、イスラム国などイスラム過激派の脅威に対抗するための国防支出拡大が念頭にあることは間違いない。

　さらにオバマ政権は2月6日に国家安全保障戦略（NSS）を公表した。[14]NSSが発表されるのは、2010年以来今回2回目だが、イスラム過激派組織イスラム国の問題を重視していることが反映されている。米本土へのテロ攻撃の可能性が依然として存在するとし、イスラム国は「米本土への脅威となり得る」という認識を示し、イスラム国の壊滅を目指す決意を改めて強調した。また、暴力的過激主義の根本原因に対抗するため他の国々と協力する努力が米国の能力より長い目で見て重要になるとし、同盟国、友好国との連携を重視する方針を示した。

　オバマ大統領はNSSで、国際問題の解決に「米国の指導力を発揮する」との言葉を90回用いている。同時にNSSで、「恐怖に駆られ対外的に関与しすぎず、軍事力だけに頼ることを排除するのがスマートな外交安全保障戦略である」ことを強調し、外交安保政策は「戦略的忍耐」が求められていることを結論としている。

6──　イスラム国への対応

　ニューヨークタイムズは2月11日付トップで、イスラム国との戦闘で、オバマ大統領が議会に戦争権限付与法案を求めることを報じた。[15]それによると、オバマ政権は議会に、地上戦闘部隊の継続的使用を禁止し、武力行使を3年間に限定する内容を含むイスラム国に対する武力行使を正式に承認するよう求めることを伝えた。米議会のリベラル派議員も保守派議員も、オバマ大統領のイスラム国などイスラム過激派組織打倒の計画に対して深い懐疑心

を抱いており、戦争権限付与法案の内容は、左右両派からの反対を弱める中道的内容にしているという。

　同紙は、要請は「大統領の戦争権限と、2つの長期にわたる戦争の結末で米国が依然として苦闘しているときに別の予測不可能な任務に取り組むことの是非をめぐり、1カ月にわたると予想される議論を開始することになる」としている。

　米議会では、イラク、アフガニスタンで7,000人の米軍将兵が死亡した後、民主党は大統領の派兵、派兵期間についての権限をより制限したいと考えており、共和党は大統領のイスラム国打倒の戦略に対して強い疑いを持っている。米議会は、2001年の9・11テロ直後に、大統領にテロとの戦いのための武力行使を認める幅広い決議を承認し、さらに2002年にイラクに対する武力行使承認を決議した。しかし米議会は2002年以降、大統領の武力行使は承認していない。

　オバマ大統領はこれまで、イスラム国に対する空爆は2001年、2002年の議会の武力行使承認決議によりカバーされるので、新たな議会の承認は必要ないという立場をとってきた。しかし議会では、ランド・ポール上院議員（共和、ケンタッキー州）など、大統領はイスラム国への空爆を開始する前に議会の承認を得るべきだったし、それなしで空爆を継続しているのは違法であるという立場をとる議員が増えている。

　また、オバマ大統領が議会の意向を無視して、移民制度改革を大統領命令により実施しようとする姿勢を2014年12月に示したことなどが、共和党の反発を引き起こし、それがイスラム国対策での大統領の戦争権限を制限しようとする共和党の意思を強める結果になっている。

　また、共和党の多くの議員、民主党の一部議員は、米地上軍部隊を投入することなく、空爆とイラク治安部隊、シリア反体制穏健派勢力だけに頼ってイスラム国を打倒できるとは考えていない。このため、共和党主導議会は、オバマ大統領にイスラム国打倒計画の中身を示すよう要求を強めているが、オバマ政権側はこうした計画、あるいは戦略を示すことができないままにな

っている。

2015年のかなりの部分は、予算をめぐるホワイトハウスと議会の折衝で費やされる見通しだが、国防予算をめぐり、議会がイスラム国対策の明示を求めてくる可能性が強い。オバマ大統領が対策の中身を明示できなければ、予算の議会承認が長引くのは必至で、その間にもイスラム国の勢力は、シリア、イラク国内だけでなく、他の国々にも拡大する状況になるだろう。

2016年になれば大統領選プロセスがスタートし、内外の関心が大統領選の動向に移るため、オバマ政権はますます何もできなくなる。すでに民主党からはオバマ政権で国務長官を務めたヒラリー・クリントン、共和党からはテッド・クルーズ、ランド・ポール、マルコ・ルビオ各上院議員らが立候補声明を出している。議会も選挙に向けて、共和党、民主党の協力は一層できにくくなり、分裂政治が深まることになる。

7──イスラム国、アルカイダの拡大

イスラム国はリビアに飛び火し、そこから北アフリカ地域にも浸透する動きを強めている。リビアには現在、イスラム勢力とリベラル勢力の2つの対立する政府組織が存在している。

イスラム勢力は2014年8月にトリポリを掌握し、政府を樹立した。国際社会が正統な政府と見なすリベラル勢力が主導する中央政府は、北東部トブルクに撤退し、2つの政府勢力の衝突が続いている。また過去1年間、異なった政治勢力の影響下にある武装集団が国内各地で急激に増え、その間の戦闘で治安が悪化している。これはカダフィ政権崩壊後の4年間に、政府を構築できるに十分な長期間にわたり、権力を維持できる強力な単一の政治勢力が生まれていないことからきている。

リビアには法執行機関、治安機関がほとんどない状態で、4,000万点（国連推計）ともいわれる武器が氾濫し、テロやあらゆる犯罪の温床になっており、北アフリカ地域全体の不安定の源になりつつある。リビア北東の港湾都市デルナではイスラム国などのイスラム過激派が支配力を強め、リビアの他

の地域への勢力拡大の拠点になっている。デルナはアフリカ大陸におけるイスラム国の中心的な足場になっている。

2012年に米領事館襲撃テロが起こったベンガジでは、イスラム過激派アンサール・アル・シャリアが勢力を拡大し、カダフィ政権の元軍将官ハフタル派民兵との間で激しい衝突が続いてきた。ベンガジは、シリア、イラク、マリへの戦闘員派遣の訓練拠点になっている。

イスラム国は2014年12月までに、リビアでテロ訓練キャンプを設立した。リビア人、チュニジア人、アルジェリア人などが訓練を受け、外国戦闘員としてシリアに送り込まれている。またシリア、イラクの戦闘に参加したリビア人、チュニジア人などの戦闘員が自国に戻り、北アフリカにおけるイスラム国の基盤拡大に向けて活動している。1月27日には、首都トリポリで、イスラム国に忠誠を誓う地元の武装勢力が政府高官、外交官が利用する高級ホテル「コリンシア・ホテル」を襲撃し、米国人、フランス人など外国人5人を含む9人を殺害した。

ごく最近まで、イエメンは米国のテロとの戦いにおける重要な同盟国だった。イエメンで最近発生した政変で、状況は急速に変化している。イエメンは、アルカイダ系地域組織のなかで米国に最大の脅威を与えているとされる「アラビア半島のアルカイダ」（AQAP）の中心拠点である。

イエメンでは1月19日、イスラム教シーア派に属する民兵組織フーシが武装蜂起し、大統領官邸などの政府庁舎やメディアを掌握。「アラブの春」による国内の反政府運動の高まりで2011年にサレハ前大統領が辞任した後に大統領に就任したハディ大統領が1月22日に辞任し、首相以下内閣も総辞職するなかで、イエメン情勢は混迷している。ハディ前大統領や閣僚はシーア派勢力の拘禁下にある。

潘基文（パン・ギムン）国連事務総長は2月12日、イエメン情勢について「われわれの目前で崩壊しつつある」と強い危機感を表明し、政治的不安定がアルカイダなどが勢力を拡大する素地を作り出していると警告した[16]。アルカイダ系組織は混乱に乗じて、武器庫から武器を略奪しているという。

オバマ大統領がイスラム過激派テロの脅威を軽視してきたことは間違いないが、この６年間に、イラク、シリア、リビア、イエメン、マリ、ナイジェリアなどが新たにイスラム国あるいはアルカイダの新たな主要拠点になってきた。イスラム国の勢力は東南アジアにも飛び火しつつある。

この状況は、冷戦時代に国際政治の現実を無視した人権外交を掲げ、同盟国や友好国との関係を悪化させ、共産主義のいくつもの国々への拡大を許したカーター政権の状況と似ている。カーター政権の場合は、次に登場したレーガン大統領がソ連との対決姿勢を明確にし、強い米国の政策を推進することにより、共産主義勢力への巻き返しに成功した。オバマ政権の場合、オバマ大統領がレームダック化している現在、残り２年間で大きな状況の変化は期待できない。

8── アジア太平洋政策

もちろん、オバマ大統領が外交面で業績を追求しようとしていないわけではない。オバマ外交には２つの大きな焦点テーマがあるようだ。１つは、１期目から唱えてきた「核兵器のない世界」の実現である。もう１つは、アジア太平洋地域の重視で、太平洋時代を主導する大統領になるという夢だ。

オバマ大統領は 2009 年 11 月 14 日にアジア歴訪の最初の訪問地である東京で外交演説を行い、米外交は中東その他の地域に当面焦点を当てるが、米国が「太平洋国家」としてアジア太平洋地域に対して強いコミットメントを維持していることを確認した[17]。この演説は、核廃絶を提唱した同年４月のプラハ演説と並ぶ主要外交演説と位置づけられており、オバマ外交におけるアジア重視を印象づける狙いもあったとされる[18]。

オバマ政権の外交顧問を務めた外交評議会（CFR）のリチャード・ハース会長は、オバマ大統領への鋭い批判を展開している。ハースは「大統領が何を達成しようとしているかが不明だ[19]」と述べているが、政治専門家や米国民も同様な印象を抱いている。ハースは、「（オバマ大統領は）中東では困難な状況を引き継いだが、状況をはるかに悪化させた」とし、「何よりも、最も影

229

響の大きい一連の措置はシリアに関するものだった。……アメリカの信頼性について、さらにより広範囲な地域について根本的疑問を引き起こした」と述べた。また、アジア太平洋地域に関して、「大統領としての彼の最善のアイデアは、アジアにより強調点を置くというアジアへの回帰だったが、それをやっていない」と指摘した。[20]

アシュトン・カーター新米国防長官は４月８日、安倍首相、菅官房長官、岸田外相、中谷防衛相と会談し、日米関係を一層強固なものにすることを確認し、アジア太平洋へのリバランスなどについて意見交換をした。カーター長官は４月７日から９日にかけて日本、韓国を訪問し、日米同盟重視、アジアへのリバランスという従来掛け声だけに終わってきた感があった米国の対アジア安全保障政策により中身を注入する役割を果たした。カーター長官にとって就任後初のアジア外遊だった。日本を最初の訪問先に選び、訪日中の会談の焦点も日米同盟の強化・深化にあった。

カーター長官は４月６日、日本訪問に先立ち米アリゾナ州立大学で「アジア・太平洋リバランス政策の次の段階」と題する演説を行い、リバランス政策の意義を強調、「このような政策を通じてアジア太平洋地域に対する米国の介入を多角化する」ことを明らかにした。[21]カーター長官は演説で、オバマ政府主導の環太平洋経済連携協定（TPP）を空母にたとえ、早期締結の必要性を強調した。カーター長官は、「TPPが重要なのは深い戦略的意義を有するからだ」とし、米国の軍事力は堅固な経済を基盤とする旨を明らかにし、「TPPはアジア・リバランス政策の最も重要な核の１つで、国防長官の私にとってTPPは新空母のように重要だ」と強調した。その理由を「同盟友好国との関係を深化させ、アジア太平洋地域への米国の持続的コミットメントを明確にし、米国の利益と価値観を反映する世界秩序構築を後押しするからだ」と述べた。TPPの妥結は、空母を持つことのように重要だというわけだ。カーター長官の発言は、「アジア再均衡」政策に対する米政府の意思を再確認したものといえる。

オバマ外交の焦点の１つは、アジア太平洋へのピボット（軸足）旋回、ア

ジア寄りの軍事的リバランス（軍事力の再均衡）だ。これはかなりの部分、経済的要因が動機になっている。世界経済の中心は着実にアジア太平洋地域に移行しており、米国が世界最大の経済超大国の繁栄を維持するためには、アジア太平洋地域に焦点を移さざるを得ない現実がある。

　ただ、アジア太平洋地域の経済的発展の恩恵を享受するためには、軍事、安全保障上の挑戦を避けて通ることはできない。中国の台頭は、中国の世界第2の経済大国としての浮上と、中国の軍事力拡張・近代化という2つの側面を持っていることにも、それは表れている。米国は中国と経済的に関与し経済協力を推進したい半面、軍事、安全保障面では中国を警戒、牽制せざるを得ない。

　カーター長官は、アジア太平洋地域での中国の浮上に憂慮を示した。カーター長官は、「米国などのいくつかの国が、中国の行動に対して深く憂慮している。中国の不透明な国防予算やサイバー空間での活動、南シナ海での行為（領有権主張）がさまざまな深刻な問題を起こしている」と指摘した。[22]

　シリア、イラク、イスラム国の問題がクローズアップされるなかで、オバマ大統領がアジア太平洋に力を入れる余裕はますますなくなるだろう。しかし、米国の長期的将来を考えた場合に、経済面や安全保障の面でも、最も重要な地域はアジア太平洋地域である。アジア地域には、中国、ロシア、日本、韓国などが存在し、東南アジア諸国の重要性も高まっている。台頭する中国にどう対処するかは、今後さらに重要性を増してくるだろう。

　オバマ大統領は一般教書演説で、中国が「世界で最も成長の速い地域アジアでルールを作ろうとしている」と警告し、「アジアや欧州との新たな通商協定は自由なだけでなく公平でもある」として、環太平洋パートナーシップ（TPP）協定の合意に強い意欲を表明した。[23] 国際的なルール作りのために、経済大国として浮上した中国との競争を意識しての発想である。

　国家安全保障戦略でも、TPPの重要性を強調している。TPPの問題では、オバマ大統領に対して、議会が大統領貿易促進権限（TPA）を付与するかどうかが最大の焦点になっている。しかし、これまで述べてきたようなオバマ

231

大統領と共和党主導議会との対立は、TPA をめぐる議論をも毒しており、議会が大統領に TPA を付与する見通しには、厳しいものがあることを否定できない。

9—— 結びにかえて

オバマ大統領は 4 月 2 日、イランの核開発をめぐる同国と欧米など 6 カ国との協議で枠組み合意が成立したことを受け、「歴史的な理解に達した」との声明を発表した。[24] ただ、最終合意が実現するかどうかは全く保証されていないと指摘、今回の合意が脆弱なものであることを強調した。大統領は、ホワイトハウスのローズガーデンで声明を読み上げ、枠組み合意が最終合意につながれば、イランが核爆弾を保有する道がふさがれると歓迎し、たゆまぬ外交努力を諦めれば戦争しか残らないと警告した。

ホワイトハウス主導のイラン枠組同意について、反応はさまざまである。ユダヤ系指導者たちは、枠組み合意に達したところでイランが核兵器を開発する可能性は残ると懸念する。イランの核開発をめぐる枠組み合意と、米国とイスラエルの首脳の確執をめぐって、米国ではユダヤ系指導者の間に動揺が広がっている。2016 年の米大統領選を控え、ユダヤ系と民主党の間で続いてきた長年の協力関係に亀裂が入りつつある。[25]

4 月 8 日付ワシントンポストで、「イランが核開発能力を持つことを阻止するための交渉は、核開発能力を認める合意で終わろうとしている」と、かつて国務長官を務めたヘンリー・キッシンジャー、ジョージ・シュルツは指摘した。[26] キッシンジャー、シュルツの指摘は、結局はあらゆる段階で非難を受けるのは米国であり、イランではなく米国が孤立することになる、ということである。

核拡散を防止するために始めておきながら、実際には拡散の引き金となっている。イランの核開発能力の放棄のために始めておきながら、実際には核開発を正当化しようとしている。米国の中東の全同盟国にとって脅威となるテロの最大輸出国を封じ込めるために始めておきながら、イランをこの地域

の経済的、軍事的覇権国にしようとしている。[27]

　オバマ政権には、アジア太平洋地域のことを理解している専門家があまり
いないといわれてきた。そのなかで、国防長官を務めてきたチャック・ヘー
ゲルは日本のことをよく理解し、親日派とされていた。ヘーゲルは2013年4
月に、米国防長官としては初めて、米国の対日防衛義務を定めた日米安保条
約5条が尖閣諸島に適用されると明言した。その後、オバマ大統領は2014年
4月の訪日時に同様に明言している。また中国に関しては、南シナ海などで
の力による威嚇や強要をはっきり批判してきた。そのヘーゲルは2014年11
月24日に辞任を表明した。在任1年9カ月であった。

　原因の1つは、親中とされるスーザン・ライス国家安全保障担当大統領補
佐官との意見の対立があったと見られ、オバマ大統領が側近のライス補佐官
を擁護する立場に立ったためとされる。ライスは2013年11月20日のワシ
ントン市内の大学での講演で、米中関係について「新たな大国関係を機能さ
せようとしている」と、日本などの同盟国の反応には無頓着で、中国を喜ば
せるような発言をした。[28]

　中国の新しい大国関係とは、太平洋を中国と米国で二分し、中国は米国の
区域には口出ししないが、米国も中国が自らの区域と見なすチベット、新疆
ウイグル自治区、台湾、東シナ海、南シナ海などのことには口出しすべきで
ないというものだ。ライスは同じ講演で、尖閣諸島問題に関連して、「米国は
主権の問題には立場をとらない」と述べ、その半年前のヘーゲル長官とは対
照的な発言をしている。

　2014年11月27日付の英ファイナンシャル・タイムズ紙は、オバマ大統領
が、長年信頼してきたライスを中心とする忠実な部下からなるチームを重視
していると指摘した。[29]安全保障に関する政策は今後も、ライス補佐官、ケリ
ー国務長官、バイデン副大統領などが中心になって運営していくことになり
そうだ。

　ヘーゲルに代わり2月に就任したカーターは、国防長官就任以前にも、ク
リントン政権下で国防次官補、オバマ政権下で国防次官、国防副長官を歴任

し、アジア太平洋地域重視の国防戦略の構築を主導した。新任のカーター国防長官の影響力、ホワイトハウスとの関係は未知数である。

　ライス補佐官は、リビアの米領事館襲撃テロに関する事後対応などで不手際が目立ち、民主党議員からも批判を受けてきた。ケリー長官、バイデン副大統領は日本を含むアジアについて関心が薄く、比較的無知である。失言が多いことで定評があり、これまでも外交、安全保障では目立った成果はなかった。

　バイデン副大統領については、ゲーツ元国防長官が回顧録で、「うぬぼれが強く、過去40年間の外交や国家安全保障に関するほとんど全ての主要政策で過ちを犯してきた」と批判している。[30] こうした外交安保政策の担当者を選んだことはオバマ大統領の責任であり、大統領のレームダック化とともに、その側近の顔ぶれから見て、他の外交安保政策同様に、残り2年間にアジア太平洋政策での目立った成果は期待できそうにない。

（『武蔵野大学政治経済研究所年報』第11号、2015年9月）

注・文献

(1) President Obama, Remarks in Year-End Press Conference, The White House, Office of the Press Secretary, December 19, 2014.
http://www.whitehouse.gov/the-press-office/2014/12/19/remarks-president-year-end-press-conference

(2) *Washington Watch*, Vol.880, December 22, 2014, p.6.

(3) President Obama, Remarks in a Press Conference, The White House, Office of the Press Secretary, November 5, 2014.
https://www.whitehouse.gov/the-press-office/2014/11/05/remarks-president-press-conference

President Obama, Remarks in Address to the Nation on Immigration, The White House, Office of the Press Secretary, November 20, 2014.
https://www.whitehouse.gov/issues/immigration/immigration-action#

(4) President Obama, Remarks on A New Beginning, Cairo University, Cairo, Egypt, The White House, June 4, 2009.
http://www.whitehouse.gov/the_press_office/Remarks-by-the-President-at-Cairo-University-6-04-09

(5) President Obama, Remarks in Hradcany Square, Prague, Czech Republic, The White House, April 5, 2009.
http://www.whitehouse.gov/the_press_office/Remarks-By-President-Barack-Obama-In-Prague-As-Delivered/

(6) Panetta, Leon (with Jim Newton), *Worthy Fights: A Memoir of Leadership in War and Peace*, Penguin Press, 2014.

(7) Gates, Robert M., *Duty: Memoirs of a Secretary at War*, Alfred A. Knopf, 2014.

(8) *Ibid.*

(9) *The Wall Street Journal*, Gates: Clinton's Comment on Iraq Surge an 'Anomaly', January 13, 2014.
http://blogs.wsj.com/washwire/2014/01/13/gates-clintons-comment-on-iraq-surge-an-anamoly/?KEYWORDS=clinton+obama+iowa+gates+2014

(10) Panetta, *op, cit.*

(11) *Ibid.*

(12) President Obama, Remarks in State of the Union Address, The White House, Office of the Press Secretary, January 20, 2015.
https://www.whitehouse.gov/the-press-office/2015/01/20/remarks-president-state-union-address-january-20-2015

(13) President Obama, The President's Budget for Fiscal Year 2016, The White House, Office of Management and Budget, February 2, 2015.
https://www.whitehouse.gov/omb/budget
全文は下記サイト参照。
https://www.whitehouse.gov/sites/default/files/omb/budget/fy2016/assets/budget.pdf

(14) President Obama, National Security Strategy in 2015: Strong and Sustainable American Leadership, The White House, Office of the Press Secretary, February 6, 2015.
https://www.whitehouse.gov/sites/default/files/docs/2015_national_security_strategy_2.pdf

(15) *The New York Times*, Obama's Dual View of War Power Seeks Limits and Leeway, February 11, 2015.
http://www.nytimes.com/2015/02/12/us/obama-war-authorization-congress.html?_r=0

(16) Ban, Ki-moon, Yemen Is Collapsing before Our Eyes, Secretary-General, The United Nations, Press Release, February 12, 2015.
http://www.un.org/press/en/2015/sgsm16526.doc.htm

(17) オバマ大統領、サントリーホール（東京）演説、ホワイトハウス報道官室、2009 年 11 月 14 日。
https://www.whitehouse.gov/files/documents/2009/november/president-obama-remarks-suntory-hall-japanese.pdf

(18) 拙著『戦後米国の国際関係』武蔵野大学出版会、2010 年、382 頁。

(19) Haass, Richard N. (Interview), Obama's Unclear Foreign Policy Path, The Council on Foreign Relations, May 28, 2014.
http://www.cfr.org/defense-strategy/obamas-unclear-foreign-policy-path/p33037

(20) Haass, Richard N., The Unraveling: How to Respond to a Disordered World, in Foreign Affairs, Vol.93, No.6, November/December, 2014.
http://www.foreignaffairs.com/articles/142202/richard-n-haass/the-unraveling

(21) Carter, Ash, Remarks on the Next Phase of the U.S. Rebalance to the Asia-Pacific, McCain Institute, Arizona State University, Secretary of Defense, U.S. Department of Defense, April 06, 2015.
http://www.defense.gov/Speeches/Speech.aspx?SpeechID=1929

(22) *Ibid.*

(23) President Obama, Remarks in State of the Union Address, *op, cit.*

(24) President Obama, Statement on the Framework to Prevent Iran from Obtaining a Nuclear Weapon, The White House, Office of the Press Secretary, April 2, 2015.
https://www.whitehouse.gov/the-press-office/2015/04/02/statement-president-framework-prevent-iran-obtainingnuclear-weapon

(25) *The Wall Street Journal*, Political Battle Ramps Up Over Iran Nuclear Deal, April 5, 2015.
http://www.wsj.com/articles/political-battle-ramps-up-over-iran-1428284071?mod=WSJ_hp_LEFTTopStories

(26) *The Wall Street Journal,* The Iran Deal and Its Consequences, April 8, 2015.
http://www.wsj.com/articles/the-iran-deal-and-its-consequences-1428447582

(27) *The Washington Post,* The Iran Deal: Anatomy of a Disaster, April 9, 2015.

http://www.washingtonpost.com/opinions/the-iran-deal-anatomy-of-a-disaster/2015/04/09/11bdf9ee-dee7-11e4-a1b8-2ed88bc190d2_story.html

(28) Rice, Susan E., America's Future in Asia, Remarks As Prepared for Delivery by National Security Advisor, at Georgetown University, Washington, The White House, Office of the Press Secretary, November 20, 2013.
https://www.whitehouse.gov/the-press-office/2013/11/21/remarks-prepared-delivery-national-security-advisorsusan-e-rice

(29) *The Financial Times*, Barack Obama Needs More than a Team of Loyalists, November 26, 2014.
http://www.ft.com/intl/cms/s/0/ee4abdde-7574-11e4-a1a9-00144feabdc0.html?siteedition=intl#axzz3YD656iIB

(30) Gates, *op, cit.*

第10章 米大統領選から見た アメリカの変化

1── はじめに

　2016年米大統領選は、2月1日の民主・共和両党の党員集会に始まり、10以上の州で一斉に予備選・党員集会が行われた3月1日のスーパーチューズデーを経て、4月19日のニューヨーク州予備選へと続き、各州予備選は6月7日で終了した。

　今回の候補指名争いでは、共和党から17人の候補が乱立した。当初有力視されていた元フロリダ州知事ジェブ・ブッシュ、ウィスコンシン州知事スコット・ウォーカーなど、保守、中道両方にアピールする政策的主張を持ち、資金、組織、人脈を持つ候補が予想外に振るわず、次々に脱落していった。そういうなかで打ち上げ花火のように、派手に輝いて消えていくと大方の専門家が見ていた不動産王ドナルド・トランプ（69）が、度重なる暴言にもかかわらず先頭走者の立場を維持し続けた。

　一方、当初は5人からなる民主党の候補者選びでも、名声、人脈、資金力を備えたエスタブリッシュメント候補として本命視されていたヒラリー・クリントン前国務長官（68）は苦戦していた。反エスタブリッシュメント候補のバーニー・サンダース上院議員（74、バーモント州）が予想外の善戦をしたからだ。

2──アウトサイダーの党主流派への挑戦

　そして 2016 年大統領選挙の予備選を締め括り、本選挙への出発を画する共和党全国大会（7 月 18 日〜 21 日、オハイオ州クリーブランド）、民主党全国大会（7 月 25 日〜 28 日、ペンシルベニア州フィラデルフィア）が相次いで開催された。

　共和党も民主党も、予備選で党の伝統的政策と大きく異なる主張を掲げるアウトサイダー候補が予想外の強みを見せ、党の支持層が分裂する状況のなかで全国大会を迎えた。共和党の場合は、アウトサイダー候補の実業家ドナルド・トランプが党指名獲得を達成し、民主党の場合は、インサイダーであるヒラリー・クリントン前国務長官が党指名を獲得した。

　共和党から出馬して最後まで善戦したテッド・クルーズ上院議員（テキサス州）は、共和党の重要基盤であるキリスト教保守派の支持が厚く、クルーズを支持した約 500 人の代議員がどう行動するかが注目されるなかでの党大会だった。

　これに対して民主党も、アウトサイダー候補のバーニー・サンダース上院議員（バーモント州）が若者を中心に多くの熱狂的支持を集め、その支持者の動向が注目された。

　共和党全国大会では、トランプが予備選で打ち出していた過激な主張を修正するかどうかが注目されたが、結局トランプは、従来のアウトサイダー的主張を改めて打ち出した。テロの問題を抱えた国からの移民の一時的差し止め、米メキシコ国境の壁の建設、不法移民流入の遮断、北大西洋条約機構（NATO）などの同盟国の経費負担拡大、それを怠る同盟国との同盟関係の停止、前方配備された米軍の撤収、環太平洋経済連携協定（TPP）や北米自由貿易協定（NAFTA）の合意見直しまたは破棄、米国第一主義の立場からの協定再交渉など、内政、外交両面で数十年間続いてきた共和党の基本的政策を無効化する政策ばかりだ。

　トランプが 11 月の本選挙で共和党候補として勝利すれば、共和党の政策

は伝統的なものから大きく逸脱することになる。長い歴史と伝統を持つ共和党が、アウトサイダーに乗っ取られた形になっている。

　クルーズは大会には出席したが、演説でトランプへの支持を表明することを拒否するという異例の行動に出て、共和党内の分裂を浮き彫りにする形になった。クルーズらは 2020 年大統領選挙を視野に入れ、共和党の保守派の魂を取り戻そうとしており、共和党大会でのトランプ支持拒否はその布石と見ていい。クルーズは、トランプは 11 月の選挙で敗北するというシナリオに賭け、今回の大統領選は捨て去り、共和党保守の原則と伝統の継承者を自任している。クルーズは保守派の高邁な原則へのコミットメントを何よりも重視し、思想的に純粋な立場を維持しようとしている。共和党保守派の伝統的政策をめぐる戦いがすでに始まっているわけだ。クルーズ自身の政治的将来がどうなるにせよ、トランプという異端児の登場により、共和党はここ数十年間なかった大きな党是の転換期を迎えている。

3── トランプの米外交の伝統からの逸脱

　トランプの政策は、共和党の伝統的政策である自由貿易主義、安全保障における国際主義を否定し、方向性を根本的に変えるものだ。問題はこれが米国一国の政策転換にとどまらないことで、NATO 諸国や東アジア地域の日本、韓国、東南アジア諸国などの米国の同盟国との関係も根本的に変化する可能性があることである。

　トランプは予備選で、日本や韓国の安保ただ乗りを何度も批判し、日本市場の閉鎖性にも繰り返し言及している。中国に対しても、中国の為替操作により米国の雇用が失われていると批判している。貿易では、保護貿易主義を支持する姿勢が強い。対中貿易収支は、記録を開始して以来となる過去最大の赤字である。日本が米軍駐留経費を全額負担しなければ在日米軍を撤退させることを示唆し、日韓両国の核兵器保有を容認する発言までした。日米両国は TPP を米国のアジア太平洋地域への関与の礎石として重要視してきたが、トランプが大統領になれば TPP の先行きは一挙に不透明になり、過去の

交渉も振り出しに戻る可能性がある。沖縄の地元の米軍基地反対や米軍普天間飛行場の移設の遅れも、トランプの米軍撤退の口実にされる可能性がある。

　これまで、国際社会の安全保障は、米軍の前方配備を含む米国と欧州、アジアの同盟国との同盟関係を基礎にして維持されてきた。その同盟関係が、中国、北朝鮮、ロシア、イラン、イスラム国（IS）などの非国家アクターなどの潜在的脅威に対する抑止力になってきた。同盟関係が変容するとなると、その抑止力が揺らぎ、国際社会に大きな混乱をもたらす可能性がある。トランプのような同盟関係を含む国際関係まで米国の経済的利益に合致しているかどうかという尺度で測るならば、国際関係、国際安保に取り返しのつかない損害を与えることになりかねない。

4── 同床異夢の民主党の結束

　民主党も、党の分裂の火種をはらんでいる。民主党全国大会の直前に、内部告発サイト「ウィキリークス」により、民主党内部のメールが公開され、予備選で党幹部がクリントン陣営と結託してバーニー・サンダースを追い落とす作戦を練っていたことが発覚した。

　この結果、デビー・ワッシャーマン・シュルツ民主党全国委員長が党大会の前日、7月24日に辞任するという事態になった。これにより、クリントンとサンダースの協力を実現し、サンダース支持層をクリントンに繋げるという民主党の思惑に大きな誤算が生じた。サンダース支持層がクリントン支持に移行するうえで大きな障害を抱えた形で、民主党全国大会が開幕した。

　サンダース議員はクリントン支持表明の態度は変えておらず、サンダースが獲得した代議員は最終的にクリントンを支持することに変わりはない。しかし、サンダースは予備選での票の43%を獲得しており、このサンダース支持者の多くはクリントンへの投票を拒否している。フィラデルフィアでの民主党全国大会開幕の7月25日には、代議員5,000人を含む約5万人が集まる会場となったウエルズファーゴ・センターの北約6キロの街頭などで、共和党全国大会での抗議デモより大きな規模の抗議デモが、サンダース支持者ら

により行われた。

　また、クリーン・エネルギー推進活動家なども、フィラデルフィアのシティーホールからインディペンデンスホールまでデモ行進した。サンダース支持者の熱狂ぶりは、クリントン支持者を大きく上回っている。サンダース支持者の多くが抱くヒラリー・クリントンへの敵対感情も強烈で、同支持者でクリントンに投票を拒否する者は、1 割とも 4 割ともいわれる。

5── 嫌悪感の克服

　トランプもクリントンも、米国の一般大衆からの嫌悪度が高かった。トランプの場合、ヒスパニック（中南米系）、イスラム教徒や女性などへの差別的発言や暴言で、敵が多く、傲慢なイメージがたたって好感度より嫌悪度が高いという状態が続いてきた。

　これに対して、クリントンの場合は、政治的野心を達成するためなら何でも言い、行うといった権力志向のイメージが強い。過去の金融取引など何かとスキャンダル、疑惑がつきまとい、人間性という面で信頼できないという印象を与えてきた。クリントンの大統領選出馬の動機が不透明だ。本当に国を憂え、良くしたいと思っているのか。それとも最高権力の座についてみたい、歴史に名前を残したいといった個人的野心のためなのか。「ヒラリーが大統領になろうとしているのは、それがはしごの次のステップだからだ。そしてこれが最後のステップとなる」（クラウトハマー、7 月 29 日）。

　共和、民主両党の全国大会はそれぞれ、党内の結束、党正副大統領候補の全国民へのアピールという目的がある。党の結束という意味でも、いずれの党も今後に課題を残した。党の指名大統領候補の国民へのアピールでは、トランプもクリントンも家族や友人の演説などにより、それまで知られてこなかった人間性を明らかにしたという点で一定の成果があった。

6── 党内結束、イメージ改善を狙った副大統領候補選び

　トランプの副大統領候補の選定も、共和党の宗教保守派でインディアナ州

知事のマイク・ペンスを選んだ。ペンスは下院議員を経験したあと州知事になり、政治経験は豊富。人格に対する評価も高く、「自分はキリスト教徒、保守派、そして共和党員。その順番だ」と述べるほど、信仰、家庭を重視する。暴言が多いトランプとは性格的に正反対で、共和党キリスト教保守派からの信頼が厚い。トランプとは政策的見解がかなり異なるが、クリントンが大統領になることだけは阻止しなければならないという強い使命感から副大統領候補指名を受諾した。キリスト教保守派はトランプに対して、懐疑的見方をしている。ペンスの副大統領起用は、トランプが党内を一体化させるための人選だった。また予測不能なトランプへの不安感を緩和する人選でもあった。

　一方、クリントンは副大統領候補に、ティム・ケイン上院議員（バージニア州）を起用した。ケインはリッチモンドの市議会議員、市長、バージニア州知事も歴任し、米国史上に30人しかいない市長、州知事、連邦上院議員の3職を歴任した政治家の1人である。クリントンと同じくインサイダーで、クリントンは「大統領職を代行しなければならなくなっても、すぐにそれができる」資質を最重視したと述べている。いつも明朗で笑顔を見せ、人柄もいかにもいいナイスガイであり、クリントンと違って知名度が低く、スター性には欠けるが、一般大衆から見ての好感度が高い。またクリントンは率直に意見を言い合える相性の良さも重視したといっているが、クリントンとの呼吸がよく合っている。2人で有権者の前に登場するときは、いつもは険しい表情が多いクリントンも笑顔になる。その意味で、クリントンへの不信感を緩和するという点では、成功した人選といえる。

　またロースクール在学中の1980〜81年、イエズス会の宣教師として中米のホンジュラスで奉仕活動をした経験もあり、利他的生き方という点でも信頼を受ける要素を多く持っている。ケインのもう1つの強みはスペイン語を流暢に話せる能力で、ヒスパニック系の多い州に行ってスペイン語を駆使し、その支持を獲得するうえで効果的な働きをすることができる。

　移民排斥的イメージが強いトランプと違って、クリントンは不法移民にも市民権獲得への道を提供する移民法改革を打ち出しており、政策的にもヒス

パニック系にとってより安心できる。2012 年大統領選挙では、オバマ対ロムニーの一騎打ちで、米国人口の 15% 近くを占めるヒスパニック系がオバマ勝利の重要な要因になった。

またトランプは、女性への蔑視発言が尾を引き、女性の間で人気が低い。クリントンはもし大統領選で当選すれば、米国史上初めての女性大統領ということになり、その存在自体が女性からの支持を得やすい立場にある。女性の 7 割がクリントンを支持している。

クリントンは、ヒスパニック系、女性の支持票でトランプに大差をつけ、当選を確実にしようという戦略がうかがえる。米国史上初の黒人大統領となったオバマの 2008 年、2012 年の大統領選勝利では、これに黒人、若者層が支持基盤に加わった。黒人はともかく、若者層はクリントンよりも対抗馬だったサンダースを圧倒的に支持しており、サンダース支持層をどこまで取り込めるかが、オバマ支持層をどこまで引き継げるかを左右する。

7── 民主党分裂の危機をはらむサンダースの革命運動

民主党全国大会開幕の直前、内部告発サイト「ウィキリークス」が公開した民主党内部メールにより、民主党全国委員会が民主党予備選の過程で、クリントンに肩入れし、対立候補のサンダースを追い落とす作戦を練っていたことが発覚。当然のことながら、サンダース支持者の大きな反発を引き起こした。この結果、予備選で 43% の得票をしたサンダースがクリントンを支持し、党の一体化を達成することが難しくなることが危ぶまれた。実際、初日にサンダース支持者は、民主党全国委員会幹部の演説にブーイングを飛ばし、ヒラリー批判の声が強まるなど、会場は一時騒然とした。

結局、サンダースは党大会初日の演説で、「イスラム教徒や女性などを侮辱する指導者ではなく、働く家族の生活を改善し人々を結束させられる指導者が必要だ。クリントンが次の大統領にならなければならない」と訴え、クリントンを党統一候補として支持することを明確に表明した。さらに 2 日目の州ごとの点呼による代議員票集計の最後に、党規約を曲げて最後発声投票で

クリントンを党候補に正式に指名することを提案。サンダース支持者も含めほぼ満場一致で、クリントンを米国発の主要政党の大統領候補に指名する演説を行い、挙党一致の姿勢を誇示した。

社会主義者を自称するサンダースが、このようにクリントンを無条件で支持したのは、民主党の政策綱領に自らの主張が本格的に取り入れられたからだ。民主党全国委員会とクリントン陣営は、サンダース支持者を取り込むために、サンダースの主張を党政策綱領に大幅に取り入れた。民主党政策綱領は、ウォール街を変える金融改革や最低賃金引き上げなどを盛り込んだ左寄りの内容になり、「民主党史上最もリベラル」（サンダース）なものになった。

サンダースは初日の演説で、これからやるべきことは、民主党大統領、民主党主導の上下両院で政策綱領を実行に移すことだと強調した。サンダースは、予備選で 1,300 万人の票を獲得した自分の運動を「革命」と呼び、それを大統領選挙後も継続することを呼びかけた。選挙ではクリントンを党統一候補として支持する姿勢を明確にしたが、サンダースには運動は選挙以上のものだという自負があり、その運動は今後民主党自体の変革、あるいは第 3 勢力の確立という方向に動く可能性がある。

1% の富裕者のためでなく全ての人のための政府にする戦い、40 年間の中産階級衰退に終止符を打ち、不平等を終える戦いを継続すると訴え、支持者は熱狂的に反応した。サンダース旋風が民主党全国大会を支配したかに見えた瞬間だった。

民主党政策綱領には TPP 反対は明記されなかったが、クリントンが大統領になって TPP 見直しを実行しない場合、サンダースとその支持者から TPP 見直し、修正または離脱を迫る圧力が強まることが予想される。クリントンは当初は TPP を支持していたが、予備選で TPP 反対を掲げるサンダースへの支持が拡大するにつれ TPP 見直しへと政策姿勢を変化させていった。

若者層を中心とした支持者の熱狂的な運動と党結束を優先せざるを得ないクリントンの配慮のお陰で、過去には受け入れられなかった社会主義的な政策が民主党の綱領として採択され、主流的な位置を与えられた。民主党自体

が、サンダースのポピュリズムの影響で、大きく変化する可能性を秘めている。共和党とはまた違った形で、民主党の大きな転換期に直面しているといっていい。

8── 激変する党政策綱領と安全保障問題

　政策綱領は初期にはごく簡潔で短かったが、現在は多様かつ細かい内容になっている。2016 年選挙では、党内の活動家の候補者への不信を和らげ、党を結束させる手段として使われた。綱領は法的拘束力はないが、候補者が大統領になった場合の公約となる。サンダース支持者のニナ・ターナー元オハイオ州議会議員は、民主党綱領はクリントンらが政権の座に就いた後、どこまでその政策を実行するかの「スコアカード」になるとし、実行状態を注視することを強調している。

　民主党政策綱領がこれまでで最もリベラルな内容となっている半面、共和党政策綱領もトランプの主張を反映した異色の内容になっており、伝統的な共和党の政策綱領から多くの点で逸脱している。両党の党政策綱領は多くの重要政策テーマで大きな違いを示した。

　安全保障問題では、民主党綱領は、「ISIS、アルカイダ、その関連組織を撃退し、代わりに他のグループが台頭するのを防止する。イラク、シリアの ISIS の拠点を破壊するための同盟国およびパートナーの広範な連合を主導し続ける」としている。イスラム国（IS）に関して、民主党綱領は、大規模な米軍戦闘部隊の展開を含まない IS に対する軍事行動についての議会承認を主張している。

　民主党綱領はまた、北朝鮮に関して、「地球上で最も抑圧的な政権」と呼び、「数度の核実験を実施し、米国を直接脅かすことができる長距離ミサイルに核弾頭を装備する能力を開発しようとしている。政権は北朝鮮国民に対する重大な人権侵害にも責任がある」と強調。「ドナルド・トランプは北朝鮮の独裁者を称賛し、米国の条約同盟国である日本、韓国を見捨てると脅し、地域における核兵器拡散を奨励している。このアプローチは首尾一貫性がなく、

世界的危機を解決するのでなく新しい危機を生み出すものだ。民主党は米国および同盟国を保護し、中国に北朝鮮を抑制するよう圧力を加え、北朝鮮が非合法な核、ミサイル計画を放棄するよう選択肢を明瞭にする」としている。綱領はまた、アジア太平洋地域の国々との関係を深め、「米国の日本への歴史的コミットメントを尊重する」としている。さらに、「同盟国およびパートナーと協力して、地域の期間と規範を強化し、南シナ海の海洋の自由を保護する」としている。

　このほか民主党綱領は、強力な執行、実施を条件に、イランと米国など6カ国との核合意を支持している。共和党綱領は敵国になり得るイランの核武装を助けるものとして合意を拒否し、「共和党大統領はそれに束縛されない」と明言している。また対イランで「全てのオプションを留保する」としている。前述のようにイスラム国（IS）に関して、民主党綱領は、大規模な米軍戦闘部隊の展開を含まないISに対する軍事行動についての議会承認を主張している。民主党副大統領候補ティム・ケイン上院議員は、ISに対する軍事作戦への新たな議会承認を主張してきた。また綱領は、ISの宣伝に利用されるとして、トランプのイスラム教徒排斥を拒否している。

　共和党綱領は、ISを「殺人的狂信主義」と呼び、地域からISを根絶するためにイラクと協力することを謳っている。またIS戦闘員を撃退し、ISに脅かされる民族的宗教的マイノリティーのための安全な隠れ家をイラク北部に設置するなどISの被害者を支援することを主張している。

　共和党綱領は、「米国は環太平洋の全ての国々と経済的、軍事的、文化的絆を持ち、日本、韓国、オーストラリア、フィリピン、タイの条約同盟関係にある太平洋国家である。それらの国々と米国は北朝鮮国民の人権確立を目指す。中国政府に対して、金一家の奴隷国家の変化が不可避であることを認識し、核災害からの全ての人の安全のため朝鮮半島の前向きの変化を早めるよう要請する」としている。中国に対しては「オバマ政権の怠慢さにより、中国政府と軍は南シナ海全体を恫喝している」と述べ、「毛沢東のオカルトが復活した」と手厳しい。

　さらに過去の共和党綱領は、ウクライナのクリミア併合などに関してロシアと敵対する内容になっていた。今回、共和党の政策綱領起草の過程で、保守派がクリミア問題でロシアを批判し、ウクライナへの軍事支援を強化する内容を含めようとしたが、トランプ陣営の意向を汲んだ委員に阻止され、その文言は綱領に含められなかった。

9——社会、経済問題に対する綱領の差異

　社会問題では、同性婚について、民主党綱領は、2015 年の連邦最高裁による「愛する人と結婚することを許容する」同性婚容認判決を称賛し、LGBTに対する差別と闘う新連邦法制定を含む措置を主張している。綱領は「LGBTの児童は学校でいじめを受け続け、レストランは性転換者を拒絶でき、同性婚カップルは住宅から立ち退きを強要されるリスクを抱えている。これは許されないことで変更されなければならない」としている。

　共和党綱領は、連邦最高裁の同性婚容認判決を非難し、事業者が同性婚の結婚式のためのサービスなど宗教的信条に反するサービスを拒否する権利を認める宗教自由法を支持している。共和党綱領は、「最高裁の結婚の再定義を受け入れず、司法による再考または結婚の制限を州に戻す憲法修正により判決を覆すよう求める」としている。

　また、性転換者が出生時の性別でなく、性転換後の性に基づいてトイレ使用を容認する努力を「非合法、危険であり、プライバシー問題を無視すること」と非難している。トランプ自身は、LGBT のテロ被害者に同情を表明している。

　中絶に関しては、民主党綱領は、「全ての女性が質の高い生殖医療サービスへのアクセスを得るべきだ」とし、「安全かつ合法的中絶」への女性のアクセス保護を盛り込んでいる。1976 年以来中絶への連邦政府資金使用を禁止したハイド修正条項が施行されてきたが、民主党綱領は初めてハイド修正条項の無効化を目標として含めた。共和党綱領は、あらゆる場合における中絶反対を明確にしている。また医療研究用の胎児の組織の回収の停止、プランド・

ペアレントフッド（米国家族計画連盟）への連邦補助停止、ハイド修正条項の法律化を主張している。トランプは以前、中絶を支持していたが、その後、レイプ、近親相姦、母体の生命が危険になる場合を除いて、中絶禁止の立場を取っている。共和党綱領は中絶禁止に例外を設けていない。

　共和党綱領は、社会問題に関しては、トランプよりも、共和党の支持基盤である社会保守派の伝統的主張を反映したものになっている。共和党の綱領委員会の委員でテッド・クルーズ支持者のスコット・ジョンソン（ジョージア州）は、「党政策綱領は、保守派がトランプに対して抱いている懸念を緩和するのを助ける内容になっている」と述べている。

　経済問題では、民主党綱領は、最低賃金を現在の 7 ドル 25 セントから時給 15 ドルまで引き上げ、インフレ調整することを盛り込んでいる。共和党綱領は、最低賃金を州、地方自治体レベルに委ねる立場を謳っている。ニューヨーク、シアトル、カリフォルニア州では地方レベルでの最低賃金引き上げがされている。

10── ヘルスケア、TPP、移民、環境問題

　ヘルスケアに関して、民主党綱領は「ヘルスケアは特権ではなく権利」とし、オバマケア（医療保険制度改革法）を支持している。また連邦医療保険の貧困者への給付を拡大する州を増やすための闘いを誓約している。綱領は「国民の多くにとって医療費は高すぎ、保険に加入していても高すぎる。あまりに多くの勤労家族にとって医療債務が問題になっている」とし、医療費抑制を主張している。

　共和党綱領は、オバマケアの無効化を主張し、ヘルスケア選択肢増大、コスト削減のための医療保険制度簡素化を主張している。また州の境界を越えて消費者が医療保険を購入できるようにすることを主張している。さらにメディケア（高齢者向け連邦医療保険）近代化、メディケイド（貧困者向け連邦医療保険）を州でのブロックグラント（総合補助金）に変更することにより、州の補助金運用を柔軟にすることを呼びかけている。

　サンダース支持者やトランプは、環太平洋経済連携協定（TPP）に反対している。オバマは任期が終了するまでに、議会の TPP 批准を勝ち取ることを目指している。民主党綱領は TPP を推進してきたオバマ大統領への配慮からか、TPP 非難は明記していない。共和党綱領は、トランプの主張を反映し、米メキシコ国境の壁建設や「米国第一主義に基づく貿易協定」を謳っている。

　移民問題に関して、共和党綱領は、「テロリズム、麻薬カルテル、人身売買、犯罪ギャングの時代に、米国における何百万人もの身元不詳の個人の存在は、米国の安全と主権に重大なリスクとなる。ゆえに、南部国境沿いの壁の建設と全ての通関手続き地の保護を支持する。国境の壁は南部国境全体に及び、車両、歩行両行による入国を阻止するに十分なものでなければならない」としている。メキシコに経費を払わせることは言及していない。2012 年の党綱領は、国境の 2 重のフェンス構築を謳っていた。

　またテロ問題を抱えた国からの移民、難民に関して、党綱領は、「イスラム・テロリズムに関係する地域」から米国への入国申請者には「特別な精査」を行うことを主張している。ただ、イスラム教徒の一時的入国禁止は盛り込んでいない。綱領は、「国家安全保障を確保するため、入念に検査できない難民の入国は許されない。とくに母国がテロの温床になっている国からの難民はそうである」としている。2012 年綱領は、「問題を抱えた地からの難民を歓迎する米国の歴史的伝統を支持する」としていた。

　環境問題では、民主党政策綱領は気候変動を「現実の差し迫った脅威」とし、温室効果ガス排出に課金する金額設定を主張している。「気候変動はあまりに重要で、議会の気候問題否定派や敗北主義者が、科学に耳を傾けるのを待っていることはできない」とし、政府が公害抑制を進めてゆかねばならないとしている。

　再生可能エネルギー開発にインセンティブを設け、向こう 10 年間にエネルギー源の半分をクリーン・エネルギーにすることを謳っている。また環境保護が事業、雇用にマイナスという概念を否定している。

　これに対して、共和党政策綱領は、気候変動は差し迫った国家安全保障問

題とはほど遠いものとし、温室効果ガス排出削減のための国際合意に反対している。オバマ大統領の石炭火力発電を縮小するクリーン電力計画を批判し、石炭もクリーン・エネルギー源であるとしている。

11── ポピュリストの党綱領への影響

　民主党政策綱領委員会の共同議長でコネチカット州知事のダネル・マロイは、「これほど党政策綱領を議論したことは、過去数十年来なかった」と述べた。これはサンダース支持者が党綱領の交渉を重視したことの反映で、サンダースが、民主党をより左寄りにすることを決意している。クリントン陣営は、最低賃金引き上げ、社会保障の拡大、温室効果ガス排出への課金額設定などを党綱領に持ち込むことで、サンダース陣営に譲歩した。サンダースの政策顧問ワーレン・ガネルによると、サンダースが要求した変更の 80% が政策綱領の最終稿に盛り込まれた。民主党政策綱領は、TPP に具体的言及を避け、貿易交渉において労働者保護のより高い基準を求める文言にとどまった。

　共和党の党綱領採択直後、ニューヨークタイムズは社説で「近年で最も極端な綱領」と評した。「党綱領の作成者は、トランプの異端的な見解を保守派としての正論に調和させる努力をするかわりに、全ての見解の最も極端な見解を選択することを選んだ」とし、「トランプの衝動的大言壮語に迎合した党綱領は、共和党が（時代に）逆行的で極端な考え方の核心グループにより動かされている状況を露呈したものだ」と述べた。

　また共和党綱領は、民主党進歩派のサンダースが支持するようなウォール街への規制の文言を含んでいる。綱領は、「商業銀行が高リスクの投資を行うことを禁止する 1933 年グラス・スティーガル法の復活を支持する。合理的規制は活力ある経済に合致する」と謳っている。グラス・スティーガル法はクリントン政権時の 1999 年に廃止されたが、サンダース、エリザベス・ウォーレン上院議員など民主党左派が支持している。クリントンも同法の復活は主張していない。これはトランプが本選で、サンダース支持者などのリベラル派を引きつけることを狙ったものとの見方もある。

12—— クリントンの弱み

　民主党全国大会 3 日目にオバマ大統領が演説したとき、会場から「あと 4 年」の掛け声が飛んだ。オバマ大統領のレガシーをクリントンが引き継ぎ、あと 4 年継続という意味だ。

　オバマ政権の 8 年間を経て、世論調査では米国民の 7 割以上が米国は間違った方向に進んでいると感じている。その多くは、米国内のマリファナ合法化の拡大、同性婚合法化の拡大、LGBT の権利擁護やトイレ使用の自由化、白人、黒人の人種対立の先鋭化、銃暴力の頻発など社会問題、世界における米国への脅威増大を通して、米国の先行きを憂えている。

　この点は、オバマ政権の継承、継続性を肯定するクリントンの弱点となる。こうした米国民の多くは、共和党保守派の社会政策に共感を感じている。また、経済的格差拡大に不満を抱く白人ブルーカラー層は、オバマ政権に強い不満を抱いており、それがトランプ旋風を持続させてきた。この旋風が本選でも継続することが予想されるが、クリントンの労働者、ヒスパニック系、黒人などのマイノリティー、女性の伝統的民主党支持基盤が、これに打ち勝てるかどうかは、まだ予断を許さない。有権者の女性の 70% がトランプに反対しており、クリントンを支持している。ヒスパニックのトランプへの支持率は 8% 程度で 1 割に満たない。トランプは雄弁な長女のイバンカを活用して、女性のトランプへの嫌悪感を解消しようとしている。

　民主党全国大会の主眼は、クリントンの「不正直」、「信頼できない」、「好感が持てない」というマイナス面を解消できないまでも、薄めることにあったが、その効果がどこまであったかは不明確である。信頼問題、正直さの問題はクリントンの「アキレス腱」（CNN）といわれる。それがマイノリティーその他のクリントンへの支持の度合いを左右する。また米国史上 45 代目の大統領にして初めて女性大統領が誕生するという歴史的意義がどれだけ多くの人の心を動かすかも要因になる。

　またサンダースはクリントン支持を表明したが、サンダース支持者にはま

だクリントンには投票しないと考える者が3割はいるといわれる。それがトランプに流れ始めれば、クリントンにとって厳しい状況となる。大会後の世論調査では、全国的にも激戦州でも、トランプ対クリントンは大接戦という状況で、選挙結果は全く予断を許さない。

13── トランプ批判と抗議

　トランプの米メキシコ国境の壁建設、イスラム教徒あるいはテロ問題を抱えた国からの移民の一時的禁止、TPP反対、ロシアの力による現状変更についての沈黙などは、共和党の伝統的政策から逸脱している。それだけでなく、米国の移民奨励、自由貿易、自由と民主主義の高邁な原則、法の下の平等、宗教の自由を謳った合衆国憲法に反している。

　クリントン陣営はこの点をつき、多様性の包含、宗教・民族の融和を強く打ち出した。民主党全国大会では、多くの演説者がトランプが主張する「壁」に対して、「橋」の構築を訴えた。メキシコからの移民やイスラム教徒などに対する排他主義、壁の構築による特定グループの排除に対して、警察と地域社会を結ぶ橋、宗教や民族の多様性称賛とそれを結びつける橋を強調。包含性（インクルージョン）を強調した。

　また、トランプが米国中心主義で同盟国を場合によっては切り捨てるかのような主張をしていることを危険と批判。同盟国との連携を打ち出した。また民主党が、トランプの脅威から米国憲法を守る憲法の守護者であるような印象を与えようとしている。

　この動きを象徴したのは、民主党全国大会で演説したイスラム教徒の移民で、戦場で死亡した米陸軍大尉のパキスタン系移民の父親キズル・カーンである。カーンの息子のフマユーン・カーン大尉は、イラクに派兵中に、イスラム教テロリストの自爆テロの犠牲になって仲間の米軍兵士の命を守った英雄だった。キズル・カーンは、米国憲法が全ての人の法の下の平等を謳っているとし、トランプに対して「米国の憲法を読んだことがあるのか。なければ、自分の米国憲法のコピーを喜んで貸そう」といった。さらにトランプに、

息子を米国のために犠牲にした自分に比べ、「あなたは何を犠牲にしたのか。誰も犠牲にしていない」と述べた。これは、イスラム教徒やメキシコ人移民を米国から締め出そうとしているトランプが、米国憲法に反する言動をしているという危機感を強調したものだ。

これに対して、8月1日のツイッターで、「カーン氏は私のことを知らないのに、民主党全国大会の壇上で意地悪く私を攻撃したうえ、今度はテレビに出て同じことをやっている。大したものだ」と批判した。トランプはキズル・カーンと一緒に登壇したカーンの妻が無言だったことをも、女性に発言の機会を与えないイスラム教の悪習だと批判した。この議論はマスコミで取り上げられ、静観できなくなったライアン下院議長などの共和党指導者が、カーンの家族に感謝の言葉を表明し、自分も共和党もカーンを支持することを明言した。

このことを契機に、リチャード・ハンナ下院議員（共和、ニューヨーク州）は8月2日、トランプは「国の恥だ」と言い捨て、共和党議員としては初めて、クリントンに投票すると言明した。さらに米国最大の退役軍人団体である海外戦争退役軍人協会（VFW）は、戦死者の母親に対する「度を超えた」批判だとトランプを非難した。この議論の影響で、米国内で合衆国憲法のポケット版や関連書籍が爆発的に売れている。

トランプは過去1年間、ベトナム戦争の英雄であるジョン・マケイン上院議員が戦争捕虜になったことを批判したり、予備選に出馬した他の共和党候補を個人攻撃したりして物議をかもしてきた。イラク戦争で犠牲になった米軍兵士の両親を侮辱した今回のトランプの言動は、これまでで最も激しい批判と抗議を共和党内外から引き起こしている。トランプはさらに、ポール・ライアン下院議長やジョン・マケイン上院議員などの再選を明確に支持表明することを拒否し、共和党指導者との亀裂を深めている。

トランプの選対委員会の幹部も、敵ばかり増やすトランプの言動に強い不満を抱き始めている。とくにカーン一家との対立は、トランプの勢いを失速させ、党大会後のクリントンとの支持率の差が2桁近くまで拡大している。

トランプは、大統領選に敗北する可能性を察知してか、8月に入ってから、選挙でも不正により共和党の勝利が奪い去られる可能性があると主張し始めている。

この結果、無党派層、共和党員でも、今回の選挙では、トランプを支持せず、クリントンに投票するという有権者が増えている。こうした有権者の多くは、クリントンの政策も過去の民主党の伝統からして大幅に左傾化し、普通なら受け入れられなかっただろう社会主義に近い政策内容を度外視している。さらに、多様性の包含が同性婚擁護、LGBTの人権保護など伝統的家庭を弱める内容を含んでいることに、警戒心を抱かなくなっている。「トランプよりはいい」という考えが、民主党の政策の変化に対する警戒心を弱め、正当化する口実になってしまっている。

14── 現状継続か変革か

クリントンは、オバマ政権の経済政策の成果を評価し、それをさらに改善して1,000万の新規雇用を創出するとしている。クリントンのメッセージは、現在米国は十分に素晴らしい国になっており、自分はそれをさらに良くするというものだ。民主党全国大会では、多様性の賛美、宗教と民族の融和、愛国心などの前向きのイメージが演出された。トランプの「米国をもう一度偉大にする」というメッセージに対抗して、「米国はすでに偉大だ」というメッセージを強調した。

問題は、その前向きのメッセージが米国民全体のムードとは一致しないことだ。共和党全国大会直前の7月17日のギャラップ調査では、米国が正しい方向に向かっていると答えたのは17%で、間違った方向に向かっていると答えたのが82%に達した。同じ時期のNBCニュースとウォールストリートジャーナルの共同世論調査では、18%が米国は正しい方向に向かっているとし、73%が間違った方向に向かっていると答えた。

こうした一般的に悲観的見方は、過去10年間継続しており、正しくそれがトランプの台頭を可能にしたポピュリズム（大衆主義）を生み出す要因に

なっている。クラウトハマーは、「トランプの指名受諾演説は、暗く、陰鬱だと強く非難された。しかし誇張はあるものの、グローバリゼーションと経済的変革に取り残された人々が経済的、社会的、精神的に分断され、その結果として生じた不安や自暴自棄になる気持ちをうまく捉えた。それが学位のない白人層の間のトランプへの支持率が、クリントンを 39 ポイントも上回っている理由だ」と指摘する。

　米国、世界の現状は、クリントンが民主党全国大会で演出した現状肯定、希望のメッセージが説得力を持つには無理があるほど暗鬱なものである。7月にはダラスで 5 人、バトンルージュで 3 人の警官が狙撃されて殺された。6 月から 7 月にかけて、フロリダ州オーランド、フランスのニース、アフガニスタン、シリアで多数の死者を出す陰惨なテロ攻撃が相次いだ。

　オバマ政権下での米国民の平均年間所得は 5 万 4,000 万ドルだが、これはインフレ調整を考慮すると 20 年前の平均所得と変わっていない。クリントンは米国の労働者を代表することを自負し、ラストベルト（中西部・大西洋岸中部の脱工業化の進んだ地域）であり激戦州でもあるペンシルベニア州、オハイオ州などをバス遊説した。

　経済政策では、米国民は経済の現状に強い不満を抱いており、トランプ54%、クリントン 43% とトランプがリードしている。7 月中旬の NBC ニュースとウォールストリートジャーナルの共同世論調査は、回答者の 56% が、変化がどれほど予測不可能なものだったとしても、政府の機能に根本的な変化をもたらす候補者の方を好むとしている。安定した段階的アプローチを取る候補者の方を好むとしたのは、41% だけだった。

　ビル・クリントンは、民主党大会での演説で、10 回以上「変化」という言葉を使い、ヒラリー・クリントンを「生涯で出会った最高の変革者」と称賛した。しかし、クリントンのメッセージは基本的な米国の現状肯定、継続であり、変革者を強調したビル・クリントンのメッセージは「陳腐」（クラウトハマー）に響いた。「ビル・クリントンの存在自体が、ヒラリーが過去に 8 年間ホワイトハウスで過ごしたことを米国民に想起させる。オバマは米国民に

対して、ヒラリーの当選は現状に変化がないことを保証しているように見える」（ニューヨークタイムズ紙オプエド・コラムニスト、フランク・ブルニ、8月1日）。クリントンは正しくその変化のなさを打ち消すために、「米国史上最初の女性大統領という一里塚を強調している」（同）。

15── 弱まるキリスト教の伝統

　米国では貨幣にも「我らは神を信ずる」という国家のモットーが刻印されている。米国議会の審議は祈りで始まる。キリスト教の信仰が、国民生活や政治においても揺るがない基盤になってきた。政教分離の原則も、本来は宗教の自由を保証することに目的があった。人種、宗教、出自を超えた人間の平等も、神の前には全ての人が平等であることが出発点であり、その原点には神があった。民主党も共和党も、信仰、家庭、自由と民主主義を尊重するという考え方が主流だった。民主党にもブルードッグといわれる保守の伝統があった。党大会の演説でも、かつては神、信仰、家庭への言及が頻繁にあった。

　しかし、その伝統はいつの間にか薄れ、神を排除した世俗的人本主義が蔓延し、無原則な人間の欲望、権利が主張されている。同性婚やマリファナ合法化の全米への拡大などは、その結果的現象である。

　対外的にも、米国には神から与えられた祝福を世界の恵まれない国のために分かち合う、あるいは世界の平和のために米国が奉仕するというキリスト教精神に基づく姿勢があった。トランプにはこのような考え方は全くなく、米国第一で、自国の経済的利益になることしかしないという自国中心主義、経済利益中心主義に陥っている。

　クリントンも、人本主義から社会主義へと傾斜するサンダースが巻き起こしたポピュリズム（大衆主義）を受け入れ、社会政策、外交政策から宗教的価値観を排除してきたオバマ政権の行政を継承・発展させようとしている。

　1960年代に米国社会でキリスト教的価値観が弱まり、対抗文化（カウンターカルチャー）が蔓延し、性革命により伝統的家庭の基盤が崩れていくにつ

れ、家庭崩壊、犯罪の増加など社会的病弊が拡散していった。米国は世界への関与から後退し、共産主義が世界的に拡張した。1980 年代のレーガン革命で、古き良きアメリカのキリスト教的価値観の復活、強い米国の復活が進んだが、過去 20 年間に再び米国でキリスト教的価値観が弱まり、とくにオバマ政権下でその傾向が顕著になっている。

　過去 10 年間にわたり、米国民の 3 分の 2 以上が、米国は間違った方向に向かっているという漠然とした不安のなかで生きてきた。トランプは現在の米国の病理を過激な表現で指摘し、大衆の共感を得てきたが、トランプにはレーガンのような国民に米国の理念、理想で覚醒をもたらすようなビジョンはない。ただ米国に第 2 のレーガンになり得るような若手の人材がいないわけではない。

　米国民がクリントン、トランプいずれを選択するにしても、ポピュリズムに迎合した衆愚政治の道を進み、米国の危機は深まる可能性が強い。その後に、米国が危機のなかで覚醒し、新しい指導者を求める機運が高まるかもしれない。

（『IPP分析レポート』Vo.11、平和政策研究所、2016年9月）

第11章 米トランプ政権の100日と その後の展望

1── はじめに

2017年1月20日に第45代米大統領に就任したドナルド・トランプは、4月28日に公開された週次演説（ウィークリー・アドレス）で、「私の政権最初の100日間は、米国史上最大の成功を収めたといえるでしょう」と自賛した。米国では新しい大統領が就任すると、大統領選挙中の公約を果たすために「最初の100日」（the first hundred days）で最優先課題の実現を図るのに、全力を注ぐという習慣がある。

1933年、フランクリン・ルーズベルトが米大統領に就任すると、後にニューディール政策と総称される複数の重要法案をわずか100日程度で相次いで成立させた。ルーズベルトは炉辺談話として著名なラジオ演説で「わたしの100日をよく見てほしい」と国民に語りかけた。

米国では報道機関（メディア）のみならず野党も、この100日間は新政権に対する批判や性急な評価を避ける「ハネムーン（蜜月）」状態が続くのが慣例とされる。それだけに最初の100日間は新政権を評価する節目として重要視されている。トランプ大統領のここまでの行動を振り返り、100日の評価と今後を展望することは重要である。

トランプは4月21日、「最初の100日間というバカげた基準で、私がどん

なに公約を達成しても、多くのことをやってきたのに、メディアはなかった
ことにするつもりだ！」と、100日の評価基準を批判した。[2]

2──100日行動計画の成果

　ドナルド・トランプは2017年1月20日、歴代では最高齢の70歳で第45
代大統領に就任した。トランプ大統領は4月29日、就任後100日を迎えた。
2016年大統領選投票日の前に、トランプは「100日行動計画」を公表し、内
政・外交の目標を打ち出した。[3]普通でも100日は新政権の最初の実績を評価
する区切りとなるが、同計画ゆえに100日間の成果はことさら注目された。

　ホワイトハウスは100日目に合わせて、トランプ政権の成果をまとめた文
書を公表した。このなかで、ホワイトハウスは、強い米国の復活として国防
費の540億ドル増額を目指す方針を示したことを成果として挙げた。また米
国の安全を脅かす国々に毅然と対処し、化学兵器を使用したシリアのアサド
政権に対する巡航ミサイル攻撃、弾道ミサイル発射など挑発行為を繰り返す
北朝鮮に対抗するための米海軍部隊の派遣なども挙げている。さらに外交政
策で、38カ国の首脳と70回にわたる電話会談を行い、同盟国との関係を強
化し、世界における米国の立場と威信を取り戻したとしている。[4]

　トランプ大統領は100日目にビデオ演説を公開し、100日の成果として自
動車産業などが米国への投資強化などを決断したことを指摘して、国内に雇
用を取り戻したと主張した。また「米国が環太平洋経済連携協定（TPP）か
ら撤退した日は、米国が転換した日だ。米国の労働者に対する裏切りは終わ
りだと世界に知らしめたのだ」と、強調した。「私の政権の100日は米国の
歴史のなかで最も成功したものだ」と豪語し、さらに引き続き、米国第一主
義を掲げて政権運営に当たる決意をアピールした。[5]

　またトランプ自身は100日目の4月29日、ペンシルベニア州ハリスバー
グでの約7,000人の集会で演説し、「生産的な100日間だった」と述べ、TPP
離脱、60万人の雇用創出、外国首脳との関係構築などをこの間の実績として
挙げた。さらに、離脱を示唆している地球温暖化防止の国際枠組み「パリ協

定」に関して、向こう 2 週間で重大な決断をすると述べた。また、トランプ
の言行に否定的なメディアを「フェイク・ニュース」と批判し、相変わらず
メディアへの侮蔑的態度を示した。[6] 4 月 29 日は大統領はじめ政権や議会の幹
部の参加が恒例になっているホワイトハウス記者会主催の夕食会が開かれた
が、トランプは欠席した。[7]

　最初の 100 日間でトランプ大統領が署名し発表した大統領令は 30 以上に
達し、戦後の大統領のなかでは最多だ。それも大きな議論を呼ぶものが多く、
内政・外交の常識を揺るがし、国論を二分してきた。大統領選期間にも米国
は保守とリベラル、共和党と民主党の分極化が進んでいたが、トランプ就任
後の 100 日間で分極化はさらに進んできたと見ていい。米国民の分極化は米
議会の共和党と民主党の対立をそのまま反映し、とくに内政分野においては
米議会の承認を必要とする政策目標は大きな壁に阻まれてきた。トランプが
署名した大統領令の多くは、オバマ政権下で導入された環境規制、移民政策
措置や宗教規制、石油天然ガス採掘規制などを覆すもので、オバマ前大統領
のレガシー（政治遺産）を白紙に戻すという意味では一貫している。

　トランプ大統領は 2 月初めにも教会を政治から締め出す法律を完全に撤廃
するとして、政教分離の壁を弱める方針を打ち出していた。トランプは 5 月
4 日には、大統領選などでキリスト教会が政治活動をやりやすくするための
「言論と信教の自由を促進する大統領令」に署名し、その方針を実行に移し
た。大統領令は、内国歳入庁（IRS）に宗教団体の免税措置に関する規制の
適用を控えるよう求め、連邦政府機関に信仰を理由にした差別を行わないよ
う促している。トランプは、「信仰を持つ人々が標的にされ、いじめられ、沈
黙を強いられるのをこれ以上許さない」と述べた。[8]

　米紙ワシントンポストが、トランプが公表していた「100 日行動計画」を
60 項目の公約に分類して評価した。それによると、60 項目のうち実現した
のは、TPP 離脱、ゴーサッチ連邦最高裁判事任命など 6 項目だけ。そのほか
は、妥協して部分的に実現したのが 1 項目（連邦政府職員の新規雇用凍結）、
実現はしていないが着手したものがメキシコ国境の壁建設、軍備増強など 11

263

項目、着手後に保留状態になっているのがテロ多発地域からの入国制限など3項目だった。すなわち約3分の1の21項目は、少なくとも着手したことになる。しかし実現に失敗して頓挫したものが医療保険制度改革法（オバマケア）廃止など5項目、着手すらできていないものがサイバー攻撃防止法制定など34項目あり、合計3分の2に達している。⁽⁹⁾

3── 行き詰まる国内政策

このうち、オバマケアを廃止し代替法案を制定する努力は、5月4日の米議会下院本会議でオバマケア代替法案を賛成217、反対213の僅差で辛うじて可決し、進展が見られた。⁽¹⁰⁾民主党は1人も同法案を支持しなかったが、同法案にはオバマケアで最も支持されていた既往症の保護を取り消し、メディケイド（低所得者向け連邦医療保険制度）支出削減など物議をかもす内容が盛り込まれており、共和党議員の間でも反対がある。このため、フィリバスター（議事妨害）などが可能な上院での可決は困難に見られており、先行きは楽観視できない。この法案には、メディケイドの費用で人工妊娠中絶や避妊薬を処方する医療非政府団体（NGO）プランド・ペアレントフッド（家族計画連盟）を助成することを1年間禁止する条項も含まれていた。⁽¹¹⁾

要するに、国内政策では、大統領が独自の権限で成果を出せるTPP離脱などは達成できたが、議会や司法府の協力が必要なものは暗礁に乗り上げるか難航している。オバマケア代替法案は少なくとも100日以内の時点では、承認に必要な米議会の支持を確保できず挫折した。イスラム圏からの入国規制は連邦地方裁判所が差し止め命令を出し、違憲訴訟が継続するなど、司法の壁に阻まれている。メキシコ国境の壁建設も予算折衝でもめており、国境調整税も見送り状態だ。1兆ドル規模のインフラ整備も、大幅減税も、経済成長率を2%から4%に引き上げる計画も、実現可能性には悲観的見方が強い。

トランプの当選以来、ニューヨークの株式市場のダウ平均株価は、トランプが公約した大型減税やインフラ投資への期待から急上昇し、100日間で6.1%の上昇を記録した。これは1989年に就任にしたブッシュ（父）の7.7%上

昇以来の高さだった。ホワイトハウス、議会の上下両院が全て共和党支配に
なり、オバマ政権時代の分裂政治が変化するという期待もあったと見られる。
しかし 3 月下旬にトランプが国内政策の最重要課題に掲げていたオバマケア
代替法案が、共和党内の保守強硬派の造反の結果、撤回に追い込まれてから
は、トランプの政策実行力への疑問が強まり、ダウ平均の上昇の勢いが弱ま
っている。

4—— 米国社会の分断継続

　政権発足の最初の 100 日間は「ハネムーン期間」と呼ばれ、新政権への期
待から議会やマスコミは国民の多数の支持を得て就任した大統領への挑戦や
批判を控えるのが普通だ。このため 100 日目の大統領支持率は通常かなり高
い水準を維持できる。100 日目の支持率は、オバマが 69％、ブッシュ（息
子）が 63％、クリントンが 59％だった。しかし、トランプ大統領の場合、
ABC テレビとワシントンポストが 100 日目に合わせて共同で実施した世論
調査では 42％という支持率で、戦後の歴代大統領のなかで最低になった。

　ただこの支持率は、トランプが就任以来達成した業績とは、あまり強い相
関関係はないかもしれない。むしろ米国社会の分裂を反映したものと見た方
がいい。普通の政権の場合だったら議会やマスコミは大統領批判を自粛した
かもしれないが、トランプ政権は普通の政権ではない。議会、とくに議会民
主党とマスコミは 100 日間、最初からトランプと対立し、批判を継続してき
た。トランプの側でも、自分に批判的な報道をする CNN やニューヨークタ
イムズなどに対して、「嘘のニュース」などと露骨に批判し、攻撃的姿勢をと
ってきた。

　米国社会は依然として、トランプ支持とトランプ反対に二分されている。
大統領選挙でトランプを支持した支持者の大部分はトランプに投票したこと
を後悔しておらず、トランプの 100 日間の政権運営を高く評価している。こ
れに対して、選挙でトランプに反対した反対派は反対姿勢を維持し、むしろ
強めている。トランプの 100 日間の政権運営にも賛同していない。一連の大

統領令も、排外主義的な内容が多く、対立と分断をあおってきた。トランプは就任後 100 日目にペンシルベニア州で演説したが、その日にはニューヨーク、シカゴ、シアトルなど全米各地で反トランプ政権デモが繰り広げられた。ワシントンでは、温暖化対策の転換に抗議する行進に 20 万人以上が参加した。デモ参加者は、「地球を救え」、「ファシズム拒否」などと書かれたプラカードを手に行進し、「失敗の 100 日」などと連呼した。⁽¹⁴⁾

大統領選挙以来公の場に出るのを控えてきたヒラリー・クリントン元米国務長官（2016 年民主党大統領候補）は 5 月 2 日、ニューヨークでの女性問題に関する集会で演説し、自分が選挙に敗れたのは連邦捜査局（FBI）が直前の 10 月 28 日に電子メール問題の捜査再開を発表し、民主党全国大会前にロシア政府がクリントン陣営にサイバー攻撃を仕掛けたためだとの認識を示した。そのうえで、クリントンは総得票数で自分がトランプを上回っていたことにも触れ、「選挙が 10 月 27 日に行われていれば、私が大統領だっただろう」と述べた。また自分の今後の役割について、市民活動家の 1 人としてトランプ政権に対する反対活動を継続していく意向を示した。⁽¹⁵⁾

米国のハフィントンポストの分析によると、最初の 100 日間の主要な議会立法の成果はゼロ、トランプの支持率、不支持率の比較で支持率が不支持率を上回っていたのは 100 日間のうちわずか 4 日、残りの 96 日は不支持率が支持率を上回った。そして 32 の大統領令に署名した。100 日間で 5 つの連邦裁判所がトランプのイスラム圏 7 カ国または 6 カ国からの米国入国禁止措置の実施を差し止める命令を出した。

トランプのホワイトハウスでの生活スタイルも歴代大統領のパターンを逸脱するものだった。メラニア夫人は歴代大統領夫人（ファーストレディー）が夫とともにホワイトハウスに引っ越したのとは違って、ニューヨークのトランプタワーにとどまっている。外国生まれのファーストレディーは、第 6 代大統領ジョン・クインシー・アダムズの夫人でロンドン生まれだったルイーザ・アダムズ以来だ。またトランプ家の 2 人の家族、長女のイバンカとその夫のジャレッド・クシュナーが大統領の顧問としてホワイトハウスに入っ

ている。これが合法であるかどうかは、まだ議論がある。

　またトランプは就任以来 100 日間で、米国の同盟国であるメキシコ、ドイツ、オーストラリアの 3 カ国の国家元首を侮辱した。実業家から大統領になったトランプは大統領就任後も、利益相反の物議をかもし続けている。最初の 100 日間で、トランプはトランプの名前を冠した不動産物件を 12 回訪問し、フロリダ州パームビーチのリゾート地にある別荘マー・ア・ラーゴには 7 回旅行し滞在した。ゴルフ旅行は 14 回に及んだ。

　マー・ア・ラーゴへの旅行には国民の税金からなる財源の 2,500 万ドル、ファーストレディーが滞在しているニューヨークのトランプタワーの警備には 2,000 万ドルが費やされた。これは最初の 100 日間だけで、今後もこれは継続する。[(16)]

5── 共和党保守派のトランプ評価

　トランプの大統領選における言動については、米国の共和党の中心的支持基盤をなす福音派など、キリスト教右派を含む宗教保守派あるいは社会保守派はかなり疑問を抱いてきた。トランプは人工妊娠中絶反対の姿勢を示したが、過去には妊娠中絶を支持するなどの経歴があり、予備選の戦いを有利にするための戦術なのではないかという疑問があったからだ。それでも宗教保守派は、オバマやクリントンよりはましだし、クリントンが大統領になれば信教の自由はさらに後退するという危機感から、トランプを支持した。

　また経済保守派は、トランプが大幅減税、環境規制など規制の緩和を打ち出すなど、かつてのロナルド・レーガンが推進した小さな政府の政策と重なるところがあったので、トランプを支持した。しかし、トランプが従来は民主党の支持基盤だった労働者などの利益を重視し、TPP 離脱や国境税、報復関税など保護主義的政策を強調してきたことには懸念を抱いてきた。

　トランプ政権の最初の 100 日間で、トランプは信教の自由を擁護し、それに対する規制を取り除くという政策を一層明確にし、それを実行に移そうとしてきた。その意味で、トランプは宗教保守派の信頼を獲得し、オバマ前政

権下で同性愛者などマイノリティーの権利擁護という大義名分で、宗教的価値や家庭的価値を崩す政策が進行したことに強い懸念を抱いてきた人々を安心させた。これは多くの宗教保守派にとって予想を上回る朗報になっている。だが、経済政策面では、トランプは環境規制など企業活動への規制を緩和する措置を実行する半面、労働者の利益優先を強調し続け、TPP離脱に加えて北米自由貿易協定（NAFTA）再交渉を打ち出し、共和党が伝統的に推進してきた自由貿易主義に反する政策を継続している。トランプ政権の保護貿易主義的傾向に対しては、共和党支持者の間では、イデオロギー的立場から懸念を抱く人々がいるだけでなく、保護主義的政策が相互依存を強める世界経済とグローバリゼーションの現実に逆行するもので中長期的には米経済を損なうという現実的懸念を抱く人々が多い。

　トランプが掲げている経済保守派好みの大幅減税などの政策も、財源が不明確で財政赤字拡大の懸念を払拭できておらず、その実効性が危ぶまれている。財政赤字は今後10年間に増え続け、7兆ドルに達するという懸念もあり、財政規律を重んじる経済保守派の懸念は解消されそうにない。米商務省が4月28日に発表した2017年1〜3月期の実質国内総生産（GDP）速報値は、前期比年率換算で0.7％増（改定値は季節調整済み年率換算で前期比1.2％増）となり、3年ぶりの低水準になった。[17]住宅投資や設備投資は好調だが、個人消費が振るわなかったことが要因になっている。トランプは雇用創出を何よりも重視し、税制改革により法人税を引き下げ、企業を米国内に呼び寄せ、雇用創出を狙っている。雇用創出の効果で経済成長が拡大すれば、税収も増大するので、財政赤字は増えず長期的には政府の財政状況が健全化していくという期待がある。経済保守派はトランプ政権の今後の経済政策運営を見守る構えで、手放しでトランプを支持し評価できる状況にはない。

6── 予想外の外交安全保障政策展開

　一方、この100日間は、伝統的な共和党保守派の主流になっている軍事・安全保障政策のタカ派にとっては、予想外に好ましいものになった。共和党

保守派のメインストリームは、冷戦時代はソ連・東欧圏など共産圏の世界的拡張政策に対抗するため、米国の軍事、安全保障面での世界への関与を支持し、自由と民主主義の世界的拡大における米国の役割を重視してきた。共和党保守派には、パット・ブキャナンのように米国の国益を優先するあまり、孤立主義的政策を支持する動きもあったが、それは少数派だった。

　この孤立主義的傾向は、2016 年大統領予備選の共和党候補の 1 人だったランド・ポール上院議員（共和、ケンタッキー州）などに引き継がれている。ポール議員は海外の米軍基地の大幅縮小を主張し、リビア内戦やシリア騒乱への米国の介入に反対してきた。共和党の伝統的保守派は、トランプが大統領選挙期間中に、日本や北大西洋条約機構（NATO）の同盟国に対して、米軍駐留経費負担増額に同意しなければ、同盟関係を見直すことを公言するなど、同盟軽視の姿勢をちらつかせていた。実際、就任後初の出席となったNATO 首脳会議でも、加盟国に応分の財政負担をあらためて求めている。[18] さらにトランプは、「米国は世界の警察官にはなれない」と繰り返し述べ、孤立主義を掲げる姿勢を示した。[19] このため、トランプが伝統的な共和党保守派が支持してきた安全保障における世界への関与の政策に逆行するのではという懸念が強まっていた。

　現実には、トランプは 4 月 6 日には、シリアのアサド政権が反体制派に対して化学兵器を使用したという理由で、シリアの空軍基地に 59 発のトマホーク巡航ミサイルを発射するという軍事介入を行った。[20] さらに、この軍事介入を北朝鮮、中国への圧力を強めることに利用し、原子力空母カールビンソンを旗艦とする空母打撃群を北朝鮮近海に展開して、北朝鮮が核実験あるいは大陸間弾道ミサイル（ICBM）発射実験というレッドラインを超える場合は、軍事介入も辞さないという姿勢を明確にしている。

　またアフガニスタンでも、過激派組織イスラム国（IS）の拠点に対して核兵器に次ぐ威力を持つとされる超大型爆風爆弾（MOAB）を初めて使用し、[21] IS に大きな衝撃を与えた。米国が北朝鮮の核、弾道ミサイル施設にピンポイント攻撃を行う場合、北朝鮮がソウルなどに壊滅的砲撃などの報復に出るこ

とが懸念されている。MOAB はそれを複数同時投下することで、ソウルに照準を合わせた北朝鮮の砲列を一挙に破壊し得る爆弾とされ、北朝鮮への牽制の意味もあったと見られている。

　北朝鮮に関しては、オバマ政権が 8 年間継続してきた「戦略的忍耐」の時代は終わったと宣言した。[22] これは選挙期間中に打ち出していた孤立主義的姿勢とは逆の動きである。北朝鮮の場合は、北朝鮮の金正恩政権が米国本土に到達し得る核弾頭搭載 ICBM の開発に成功するのは時間の問題という状況になっており、米国への脅威が差し迫ったものになっているために、米国の国益と安全を守るための介入として納得できる。しかし、シリアの場合は米国への直接の脅威にはなっておらず、化学兵器の使用という道義的問題を理由にした介入だった。トランプはシリア攻撃後に、シリア国民は「極めて野蛮な攻撃で残酷に殺された。いかなる神の子も決してそのような恐怖を経験すべきではない」、「世界が困難に直面するなかで、神の叡智を求めたい」と述べた。[23] これは、米国が「世界の警察官」としての役割を果たす意思表示とも取れる。

7── 共和党の伝統に近い安全保障閣僚

　マティス国防長官やマクマスター国家安全保障担当補佐官は、米国が世界の警察官としての役割を担って国際情勢に関与すべきだという考え方の持ち主である。当初、これら国家安全保障担当閣僚、顧問とトランプ大統領との考え方の違いが懸念されたが、トランプ自身の考え方がマティスやマクマスターに近いものに変化している。これには、トランプ大統領が 4 月 5 日、大統領令によってスティーブン・バノン首席戦略官・上級顧問を国家安全保障会議（NSC）から外す決定を下したことが大きく影響している。[24] その翌日の 4 月 6 日、トランプはシリアへのミサイル攻撃に踏み切った。バノンは、グローバリゼーションがもたらした米国の労働者階級の没落に伴うアジアの台頭に批判的な経済ナショナリストを自称しており、トランプの TPP 離脱などの政策はバノンの影響が大きいと見られている。インターネットを使って極

右思想を広めるオルトライト（オルタナ右翼）の立場で、外交、安全保障面では孤立主義的な考えを持ち、シリア攻撃にも反対の立場だった。

　ホワイトハウス内部では、バノンの影響力が後退し、娘婿のクシュナーの影響力が増大しているとされる。クシュナーはユダヤ系でイスラエルに対しての思い入れも強く、トランプのシリア攻撃の決定を強く支持した。トランプは 4 月 11 日のニューヨークポスト紙とのインタビューで、「スティーブン（バノン）は好きだが、彼は選挙戦の終盤に我々の陣営に参加したに過ぎない」と、バノンと距離を置く発言をしている。トランプは 2016 年 11 月 13 日、首席戦略官と上級顧問にバノンを指名したとき、「非常に有能なリーダーで、選挙では協力して歴史的な勝利に導いてくれた」と称賛していたが、明らかに称賛ぶりが冷めてきている。

　北朝鮮への対応では、トランプ大統領と国防総省、軍を指揮するマティス国防長官、外交を担当するティラーソン国務長官が、軍事力の展開による力の誇示、日米の同盟関係を基軸に中国を介した外交圧力を絶妙に組み合わせて、北朝鮮への包囲網が構築されている。中国の習近平国家主席が米国の意向を受けて、これほど積極的に北朝鮮に核・弾道ミサイル開発停止を働きかけたことがなかった。すでに北朝鮮に関する限り、トランプ外交はオバマ前大統領の戦略的忍耐の成果を上回る成果を生んでいる。国際法違反だといった批判はあるが、米国の行動はオバマ前政権下で失われた国際舞台における威信と影響力をかなり回復することに成功している。

　トランプ大統領は、公職者、政治家の経験がなく大統領になった。企業のトップとして培った交渉力、ディールメイキングの能力がある。就任以来、政治、統治、外交について学びつつある立場で、習得した教訓に基づいて政策を軌道修正する柔軟性は持ち合わせている。シリアについては、IS 掃討に向けてロシアとロシアが支援するアサド政権とも連携することを示唆していたトランプは、アサド政権の化学兵器使用が明らかになるや、「シリアについての考えが大きく変わった」と明言。ミサイル攻撃を実行した。定期的情報ブリーフィングからもマティス国防長官ら参謀や側近からも学んでいる。

271

トランプの外交安全保障政策ではこの学習効果が反映され、選挙期間の発言内容とは大きく異なる政策展開になっていると見ていい。今後、トランプの外交・安保政策は伝統的な共和党保守派の政策に似通ったものになっていくと見られる。

8── 堅実な同盟関係の構築

　トランプとの日本などのアジアの同盟国との関係も、バノンが影響力を持ち続けていたら、今ほど順調にはいかなかったかもしれない。日本の安倍首相はトランプ当選後、世界の主要国の首脳として最初にニューヨークにトランプを訪ね、個人的な信頼関係を構築する糸口を作った。その後、2月に行われた日米首脳会談では、ワシントンでの会談で日米の確固とした同盟関係と同盟関係強化の方向性を確認しあい、フロリダ州のトランプの別荘で27ホールを一緒にゴルフするなど親交をさらに深めた。北朝鮮問題や対中、対露関係などで頻繁に電話会談し、朝鮮半島への政策や対中政策で足並みが揃っている。北東アジア安全保障政策に関する限り、政権発足前の同盟軽視への不安は払拭され、日米同盟を基軸にした外交・安保政策が展開されている。この外交政策の展開は快い驚きだった。

　トランプ政権は、貿易面では、日米自由貿易協定（FTA）を視野に入れた2国間交渉を進めることが予想されるが、貿易交渉での不協和音が同盟関係を危険にさらすような展開にはならないだろうという見方が強まっている。「重要なことは、従来型のアドバイザー集団 ── レックス・ティラーソン国務長官、ジェームズ・マティス国防長官、ゲーリー・コーン国家経済会議委員長、スティーブン・ムニューシン財務長官 ── が、一段と影響力を蓄積するのを容認したことだ。それが続くか否かは、次の100日間を占う主要な指標になるだろう」[28]。

9── 今後の課題

　今後のトランプの課題は、米議会で大幅減税、オバマケア代替法案、米メ

キシコ国境の壁建設、インフラ整備など主要な法案を成立させ得るだけの民
主党保守派を含めた連合を議会で構築できるかどうかである。ウォールスト
リートジャーナルのコメンテーター、ジェラルド・サイブはトランプ政権 100
日間を評価した 4 月 28 日の論評で、「ロナルド・レーガンは大統領就任後の
100 日間で、仲間の共和党議員と民主党保守派議員からなる事実上の立法府
連合を構築した。この連合により、就任 1 年目に広範な政策目標が履行でき
た。その後、財政赤字縮小のため、看板政策である減税を一部撤回する必要
が出てきた翌年にも、この連合が役に立った」と指摘している。⁽²⁹⁾

　トランプ大統領が、レーガンのような立法府連合を構築するのは容易では
ない。現在の米国社会、米議会は、レーガン時代よりもはるかに分極化し、
党派対立が深まっている。レーガン当時は民主党員の多くがレーガンの小さ
な政府の経済政策に共感し、レーガン・デモクラットとしてレーガン支持に
回ったように、民主党議員も経済保守派を中心にレーガン支持の動きがあっ
た。「偉大な意思疎通者」とされたレーガンの弁舌のうまさもそれを助けた。
トランプには、レーガンのような説得力はない。

　サイブは、「トランプが落ち着きのない実践主義者で、善かれ悪しかれ、ル
ールを守らないことは周知の通りだ。大統領職にある間、静かな時は決して
ないだろう。国内外で緊急にコミュニケーションをとる必要がある場合、ト
ランプの発言の音量と傲慢さが効果的な対話を損ねてしまうことがあるとす
れば危険だ」と警告している。

　さらにサイブは、「最も重要なことは、就任 100 日を迎える今になっても、
トランプが明確な連携関係を持たないことだ。共和党によるホワイトハウス
と上下両院の支配は政権運営を容易にするとの期待を生んだ。だが政権発足
初期にオバマケアの撤廃で失敗したことは、トランプが共和党の最も保守的
な勢力の支持には頼れないことを示した。同時に、（外交でも）シリア空爆へ
の喝采を除いて、意味のある支持を民主党から勝ち取れないでいる。政権初
期の分極化の結果、民主党からの支持取り付けが一層厳しくなっている」と
指摘した。サイブは、「トランプ大統領にとって、次の 100 日間とそれ以降

の最も重要な課題は、分極化に伴うマヒ状態の危険からワシントンを脱却させることである」としている。

（『武蔵野法学』第 7 号、2018 年 2 月）

注・文献————————————————————————————————

(1) President Donald J. Trump's Weekly Address, The White House, Office of the Press Secretary, April 28, 2017.
https://www.whitehouse.gov/the-press-office/2017/04/28/president-donald-j-trumps-weekly-address

(2) Donald J. Trump ✓ @realDonaldTrump, April 21, 19:50, 2017.
No matter how much I accomplish during the ridiculous standard of the first 100 days, & it has been a lot (including S. C.), media will kill!

(3) Donald Trump's Contract with the American Voter.
https://assets.donaldjtrump.com/_landings/contract/O-TRU-102316-Contractv02.pdf

(4) President Trump's 100 Days of Security and Safety, The White House, Office of the Press Secretary, April 27, 2017.
https://www.whitehouse.gov/the-press-office/2017/04/27/president-trumps-100-days-security-and-safety

(5) President Donald J. Trump's Weekly Address, op, cit.

(6) Remarks by President Trump at Make America Great Again Rally, Harrisburg, PA,The White House, Office of the Press Secretary, April 29, 2017.
https://www.whitehouse.gov/the-press-office/2017/04/29/remarks-president-trump-make-america-great-again-rally-harrisburg-pa.

(7) トランプは 2017 年 2 月 25 日に自身のツイッターで欠席を表明している。
Donald J. Trump ✓ @realDonaldTrump, February 25, 13: 53, 2017.
I will not be attending the White House Correspondents' Association Dinner this year. Please wish everyone well and have a great evening!

(8) Presidential Executive Order Promoting Free Speech and Religious Liberty, The White House, Office of the Press Secretary, May 4,2017.
https://www.whitehouse.gov/the-press-office/2017/05/04/presidential-executive -order-promoting-free-speech-andreligious-liberty

(9) Trump Promise Tracker, Washington Post, Updated Jun 2, 2017.
https://www.washingtonpost.com/graphics/politics/trump-promise-tracker/?tid= graphics-story

(10) House Passes G. O. P. Bill to Repeal Obama care, New York Times, May 4,2017.
https://www.nytimes.com/2017/05/04/us/politics/what-to-watch-for-nail-biter- on-repealing-health-law.html

(11) House Passes Measure to Repeal and Replace the Affordable Care Act, New York Times, May 4, 2017.
https://www.nytimes.com/2017/05/04/us/politics/health-care-bill-vote.html?_ r=0#story-continues-1

(12) 'Trump Bump' Lifts Stocks, Giving President a Win for His First 100 Days, New York Times, April 28, 2017
https://www.nytimes.com/2017/04/28/business/dealbook/trump-stocks-100- days-markets.html.

(13) Americans size up Trump's first 100 days in Post-ABC poll, Washington Post, April 23, 2017.
https://www.washingtonpost.com/graphics/politics/trump-poll-100-days/?utm_ term=.9abea80d5f45

(14) Climate March draws massive crowd to D. C. in sweltering heat, Washington Post, April 29, 2017.
https://www.washingtonpost.com/national/health-science/climate-march-expected -to-draw-massive-crowd-to-dc-insweltering-heat/2017/04/28/1bdf5e66-2c3a- 11e7-b605-33413c691853_story.html?utm_term=.bccc9856bd86

(15) Clinton Discusses Election at Women for Women Luncheon, Hillary Clinton Speeches, May 2, 2017.
https://hillaryspeeches.com/2017/05/02/clinton-discusses-election-at-women -for-women -luncheon/

(16) Tired Of Winning Yet? Here's What Trump's Accomplished In 100 Days, Huffington Post, April 28, 2017.
http://www.huffingtonpost.com/entry/trump-100-days-polling_ us_59025a50e4b0bb2d086c3eef
「トランプ大統領が就任して 100 日、これだけのことを達成しました」『ハフィント ンポスト日本版』2017 年 4 月 30 日参照。
http://www.huffingtonpost.jp/2017/04/29/trump-100_n_16334214.html

(17) Gross Domestic Product: First Quarter 2017(Second Estimate), Bureau of Economic Analysis, U. S. Department of Commerce, June 22, 2017.
https://www.bea.gov/newsreleases/national/gdp/2017/gdp1q17_2nd.htm

(18) Remarks by President Trump at NATO Unveiling of the Article 5 and Berlin Wall Memorials-Brussels, Belgium, The White House, Office of the Press Secretary, May 25, 2017.
https://www.whitehouse.gov/the-press-office/2017/05/25/remarks-president-trump-nato-unveiling-article-5-andberlin-wall

(19) トランプの外交姿勢については下記サイトを参照。
Transcript: Donald Trump Expounds on His Foreign Policy Views, New York Times, March 26, 2016.
https://www.nytimes.com/2016/03/27/us/politics/donald-trump-transcript.html

(20) Dozens of U.S. Missiles Hit Air Base in Syria, New York Times, April 6,2017.
https://www.nytimes.com/2017/04/06/world/middleeast/us-said-to-weigh-military-responses-to-syrian-chemicalattack.html?rref=collection%2Ftimestopic%2FAssad%2C%20Bashar%20al-&action=click&contentCollection=timestopics&region=stream&module=stream_unit&version=latest&contentPlacement=60&pgtype=collection

(21) U.S. Drops 'Mother of All Bombs' on ISIS Caves in Afghanistan, New York Times, April 13, 2017.
https://www.nytimes.com/2017/04/13/world/asia/moab-mother-of-all-bombs-afghanistan.html

(22) Remarks by the Vice President and South Korean Acting President Hwang at a Joint Press Statement, The White House, Office of the Press Secretary, April 17, 2017.
https://www.whitehouse.gov/the-press-office/2017/04/17/remarks-vice-president-and-south-korean-acting-president-hwang-joint

(23) Statement by President Trumpon Syria, The White House, Office of the Press-Secretary, April 6,2017.
https://www.whitehouse.gov/the-press-office/2017/04/06/statement-president-trump-syria

(24) Trump Removes Stephen Bannon From National Security Council Post, New York Times, April 5, 2017.
https://www.nytimes.com/2017/04/05/us/politics/national-security-council-stephen-bannon.html

(25) Trump won't definitively say he still backs Bannon, New York Post, April 11, 2017.
http://nypost.com/2017/04/11/trump-wont-definitively-say-he-still-backs-bannon/

(26) President-Elect Donald J. Trump Announces Senior White House Leadership Team, The Transition Team, November 13, 2016.

https://greatagain.gov/president-elect-donald-j-trump-announces-senior-white-house-leadership-team-3dcbe0a37b8

(27) Statement by President Trump on Syria, op. cit.

(28) What Trump's Early Days Tell Us About His Path Forward, *Wall Street Journal*, April 27,2017.
https://www.wsj.com/articles/what-trumps-early-days-tell-us-about-his-path-forward-1493285403
「トランプ氏の 100 日が教える「今後」」、『ウォールストリートジャーナル日本版』、2017 年 4 月 28 日参照。
http://jp.wsj.com/articles/SB10571167453707423750304583112060931286062

(29) Ibid.

浅川公紀（あさかわ こうき）

1944年山梨県生まれ。早稲田大学大学院政治学研究科修了。
筑波女子大学教授、筑波学院大学教授、武蔵野大学教授を歴任。

著書『アメリカの外交政策』（勁草書房 1991年）
　　　『新比較外交政策論』（学陽書房 1992年）
　　　『冷たい平和』（PHP研究所 1993年）
　　　『現代アメリカ政治の分析』（行研 1994年）
　　　『戦後日米関係の軌跡』（勁草書房 1995年）
　　　『戦後アメリカ外交の軌跡』（勁草書房 1997年）
　　　『名著に学ぶ国際関係論』（有斐閣 1999年）
　　　『アメリカ大統領と外交システム』（勁草書房 2001年）
　　　『アメリカ外交の政治過程』（勁草書房 2007年）
　　　『戦後米国の国際関係』（武蔵野大学出版会 2010年）
　　　『国際政治の構造と展開』（武蔵野大学出版会 2014年）他。

現代アメリカ大統領

選挙・内政外交・リーダーシップ

2024年5月27日　　初版第1刷発行

著　者	浅川公紀
	©Koki Asakawa 2024
発　行	武蔵野大学出版会

〒202-8585 東京都西東京市新町1-1-20 武蔵野大学構内
電話 042-468-3003　　　　FAX 042-468-3004
https://www.mubs.jp/shuppan/

印　刷	株式会社ルナテック

ISBN 978-4-903281-64-3 C0031　　　Printed in Japan